dtv

W0173683

Frank Beck, 38 und Lehrer, ist unsicher, unzufrieden und ausgebrannt. Er fühlt sich zu Nadja, einer klugen, unerreichbaren und selbstsicheren Schülerin, hingezogen. Sofort geht das Gerücht einer Affäre um, erste Drohungen und verbale Ausbrüche folgen, die Gewalt eskaliert ... Leistungskurs Liebe: Norbert Niemann erzählt in seinem zweiten Roman von einer Liebe, die vielleicht gar keine ist, und von Gewalt, die niemand begreifen kann. Beck will sie verstehen, jene Aggression, die die junge Generation befällt und die er auch unter seinen Schülern beobachten kann, jene Eskalationen, von denen die Medien immer wieder berichten. Die Kluft zwischen den Generationen ist groß. Doch ist es möglich, Sprachlosigkeit durch Liebe zu überwinden? – »[Norbert Niemann schreibt] mitten hinein in jenen Punkt der Gesellschaft, den man immer mit ›Herz‹ oder ähnlich hilflosen Vokabeln bezeichnet hat und der nicht mehr so leicht zu orten ist.« (Helmut Böttiger im ›Tagesspiegel‹)

Norbert Niemann, geboren 1961, studierte Literatur, Musikwissenschaft und Geschichte und spielte als Jazz- und Rockmusiker. Heute lebt er als freier Schriftsteller in Chieming. Sein erster Roman ›Wie man's nimmt‹ (1998) wurde mit dem Ingeborg-Bachmann-Preis und dem Clemens-Brentano-Preis ausgezeichnet.

Norbert Niemann

Schule der Gewalt

Roman

Deutscher Taschenbuch Verlag

Ungekürzte Ausgabe
Mai 2003
Deutscher Taschenbuch Verlag GmbH & Co. KG,
München
www.dtv.de
© 2001 Carl Hanser Verlag, München · Wien
Umschlagkonzept: Balk & Brumshagen
Umschlaggestaltung: Stephanie Weischer unter Verwendung
einer Fotografie von © Getty Images/Bruce Gardner
Satz: Dörlemann Satz, Lemförde
Druck und Bindung: Druckerei C. H. Beck, Nördlingen
Gedruckt auf säurefreiem, chlorfrei gebleichtem Papier
Printed in Germany · ISBN 3-423-13074-1

»Was ist das? Ich fühle es oft wieder.
Dieses plötzliche Schweigen,
das wie eine Sprache ist, die wir
nicht hören?«   *Robert Musil*

**SOMMER
1998**

1 Kommt direkt auf mich zu, ich wollte es erst gar nicht glauben, barfuß, die Zehen ganz grau vom Staub. Und wie sie mich ansieht. Die Augen gerade in meine gerichtet, ihr Ernst, dieser nachdrückliche, dieser kindliche Ernst. Sie wird langsamer beim Näherkommen, so wirkt es auf mich, wie in Zeitlupe, scheint zuletzt fast stehenzubleiben, jetzt, da, keinen Meter von mir entfernt. Ich strecke die Hand aus, unwillkürlich, so. Der kleine Ring am Rand der linken Braue, ihr voller, sonst immer wie trotzig vorgestülpter, immer wie von Schlägen aufgeschwollener Mund fest zusammengepreßt, und ja, sie meint mich, ihr Blick meint wirklich mich, ich schließe meine Augen, senke den Kopf. So.

Als ich wieder aufsehe, ist sie verschwunden.

Warum ich heute ausgerechnet damit beginne, fragst du dich wahrscheinlich, warum mich gerade das so sehr beschäftigt, ich weiß es nicht. Ich weiß wirklich nicht, was es zu bedeuten hat. Ich sitze zu Hause vor meinem Computer, schreibe, versuche mir wenigstens nachträglich Klarheit zu verschaffen, du kennst das ja. Ich spreche mit dir. Mit dir, von dem eine Reaktion natürlich nicht zu erwarten ist. Ich habe keine andere Wahl, ich weiß mir schließlich schon lange nicht mehr zu helfen. Und in dieser Situation habe ich es erst recht nicht gewußt. Nichts gewußt, nichts verstanden, nichts vorhergesehen.

Daß die Situation derart eskalieren konnte. Jede Form des Eingreifens schien gleich absurd. Aber als wäre genau das ihre Absicht. Ihre Berechnung, ihr von allen gemeinsam ausgeheckter Plan. Mich zu paralysieren. Vollkommen. Und genau in dem Augenblick, als meine Verwirrung, meine Hilflosigkeit am größten ist, als ich schon im Begriff bin, mich blinzelnd und mit eingezogenem Kopf davonzuschleichen, genau da kommt sie auf mich zu. Barfuß, in ihrem hautengen beigen Spaghettiträgerkleid, das ihr die kleinen Brüste so flach auf den Körper preßt, ganz nah an mir vorbei, ich kann immer noch dieses Teenagerparfüm riechen, Gras oder Melone vielleicht, oder Weichspüler, sie trägt das Skateboard vor sich her wie ein Geschenk, auf fast ausgestreckten Armen vor sich her wie eine Trophäe, nein. Wie ein Schutzschild.

Amüsant findest du diese Geschichte, das wundert mich nicht. Natürlich, du glaubst, ich bin verliebt, stimmt's, blind, rasend, bis über beide Ohren verliebt, was du kannst ja nicht anders. Und stellst dir vor, wie ich da linkisch herumstehe. Mit hängenden Schultern und spaltbreit geöffnetem Mund, ein alter Sack vor lauter schönen jungen Menschen. Einer, an dem das Leben vorbeirast, das sie für ihn verkörpern, und er kann es nicht fassen. Der sein Verlangen an das nächstbeste hübsche kleine Mädchen hängt. Den allein ihr täglicher Anblick fast zu Tränen rührt. Ein Idiot, denkst du, für alle sofort als solcher erkennbar. Und im Gegensatz zu allem übrigen hast du in diesem Punkt vielleicht sogar recht.

Ich blicke zu dir hinüber. Das heißt natürlich, es ist wieder nur der Fernseher eingeschaltet, der außer den Mappen mit den Zeitungsartikeln alles ist, was mir zur Verfügung steht. Wie immer bemühe ich mich in den Gesichtern dort zu lesen, bis sie sich zu einer Art Gegenüber zusammenfügen. Das nenne ich du, an dieses Du richte ich meine Sätze, ich lege mir seine Kommentare zurecht, deine Kommentare. Es ist lächerlich. Doch mit wem sollte ich gerade darüber reden, wenn nicht mit dir.

Du denkst ohnehin, ich mache mir was vor. Und, ah, wie diskret du dich darüber heute wieder lustig machst.

Danke. Danke für den ironischen Blick, mit dem du mich musterst, für dein vornehmes Schmunzeln. Fühlt sich wunderbar an. Nein wirklich, geradezu aristokratisch dein ganzer Auftritt heute abend. Oder ist das jetzt die Dandy-Nummer? Sekunde, ich werde dir beschreiben, wie du aussiehst.

Wie zu erwarten trägst du einen exquisiten Maßanzug. Aubergine? Diplomatengrau? Ein Bein übers andere geschlagen, der linke Arm lässig über der Lehne, Zigarette. Büffelledersessel, keine Frage. Angenehm männlicher Duft. Deine Augen stehen wirklich auffallend eng beisammen, mein Lieber, dazwischen der Höcker des langen, schnabelartigen Nasenbeins. Ein Vogelmensch bist du, luftig, daran liegt es wohl, daß man dich sofort so sympathisch findet, wenn du lächelst, ich bin sicher. Und genaugenommen lächelst du dauernd. Dazu kommen deine drei imposanten Stirnfalten, deine Gesten. Wie du deine Hände zum Beispiel immer wieder zu Schalen formst. Offen, empfänglich. Manchmal, womöglich sogar unbewußt, streckst du dann deine Zeigefinger aus, als wolltest du mir das Wort erteilen. Sprich dich aus, mein Freund, höre ich dich sagen, während du in Wahrheit immer nur stumm weiterlächelst und ich mir einzubilden versuche, du würdest mir tatsächlich sachte an die Schulter tupfen, genau so.

So hätte ich auch ihre Lippen berühren wollen, mit einem Finger, sanft. Sie würden dann sofort nachgeben, denke ich jedesmal, wenn ich mich daran erinnere, wenn ich es in meiner Vorstellung wirklich tue, wie nun. Sie würden sich entspannen, die Lippen. Und öffnen. Und ich würde den harten, warmen Schmelz ihrer Zähne berühren, diesen dünnen, feuchten Film.

Dann geh doch ins Bett mit dem Mädchen, möchtest du sagen, habe ich recht. Die ist so gut wie achtzehn und längst keine verdammte Jungfrau mehr. In dem Alter treiben sie's heutzutage doch alle durcheinander, also wo liegt das Problem. Mit was für einem milden, sonoren Tonfall du solche Sätze sagen kannst. So besänftigend. Er hallt noch lange nach, bleibt mir im Kopf, füttert ihn samtig aus, und noch die unerträglichsten Gedanken gleiten dann weich und friedvoll durch ihn hindurch. Gedanken wie dieser. Als wäre das hier die Frage, mit einer Schülerin schlafen, mein Gott, es dreht sich um etwas völlig anderes, ich kann es nur nicht denken, nicht ausdrücken.

Aber so sind deine Antworten immer. Kleine Orakel oder geistlose Scherze, nie kann ich es entscheiden. Und trotzdem halte ich es verrückterweise durchaus für möglich, daß sich Tiefe in solchen Äußerungen verbirgt. Wieso sonst sollte ich überhaupt reden mit dir. Etwas geschieht, etwas ist schon die ganze Zeit dabei zu geschehen, ohne daß ich es richtig begreife. Mit meiner Umgebung, mit mir, mit allem. Als läge gerade bei dir der Schlüssel, mit dem der Sache auf den Grund zu kommen wäre. Als hättest du ihn dem Rest der Welt ausgehändigt, nur mir nicht. Als könnte ich ihn mir doch noch verschaffen, wenn ich nur hinter den wahren, den schönen Sinn solcher manchmal geradezu ärgerlich plumpen Sprüche, deiner ganzen Gesinnung käme. Als würde es dir Vergnügen bereiten, mich zu beobachten, wie ich dasitze, wie ich dich anstarre. Ja, du läßt mich grundsätzlich auflaufen. So lange, bis du genug hast. So wie jetzt. Dein feines, fast unmerkliches Kopfschütteln, während du vornübergebeugt deine Zigarette ausstocherst. Die übrigens äußerst geschmackvolle Krawatte verrät dich. Sie pendelt noch leise nach zwischen deinen Knien, während du bereits beiläufig zu anderen, ungezwungeneren Themen übergehst. Deinem letzten Japan-Urlaub etwa. Oder den exzellenten Menüs in deinem Frankfurter Lieblingsrestaurant.

Ins Bett gehen, mit Nadja ins Bett gehen, meiner Lieblingsschülerin, was für ein grotesker Gedanke. Natürlich habe ich ihn auch schon gedacht. Natürlich bin ich erschrocken. Ich stand auf, ging ans Fenster, es war gestern. Unter mir das in der Dämmerung noch ganz blasse, lückenhafte Lichtraster der Straßenzüge. Seit drei Jahren kenne ich das. Ein Mietshaus auf einer Anhöhe am Rande der Stadt, der Blick aus dem vierten Stock. Nach und nach, oft nur um Sekunden versetzt, reagieren die Sensoren, schließen sich die Stromkreise, flackern die Neonlaternen auf, spielt das Puzzle zum nächtlichen Stadtbild sich selbst zu Ende, und diesen Vorgang zu beobachten hat mich bis vor kurzem immer beruhigen können. Zehn, zwanzig Minuten, in denen ich zuschaue und an nichts denke.

Diesmal jedoch sprang mein Blick dauernd auf mein eigenes, noch kraftloses Spiegelbild auf der Scheibe zurück. Und auf das Bild meiner Wohnung hinter mir. Neben dem Computerschirm das Foto meiner Tochter Luzie, vor vier Jahren auf Elba geschossen, unserem letzten gemeinsamen Familienurlaub. Das dunkle, auf dem Abzug fast schwarze Haar wischt ihr übers lachende Gesicht, der Hintergrund ein gelbes Farbfeld.

Luzie war in einem dieser Drehkarussells gesessen, wie sie auf allen Spielplätzen herumstehen. Und Petra hatte sie so wild angeschoben, daß mir allein vom Zuschauen schwindlig geworden war. Acht war sie gewesen damals.

Abrupt drehte ich mich um, blieb aber lange ans Fensterbrett gelehnt stehen, betrachtete den Raum. Mein Zuhause. Die bis zur Decke reichende, vollgestopfte Bücherwand, die schon seit Monaten unbenutzte Plattensammlung. Alles in dieser warmen, mit bläulichen Reflexen übersprühten Halbhelligkeit, die sich außerhalb des Lichtkegels der Schreibtischlampe ausbreitete. Dann hastete ich an den Computer, schloß die Datei, schaltete alles aus, zog mich um. Einige Sekunden lang besah ich meinen bis auf die Unterhose nackten Körper im Flurspiegel, die käsige Haut mit den geröteten Stellen, die schlaffen Schultern, den Fettansatz am Bauch, an den Brüsten, den ganzen beutelartigen Rumpf. Die Treppen hinunter nahm ich bereits im Laufschritt.

Ich lief quer über den Innenhof, hinten aus dem Geviert hinaus, den Trampelpfad am Zaun des Wertstoffhofs entlang, schon war ich auf den Feldern. Zuerst der steil ansteigende Hohlweg, danach die Kiesstraße bis zum Waldrand. Noch schnaufte ich ungleichmäßig, noch brannten die Waden, jeder Tritt ein Schlag ins Becken und im Rücken rechts unten der mittlerweile schon bekannte, leicht stechende Schmerz. Wie jedesmal schaute ich auch gestern bereits nach fünf Minuten auf die Armbanduhr, wie jedesmal konnte ich mir auch gestern nicht vorstellen, weitere vierzig Minuten durchzuhalten, wie jedesmal rückte ich mehrmals das Schweißband zurecht. Vor ein paar Wochen habe ich damit begonnen, mir diese Unruhe aus dem Leib zu rennen, die sich eingenistet hat in meinem Körper. Inzwischen klappt es, nach zehn Minuten werde ich tatsächlich ruhiger, Arme und Beine finden einen Rhythmus, die Sätze, die Bilder im Kopf kommen wieder nacheinander, statt gleichzeitig.

Links am Horizont, auf einem der weiter entfernten Hügel, brannte ein Sonnwendfeuer, ein altrosa Himmel beleuchtete schwach den Weg, blaugrau gefleckt von verstreuten Cirruswolken, am Sirenenmast vorbei, diese riesige, mitten auf eine Wiese gepflanzte, sich zur Spitze hin verdickende Betonorgelpfeife.

Sowieso sehe ich nach einiger Zeit immer nur noch das Doppel der Fahrrillen unter mir durchlaufen. Und gewöhnlich befällt mich dann so ein seltsam behagliches

Gefühl von Verlassenheit. Die bewährte, ruhige Gewißheit, auf der ganzen Linie gescheitert zu sein. Das ist allen Ernstes, das versichere ich dir, ein ganz wunderbarer Zustand. Mein Los in vollem Umfang von mir angenommen, ohne daß ich mit der Wimper zucke. Tröstlich. Und alle nach und nach aufsteigenden Gedanken drehen sich mit einem Mal um ein und dieselbe Frage, nämlich worin dieses Scheitern eigentlich besteht.

Mein Verstand macht sich dabei vollkommen selbständig. Er folgt seinen eigenen Regeln, tastet sich jedesmal von einer anderen Stelle aus zum gesuchten Kern meines Versagens vor. Und nie kommt er dort an.

Eine Art Verschleppungsverfahren, das Ganze, meine neueste Methode zur Selbstbesänftigung. Ich stimme mein Lebensgefühl wieder auf den alten, immerhin vertrauten Ton einer seit vielen Jahren eingeübten Ohnmacht.

Gestern dagegen war ich so heftig von dieser seltsam diffusen Erregung beherrscht, daß ich verhindern mußte, überhaupt etwas zu fühlen. Ich mußte es schaffen, mich im Laufen vollkommen selbst zu vergessen. Nadja, der Vorfall auf dem Pausenhof, ich war nicht imstande darüber nachzudenken. Wie im Traum lief die ganze Szene in meinem Gedächtnis ab, entwickelte eine Art Traumklarheit, eine Traumalltäglichkeit, verwandelte alle Beteiligten in Figuren eines Traumspiels, die Köpfe vor allem sahen so sonderbar klein und austauschbar aus plötzlich.

Wie jeden zweiten Freitag hatte ich am Morgen Aufsicht auf dem Schulhof, war unvermittelt mit diesem ersten Bild konfrontiert gewesen. Einerseits die Clique, wie immer hinten am Kunststeintrog, andererseits Kevin Meier. Das paßte nicht zusammen, das hatte etwas zu bedeuten, nichts Gutes, das war mir auf Anhieb bewußt.

Dany, den Rücken gegen den Trog gelehnt, halb verdeckt vom Strauchzeug, das darin wächst, hockt am Boden. Kauernd, rauchend, lächelnd. Dany der Lächler, der Guru. Die Clique steht um ihn herum, wie in jeder Pause. Raucherecke. Darunter auch Nadja, etwas abseits, etwas näher bei diesem Meier als der Rest. Dany und Nadja, das heimliche Herrscherpaar der ganzen Gruppe, auf der einen Seite, auf der anderen Nadja und Kevin, dieses für mich ohnehin ganz undurchsichtige, ganz rätselhafte, ich sage mal, Verhältnis. So jedenfalls die Aufstellung der Partie, deren Fortgang ich nun beobachten muß und in der mir selbst, dieser Verdacht drängt sich sofort auf, in meiner Eigenschaft als Zeuge eine ebenso tragende wie passive Rolle zugedacht ist. Eine Rolle ähnlich der eines Schachkönigs.

Dann der Aufprall. Dann Meiers kahler Schädel über der Menge. Alle zwischen fünfzehn und achtzehn und mit dem Rücken zu mir, und darüber rast Kevin Meiers kahlgeschorener Kinderschädel dahin. Dann der nächste Aufprall. Ich trete ein paar Schritte näher, zweite Einstellung, durch eine Lücke in der Wand aus Schülerrücken hindurch, freier Blick auf den Lächler, im Schneidersitz vor dem Begrünungsbottich. Die Clique als Spalier, an deren anderem Ende Meier gerade lostritt. Die verbissene Miene in seinem Kindergesicht. Die buschigen Augenbrauen unter der Glatze sind ja grundsätzlich zusammengekniffen. Kevin Meier, der Schweiger, der Einzelgänger. Steuert direkt den kauernden Dany Todoric an. Kracht spannbreit neben ihm mit dem Skateboard gegen den Kunststein. Mit voller Wucht.

Das Brett schnellt hoch, und Kevin Meier fliegt, die Arme rudernd, die Beine abgestreckt, gespreizt. Er fliegt. Landet auf dem Trogrand, sicher, lässig federnd. Eine Zirkusnummer vor stummem Publikum. Und bevor er abspringt, bevor er zurückspringt auf die Bahn zwischen den schweigenden Leuten, um erneut Anlauf zu nehmen, und dann noch einmal und noch einmal, sucht und findet sein Blick mich. Sekundenlang sieht er mir frontal ins Gesicht.

Jeder Sprung nach dem gleichen Schema. Nur immer schneller fährt er an, nur immer härter knallt das Skateboard gegen den Kunststein, nur immer knapper, Zentimeter neben Todoric, der weiterlächelt, der unbeweglich sitzen bleibt. Jedesmal höher läßt Meier sich hinaufkatapultieren, und jedesmal ausgiebiger und kälter prüft er danach mein Verhalten. Genauer gesagt meine vollständige Erstarrung.

Dann endlich Nadja. Ihr Auftritt. Sie tritt heraus aus der Reihe. Schert aus, stellt sich auf, mitten hinein in Meiers Bahn, Arme in die Hüften gestemmt. Nadja, wie sie dem Kahlkopf den Weg versperrt, der ebenso albernen wie martialischen Glatze mit den großen Kinderaugen darunter, die da auf sie zurast. Jetzt packt sie ihn am T-Shirt-Ärmel, jetzt versucht sie ihn festzuhalten. Ihr trotziger Mund, als er sich losreißt, seine Fratze als Antwort. Jetzt hockt sie auf dem Boden. Wie er den scharfen Bogen schlägt um sie, wie die Menge zurückweicht, wie auch ich endlich zurückweiche.

Und das letzte Bild wieder vom früheren Standort, die alte Einstellung. Kevin Meiers Flugfiguren über dem Geäst. Das wilde, bizarre Geschlenker seiner Gliedmaßen. Kopfunter aufsteigend, bis zum Überschlag. Schließlich die ersten Landemanöver in den Sträuchern. Zuerst das Krachen des Bretts, dann das Brechen der Zweige. Bald auch das Blut, die lange Schürfwunde am Kopf. Schnell antrocknende Rinnsale, an der Stirn, über die Ohren aufs T-Shirt tropfend. Und Kevins Weitermachen, sein wütendes, sein unerbittliches Weitermachen. Mit seinen Grimassen, den haßerfüllten Kindergrimassen. Kindergesicht unter einem Netz dünner roter Fäden.

Plötzlich weicht die Menge auseinander.

Plötzlich der Lächler. Dany Todoric erhebt sich, lächelnd, langsam. Er steht. Ganz nah sein Rastaschopf neben dem Kahlkopf, der sich nach seinem Skateboard bückt. Dany mit dem aufschnappenden Messer in der Hand, lächelnd, so lässig, so nah, so.

Dann der Tumult, dann weiß ich nichts mehr.

Dann Nadja. Wie sie auf mich zukommt.

Gewalt an Schulen, du nickst, deine Miene wirkt plötzlich besorgt. Als würde ich dir von Ungeheuerlichkeiten berichten aus einer entlegenen Weltregion oder von dunklen Machenschaften in einem Milieu, dessen Existenz dir bisher kaum bewußt ist. Wir haben von den grausigen Ritualen dort doch schon einmal gehört, gelesen, ist das der Sinn deines betroffenen Stirnrunzelns? Oder glaubst du dich jetzt verteidigen zu müssen? Ich habe doch gar nicht die Absicht, dir etwas vorzuwerfen. Nicht heute. Lehn dich zurück, leg deinen Kopf schräg und stütz dein Kinn auf die Faust. So wie du es gelernt hast. Und warte einen Augenblick. Ich frage mich doch nur, was sie von mir, ausgerechnet von mir wollen, diese Jugendlichen.

Wollen sie denn überhaupt etwas von mir?

Schon entspannt sich deine Mimik, bleibt dennoch hochkonzentriert. Die Lider leicht verengt, aber die Stirn glatt, wie sie sein muß. Sehr schön. Es ist ja auch alles gar nicht so schlimm, es ist ja auch im Grunde überhaupt nichts passiert, es wird ja immer alles gleich so furchtbar übertrieben, die Forschungen der letzten Jahre belegen es. Nicht schon wieder von meiner Berufsüberforderung, davon, daß ich einfach immer weniger begreife, was mit denen eigentlich los ist. Was mit mir selbst, in solchen Momenten zum Beispiel. Nicht schon wieder die ewige alte Leier, ich habe es mir fest vorgenommen. Nicht einmal über das besondere Verhältnis zu meinen Schülern will ich mich heute auslassen. Wie beliebt ich bin, als Lehrer, wie sehr sie mich mögen, als Vertrauensperson, alle, bis zu einem gewissen Grad sogar dieser Kevin Meier. Wie viele von ihnen mitmachen in meiner Theatergruppe, wirklich begeistert mitmachen, obwohl wir bisher nichts, nicht eine einzige Aufführung zustande gebracht haben. Wie wenig ich mir ihre, ja, ich muß fast sagen, zärtlichen Sympathiebekundungen erklären kann, ebensowenig wie diese seltsam aggressiven Inszenierungen, mit denen sie abwechseln. Was sie mir damit sagen wollen.

Wollen sie mir damit überhaupt etwas sagen?

Und was für ein bemerkenswertes Mädchen diese Nadja ist.

Aber Schluß damit, du hast mich längst überzeugt. Nichts mehr von diesem öden Pädagogengejammer, ich verspreche es dir. So wie ich es mir selbst versprochen, es an mir selbst ausprobiert habe, gestern beim Waldlauf, und da hat es schließlich auch geklappt.

Also hör zu, ich lief so dahin, und es funktionierte. Genau wie inzwischen mein Körper ganz ohne mein Zutun funktionierte. Eigentlich war da jetzt nichts als eine banale Story in meinem Kopf, in der ich selbst nur am Rande, im Grunde so gut wie überhaupt nicht vorkam. Als reiner Beobachter eines geordneten Ablaufs mit vorhersehbarer Entwicklung gewissermaßen. Als würde ich nur einen weiteren Zeitungsartikel zum Thema lesen. Neues phänomenologisches Material. Ein befremdlicher Fall mehr aus der Fülle befremdlicher Fälle, über die sogar du bloß den Kopf schütteln kannst.

Und Nadjas Gesicht wäre nur das Gesicht irgendeines Mädchens.

Dann aber wurde ich herausgerissen aus dieser, ich sage mal, Lektüre. Der Weg tauchte in den Wald ein, und ich wurde völlig überrascht von der tiefen Dunkelheit, die mich von einer Sekunde zur andern umgab. Ich setzte meine Füße in bodenlose Schwärze. Dazu das schrille, hallende Gebrüll der Vögel kurz vor dem endgültigen Einbruch der Nacht. Es war nicht so sehr dieser abrupte Übergang, der mich erschreckte, den bin ich mittlerweile ja gewohnt. Sondern daß mir jetzt sofort dieser Mord einfiel, der hier von eineinhalb Jahren in einem gar nicht weit entfernten Waldstück verübt worden ist. Ein älteres Ehepaar, das mit dem Wohnmobil dort hatte übernachten wollen, per Genickschuß hingerichtet, lautete die Meldung, die Tat bis heute unaufgeklärt. Das heißt, es fiel mir nicht ein, ich befand mich auf einmal geradezu mittendrin. Ich sah mich keuchen, Haken schlagen, flüchten, sah mich am Rande der Erschöpfung auf allen vieren über den Waldboden kriechen, glaubte noch den Atem des Mörders hinter mir zu spüren, da war ich längst im helleren Domgang der Fichtenstämme angelangt. Ich sog den Geruch ein, nach Harz, nach faulenden Nadeln und frisch gefällten Bäumen, ich wurde allmählich ruhiger. Ich beruhigte mich nicht einfach, ich fühlte mich tatsächlich wie knapp dem Tod entronnen. Ich fühlte mich als Überlebender, verstehst du, als Sieger.

Schon führte der Weg wieder aus dem schmalen Waldstück hinaus. Doch noch unter den Bäumen hielt ich an. Nach der gewohnten Tour hätte ich jetzt den Wiesenhügel hinauf- und auf der anderen Seite hinunterlaufen müssen, bis kurz vor den Weiler, und wäre dann umgekehrt. Ich schwang die Arme, federte auf den Fußballen, atmete mehrmals kräftig durch. Die würzige kühle Waldluft. Dabei fiel mein Blick auf die Silhouetten einiger Kühe vor dem violettgrauen Himmel in der fortgeschrittenen Dämmerung, die oben am Hügelkamm vor dem geschlossenen Gatter Schlange standen. Einem plötzlichen Impuls folgend bog ich rechts in einen Seitenpfad, eine offenbar kaum benutzte Bewirtschaftungsschneise mit tiefen, zum Teil matschigen, überwucherten Fahrfurchen. Sie führte in einem weiten Bogen ins Innere des Waldes zurück. Meine ganze Konzentration war nun darauf gerichtet, den Schlammlöchern und Brennesseln auszuweichen, zwischen den Mulden, der Grasnarbe in der Mitte und den Wegrändern hin und her zu springen. Nach einiger Zeit stieg das Gelände an, die Wegspur verlor sich zusehends im Waldboden, und ich konnte wieder auf und um mich sehen.

In diesem Teil des Waldes war ich noch nie gewesen. Ich joggte noch zwei-, dreihundert Meter weiter, geriet auf eine Lichtung. Hohes Gras, der Pfad verlief sich endgültig darin. Ich blieb stehen, drehte mich mehrmals im Kreis. Schnell, außer Atem. Schweiß tropfte mir aus den Achselhöhlen an den Seiten hinunter in die Speckringe am Bauch. Erst jetzt wurde mir bewußt, wie dunkel es bereits war, die Vögel verstummt. Am Himmel zeigten sich schon erste Sterne. Schwimmen, ich dachte an Schwimmen, es fühlte sich an wie Schwimmbewegungen, als ich mir mit rudernden Armen den Weg zu einem großen umgestürzten Baum bahnte, der in der Mitte der Lichtung aus dem Gestrüpp ragte. Ich kletterte auf den Stamm und rätselte, in welcher Richtung die Stadt liegen könnte.

Hatte ich mich also tatsächlich verlaufen, stell dir das einmal vor. Mitten in der Nacht, schwitzend in meinem blödsinnigen Jogging-Dress, hockte ich auf einem Baumstamm. Vom Weg abgekommen wie im Grimmschen Märchen, und das am Ende des zweiten Jahrtausends. Ich malte mir aus, wie ich aufs Geratewohl in diese Finsternis hineintappte, in stacheligen Brombeerschlaufen hängenblieb, wie mir die Zweige ins Gesicht klatschten und alte Baumstümpfe gegen die Schienbeine schlugen. Kurz, ich bekam wirklich Angst.

Doch statt mich ernsthaft mit der Lösung meines ja gar nicht wegzudiskutierenden Problems zu beschäftigen, fing ich sofort an, lauthals auf eine Art Phantom einzuschimpfen, gerade so, als wäre sie diesem Phantom zuzuschreiben, meine in der Tat beschissene und groteske Situation. Und dieses Phantom, mein Lieber, das warst du.

Ich meine, ich war mir natürlich darüber im klaren, wie abwegig meine Verwünschungen waren. Was ich dir in meiner schnöden Verzweiflung vorwarf, war, daß mir meine Lage andererseits so angemessen und gerecht erschien. Ich der Verirrte, du der Durchblicker. So schrie ich es buchstäblich hinaus:

»Ich natürlich der Verirrte und du natürlich der Durchblicker. Die Welt für dich ein aufgeschlagenes Buch. Und alles, was zählt, ist bekanntlich, es lesen zu können.«

Ja, es kam mir in der endlos scheinenden Zeitspanne auf diesem Baumstamm immer mehr so vor, als wäre meine Situation eine von dir gewollte und unverhohlen genossene Demütigung. Du der zynische Gewinner, ich der Hanswurst. Ich sah mich quasi mit deinen Augen da hocken. Und ich brach darüber, mit deiner Stimme aus meinem Mund sozusagen, in schallendes Gelächter aus. Wandte mich schließlich von dem beschämenden Anblick ab, den ich mir selbst bot. Lehnte den Rücken zwischen zwei bemooste Wurzelknie und suchte den Nachthimmel nach den wenigen Sternbildern ab, die ich kannte. Großer Bär, Orion, Kleiner Bär. Ich schloß die Augen. Nichts half.

Was ich sagen will, ich hatte doch diese Bilder eigentlich auslöschen wollen in meinem Kopf, ich meine Nadja, ich meine dich. Du bist darin manchmal ein so unausstehlich lästiges Gespenst, und gestern sah ich pausenlos nur noch dein spöttisches Schmunzeln vor mir. Doch statt dich endlich wieder loszuwerden, fing ich jetzt zu allem Übel auch noch an, mir eine Art Biographie für dich auszumalen. Zuerst überlegte ich, was für eine Sorte von Schüler du, zu deiner Zeit, wohl gewesen sein mochtest. Und ich stellte mir da sofort so einen punkigen Typen vor, wie es sie vor circa fünfundzwanzig Jahren massenhaft gegeben hat. Natürlich einen ausgesucht rebellischen, aber hochintelligenten Querschädel. Der etwa seinen reaktionär angetouchten Sozialkundelehrer zum Unterrichtsbeginn regelmäßig mit dem Hitlergruß empfangen hat. Und dessen Karriere, das wird schon damals gar nicht zu übersehen gewesen sein, praktisch vorgezeichnet war. Die Musik, die vielen Zeitschriften, die Bücher, das wilde Leben. Wie du stets im voraus gewußt haben wirst, wann der Schlag am sogenannten Puls der Zeit sich ändern würde. Wie du es deinen Mitschülern nicht erklärt, sondern vorgelebt haben wirst, ich konnte es wirklich direkt vor mir sehen. Wie sie dir nachgeeifert haben werden, wie du sie, kaum fort aus dem Elternhaus, aus der verhaßten Anstalt Gymnasium, allesamt stehengelassen haben und Teil jenes kleinen Kreises von Leuten geworden sein wirst, in dem man selbst der Zeit den Takt schlug.

Was könntest du alles gewesen sein, bevor du deine jetzige Präsenz und Größe erreicht hast, fragte ich mich. Journalist natürlich, Sänger, Schauspieler, DJ womöglich sogar, auf jeden Fall ein Star, das heißt, eher so ein elitäres Sternchen. Das ist besser, eine bessere Voraussetzung, um der Moderator oder Anchorman oder Festredner zu werden, dem sich all die mächtigen Tore auftun, durch die du später dann getreten bist. So wird das wohl gewesen sein, dachte ich, an mein klammes Wurzelwerk gelehnt, und bildete mir schon ein, dich summen zu hören. Irgend so einen amerikanischen Popsong, dazu glaubte ich das Klimpern von Bourbongläsern zu erkennen. Der Entwicklung jedenfalls stets einen Schritt voraus, forever young sozusagen, seelisch gleichsam, immer noch und immer weiter ein durch und durch blutjunger Mensch. Und stellte Berechnungen an, wie alt du demnach heute ungefähr sein magst, auf erstaunliche drei- bis sechsundvierzig Jahre kam ich dabei.

Während von mir die Zeichen der Zeit zwar nicht prinzipiell, aber unvermeidlich immer wieder falsch interpretiert worden sind. Während ich, immerhin doch um einiges jünger als du, seit mindestens zehn Jahren hemmungslos altere.

Wolken waren inzwischen aufgezogen, keine Sterne mehr, alles nur noch finster. Sie tat allmählich weh, diese Lage, ich versuchte den Oberkörper zurechtzuschieben, meine abschüssige Unterlage zwang mich, zwischen die Strünke und Knollen zu kriechen, mich dort irgendwie zu verkeilen, damit ich nicht im Halbschlaf, den ich nun lauern spürte, irgendwann versehentlich vom Stamm kugelte. Nur mit Turnhose und T-Shirt bekleidet, begann ich auch noch leicht zu frösteln, in dieser zum Glück sehr lauen Nacht. Ich rollte mich, so gut es ging, zusammen wie ein Embryo, und sofort spann sich dein Werdegang weiter fort in meinem Hirn.

Jetzt sah ich dich, wesentlich cooler geworden und gepflegter im Outfit, mit weit ausgestrecktem Arm dein Doktordiplom in Empfang nehmen. Summa cum laude, versteht sich, und mit dem bereits voll entfalteten Charme deines heute so berühmten Lächelns. Dasselbe Gesicht, dieselben Gesten dann wieder händeschüttelnd mit deinen älteren, verbrauchten Vorgängern bei der Übergabe ihrer Büroräume und Posten in den Zeitungen und Rundfunkhäusern und Fernsehsendern. Ja, dachte ich, für dich hast du sie eindeutig entziffert, die Weltbuchseiten. Alles, alles konnte immerzu nur klappen bei dir, perfekt, wie am Schnürchen. Selbstverständlich auch im sogenannten Privaten. Familie, Ehe, Seitensprünge inklusive. Und plötzlich glaubte ich mich sogar zu erinnern, ich hätte dich früher schon einmal gesehen, vor dreizehn Jahren genau, bei meiner eigenen Hochzeit. Dieses eigenartige Händeschütteln, als hätte ich es wirklich schon einmal selbst erlebt. Dein Vogelkopf, dein joviales Grinsen, hineingeschnitten in meine reale Geschichte. Oder warst du wirklich einer der zahlreichen Gäste gewesen? Und war diese übertrieben vornehme Höflichkeit seinerzeit ein gutgemeinter Ratschlag, eine Prophezeiung gewesen? So mußte das jetzt doch auf mich wirken, sozusagen im nachhinein. Als hättest du sagen wollen:

»Siehst du, mein lieber Beck, und nun heiratest du auch noch die falsche Frau.«

Du sagtest es tatsächlich. Denn ich wollte aufspringen, auf dich losgehen, dir die große, ohnehin reichlich windschiefe Nase einschlagen, kam aber einfach nicht hoch. Ich denke, zu diesem Zeitpunkt muß ich definitiv eingeschlafen gewesen sein. Und wundere mich auch jetzt noch immer, wie klar, wie detailgenau mir der Traum in Erinnerung geblieben ist, als hätte ich dich eingeschaltet gehabt, als wärst du selbst dort, in diesem Wald, in dieser vollkommenen Dunkelheit und Verirrung nicht mehr abzuschalten. Ich schaute auf und fand mich umstellt von einer Hochzeitsgesellschaft auf einer riesigen Couch sitzen, in die ich so tief eingesunken war, daß sie mich gefangenhielt. Ich brüllte über das Orgeln von Stimmen, über ein penetrantes Gläserklirren und Lachen hinweg, brüllte, wie mir vorkam, so laut ich nur konnte, durch den alles übertönenden Lärm hindurch, der noch immer toller und toller wurde, so toll, daß ich mich gerade selbst schreien hören konnte, brüllte trotzdem aus Leibeskräften weiter hinüber zu dir, zu diesem Kerl, in dem ich eindeutig dich zu erkennen glaubte. Augen rotgeädert und verquollen, mit schweren Tränensäcken darunter, schlappen Backentaschen daneben, das ganze Gesicht wie abgesackt. He, brüllte ich, hier, und mit dem wackligen Kopf, dem tranigen Blick eines Schwerbetrunkenen schienst du über die Schulter gewandt auch tatsächlich nach mir Ausschau zu halten. Doch es war dir deutlich anzusehen, daß du kaum noch irgend etwas erkennen konntest, und in dem Getöse hättest du ohnehin kein Wort verstanden.

Lehrer, hörte also bloß ich selbst mich höhnen, ich dagegen bin Lehrer geworden. Wahrscheinlich allein das schon Grund genug, sich totzulachen. Aber es mußte auch noch die lächerlichste Sorte sein. Geschichte, Deutsch, ausgerechnet.

Da fingen die Leute plötzlich an zu klatschen. Ich fuhr zusammen, eigenartig betroffen, denn ich spürte Tropfen über meine Wangen kullern, dabei war mir gar nicht nach Weinen zumute. Das war mir peinlich vor diesen vielen Menschen, die waren ja immerhin meine Gäste, eine übrigens unüberschaubare Anzahl von Gästen, wie mir inzwischen aufgefallen war. Und ich als Bräutigam das Zentrum dieses Gewimmels.

Auch wenn ich nun feststellen mußte, daß davon niemand Notiz zu nehmen schien. Denn der Applaus galt überhaupt nicht mir, sondern irgend etwas meinem Blick gänzlich Entzogenem. Ja, die Leute drehten mir sogar den Rücken zu. Und du, keine Ahnung, ich nahm an, du seist wohl mitten in der immer noch anschwellenden Masse heillos besoffen vom Stuhl gefallen und auf dem Boden eingeschlafen.

So jedenfalls lagen die Dinge, was mich allerdings nicht überraschte, im Gegenteil. Alles an dieser Lage schien mir sofort exakt all dem zu entsprechen, was ich schon immer erwartet hatte. Selbst diese unbändige Wut, die weiter in mir gärte. Sie kochte hoch, nach meiner sentimentalen, obendrein auch noch ignorierten Selbstentblößung erst recht. Da gab es jetzt etwas, das ich verteidigen mußte, das sich partout verweigerte, das es diesem applaudierenden Pöbel endlich zeigen wollte.

Sobald das Geklatsche verebbte, nutzte ich die Chance. Die sogenannten Fakten, die ihr so lässig versteht, brüllte ich also los. Die Botschaften, die so locker bei euch ankommen. Ihr und eure Infos und Tips und Trends, an denen ihr euch entlanghangelt. Und manche turnen bekanntlich voran. Ich drohte mit der Faust gegen ihre Mauer aus Körpern. Nur ich sitze hier in der Patsche, machte ich weiter. Ein Lehrer, der von seinen Schülern nicht das mindeste begreift. Von seinen Schülern am allerwenigsten. Als wäre es das Natürlichste von der Welt, fing ich an, meinen Sermon zu bekräftigen, indem ich wahllos auf einige der Schultern vor mir klopfte. Ich stieß und boxte so heftig um mich, daß ein paar Leute tatsächlich vornüberfielen und von den Umstehenden aufgefangen werden mußten. Die empörten Blicke, die mich jetzt trafen, stachelten mich aber nur zusätzlich an. Mir dagegen, schrie ich haltlos, mit überschlagender Stimme, mir dagegen lauert dauernd dieses Monster da auf, und zeigte mit dem Finger in die Richtung, wo ich dich vermutete. Es springt mir in den Kopf. Ich führte mich auf wie das trotzige Kleinkind, dem natürlich keiner zuhört. Es war ja alles, wie es ist, wie es sein mußte. Man trat einen Schritt von mir weg, man hielt einen gewissen Sicherheitsabstand, man lauschte gebannt einer ganz anderen Rede, die irgendwo dahinten, für mich weder sichtbar noch hörbar, gehalten wurde und die diese Leute jetzt immer wieder zu Lachsalven hinriß. Selbst die Enttäuschung, die mich schließlich ergriff, fühlte sich seltsam nüchtern an, wie längst vorausgeplant.

Das ist jedenfalls noch nicht ausgemacht, maulte ich vor mich hin, wer hier der Dumme ist. Analphabetismus des Lebens, sagte ich leise, und plötzlich, als hätte ich irgendein Stichwort gegeben, wandte die Menge sich geschlossen mir zu. Sie musterte mich streng, aufmerksam lachte dabei jedoch in periodischen Abständen kurz auf, nach wie vor ohne daß ich einen Grund dafür entdecken konnte. Und endlich bemerkte ich, daß sich die halbe Schule um mich herum versammelt hatte. Lehrer- und Schülergesicher glotzten mich an, Backe an Backe, lachten wieder und glotzten dann weiter. Nur Nadja vermißte ich darunter.

Ja, ihr, ihr habt schon richtig gehört, nichts habe ich kapiert, gar nichts, stotterte ich, ganz kleinlaut geworden, so nah kamen die Köpfe, so flächendeckend füllten sie mein Blickfeld aus, weder was ihr wollt noch was ihr haßt. Oder seid ihr einfach nur zufrieden, so, wie es ist, zufrieden.

Da brachen meine Zuhörer in geradezu hysterisches Kreischen aus. Beinahe hätte ich mitkreischen wollen mit diesen weit aufgerissenen Mündern, die jetzt so dicht vor mir standen, daß ich die Gaumenzäpfchen zittern sah, den feinen Sprühregen der Spucke spürte, mitlachen mit diesem noch immer weiter anschwellenden Lachen, das nach und nach überlagert wurde von einem einzelnen, hellen Lachen, das fast klang wie ein Sopran, eine Folge schneller Arpeggios, überstrahlt wurde von einem mächtigen Lachen, das die Umstehenden nun auseinanderweichen und einen Gang freigeben ließ, für dich, den lachenden, den strahlenden Showmaster.

Da kamst du auch schon auf mich zu, leicht schwankend noch, ein klein wenig hinkend zwar, doch die Arme wie zur Umarmung ausgebreitet, in der einen Hand das Whiskyglas, in der anderen ein Skateboard. Dein Spalier verfiel sofort in ein wildes Winken, so heftig, daß ein Luftzug entstand, ein Wind nachgerade, der mich frieren machte. Ich wollte mich fester in meine Jacke packen, da entdeckte ich, ich war ja vollkommen nackt. Und je näher du herangehinkt kamst, desto heftiger fror ich. Jetzt strecktest du mir schon von weitem die Hand entgegen, jetzt begann mein Unterkiefer zu klappern wie wahnsinnig. Und dann spürte ich, was ich längst erwartet hatte, als wäre nichts selbstverständlicher als das, spürte ich, wie sich ein Zahn nach dem anderen aus dem Knochen löste und mir in den Mundraum purzelte. Ich leckte in die Löcher, ich fuhr mit der Zunge ganz vorsichtig die Reihen der Schneidezähne entlang, die unter dem Druck sofort wegbrachen und gleich darauf die Gurgel hinabrutschten, in genau dem Augenblick steht dein Gesicht direkt über meinem.

Weiß sieht es aus, blonde Locken drum herum. Stumm wirkst du auf mich, die Lippen wie zusammengewachsen, obwohl ich immer weiter dein schallendes Gelächter höre. Klirrendes, flirrendes Rauschen. Und dein Kopf das Haupt einer Statue, blindes Augenweiß darin, umkränzt von Licht, einem bläulichen Licht, ja. Dein Glas hältst du an die steinerne Wange. Und da, zuletzt, kippst du es, Flüssigkeit träufelt auf meine Augen, ich kann sie nicht schließen, ich muß sie geöffnet halten, meine Augen, so weit wie möglich aufreißen, aber es ist ja nicht schlimm, es ist sogar angenehm, in der Eiseskälte fast wärmend, ein dünner goldener Regen geht über meine Augäpfel und wärmt sie, und von dort breitet sich diese Wärme aus, über die Schläfen hinunter zum Mund, er schmeckt nach Wasser, dieser Alkohol, warmes Wasser rinnt den Hals entlang auf die Brust zu, ich bin jetzt von einer so tiefen Dankbarkeit erfüllt, Wunder, denke ich, es ist wirklich ein Wunder.

Aufgeschreckt vom Schlottern meiner Muskeln bin ich dann aufgewacht, völlig durchnäßt. Ein niesliger Tagesanbruch hat mich empfangen. Der Wind rauschte in den Wipfeln, feine Nebelstreifen waberten zwischen meinen Beinen, als ich die Lichtung durchquerte. Zähneklappernd habe ich mich durchs Unterholz vorgearbeitet bis zum Waldrand, der war gar nicht weit, da gab es eine Teerstraße, ich habe sofort gewußt, wo ich bin. Und kurz darauf stand ich schon unter der heißen Dusche. Hier, die kleine Schürfwunde am Hals, siehst du, die habe ich mir geholt, als ich vom Baumstamm heruntergefallen bin. Sie brennt immer noch.

2 Wieder eine Woche rum. Wieder denselben Trott hinter mich gebracht, der mich auch kommende Woche erwartet. Ich sitze vor dem Computer, schreibe bei laufendem Fernseher, alles wie immer. Trotzdem, etwas spitzt sich zu. Zwar habe ich nicht die entfernteste Idee was, aber irgend etwas wird da ausgebrütet. Ungeduldig warte ich, daß es ausschlüpft, hervorkriecht aus seinem Versteck, endlich greifbar wird. Nein, das hat erst einmal gar nichts mit Nadja zu tun. Es ist dieser allgemeine, latente, nebulöse Überdruck. Ich betrete das Gelände, ich passiere die Pforte, schon schlägt er mir entgegen.

Wie soll ich dir das beschreiben. Alles hört sich zum Beispiel sofort viel lauter an als normalerweise. Das Gejohle der Schüler, die morgendlichen Grußformeln, das saugende Geräusch beim Öffnen der Haupteingangstür, meine eigenen, nachhallenden Schritte im Gang zum Lehrerzimmer. Strenggenommen beginnt es noch früher. Es bereitet sich vor. Schon in der S-Bahn, beim Eintauchen in die Stadt, den Untergrund.

Die Stirn gegen die Scheibe gelehnt wie gewöhnlich, sehe ich die Gleislandschaft an mir vorübergleiten, gemächliche Drift in einen behutsam sich öffnenden Raum. Alles wie gewaschen im Morgenlicht, doch in Wahrheit bin ich schon die ganze Zeit über in Lauerstellung. Ich warte auf das Erscheinen der Mauer, automatisch, instinktiv. Zuerst läuft sie eine Zeitlang am unteren Fensterrand mit, bald wächst sie dem Himmel entgegen, sehr rasch geht das, der Wagen kippt in eine leichte Schräge, jetzt rasen schlierige Farbfelder vorbei, lila, froschgrün, silber, Graffiti, zu schnell, um wirklich gesehen zu werden. Bis alles ganz schwarz wird. Jedesmal das Gefühl, plötzlich nach rückwärts weggerissen zu werden, jedesmal scheinen die Fahrgeräusche anzuschwellen. Sie werden überhaupt erst hörbar, ein Sirren, das gedämpfte Schlagen der Räder auf den Schienen. Dann weicht dieser Eindruck einer abrupt hereingebrochenen Finsternis auch diesmal der Gewißheit, daß das Licht nicht wirklich verschwunden war unter den längst eingeschalteten Abteillampen. Augen und Hirn haben sich umgestellt, ich komme wieder voran, bin auf dem Weg, der tägliche Sturz in den Schacht ist überstanden, ich erreiche meinen Umsteigebahnhof. Und ergebe mich dort sofort den stockenden Menschenströmen.

Nicht fliehen vor ihnen, gegen sie ankämpfen, sage ich mir vor. Wenigstens für diese Minuten noch die Sinne schonen, geschlossene Augen, Rückzug aller Organe. In den Ohren der jungen akkuraten Bankangestellten die Kopfhörerstöpsel. Wir rutschen durch Trichter, in Schüben, durch die Schleusen, die Ein- und Ausgänge.

Es ist dieser unterirdische Morgen, mit dem es anfängt. Kein hektisches Chaos, es herrscht Einverständnis. Keine Freundlichkeiten, keine Aggressionen, jeder läßt jeden in Ruhe, läßt sich bewegen mit minimalstem Kraftaufwand. Meine Muskeln entspannen sich tatsächlich, während mein Ohr immer empfindlicher wird. Ich raste ein in die vorgegebenen Bewegungsfolgen, werde eins mit den Kontraktionen und Stauungen, jedem plötzlichen Sog.

Um mich in jedem Schacht und jedem Abteil wiederzufinden in einer neuen Hundertschaft frisch zusammengewürfelter Leute. Nie habe ich aufhören können, mich darüber zu wundern. Über diese Unmenge von Einzelleben, jedes mit demselben Drang ausgestattet, zumindest durch irgendein und sei es noch so kleines Detail aus seinem massenhaften Auftreten herauszustechen. Jedesmal schrumpfe ich dann sozusagen zusammen in mich selbst. Auf dasselbe läppische Maß von Selbstüberschätzung, das sich in jeder beliebigen Miene spiegelt.

Und nie ein bekanntes Gesicht. Das heißt, abgesehen von dem Verrückten, der sich hier jeden Tag herumtreibt. Er tippelt den Bahnsteig rauf und runter, die Schallplatte in seinem Kopf spielt laufend dieselben Sätze, immer wieder bleibt die Nadel hängen, immer wieder legt er neu auf.

»Es wird ... Es ... Es wird in jedem Fall zum Kampf kommen ...«

Unterdessen rolle ich der Oberfläche entgegen, meinem sogenannten Alltag.

Du zuckst jetzt natürlich mit den Schultern. Ich weiß, schließlich geht es dir im Prinzip auch nicht anders. Allenfalls der etwas andere Trott in deinem Fall, habe ich recht, im Endeffekt natürlich genau dasselbe. Klar, nichts ist ermüdender, nichts auf Dauer langweiliger, als laufend Sensationen hinterherjagen zu müssen. Wo alles auf die Spitze getrieben ist, wirkt alles gleich flach und bedeutungslos. Regierungskrise, Gipfeltreffen und Sparpaket. Krieg, Katastrophe und Attentat. Fusionen und Konkurse und Arbeitslosenstatistiken und Straßenschlachten. Und während andere sich gewöhnlich im Schlagschatten dieser öffentlichen Aufregungen herumtreiben, während unsereiner im Brackwasser ihres Wellengangs dümpelt, jenseits der Konjunkturwellenkämme einer fiebrigen Aufmerksamkeit, pflegst du elegant auf ihnen zu surfen. Wirklich beeindruckend, wie du diese Monotonie Tag für Tag bewältigst. Unfehlbar springst du von Hausse zu Hausse, während sich dazwischen, unten, im Tal der Baisse die Dilettanten abstrampeln.

Sag mal, ahnst du denn den Gang der Dinge wirklich im voraus? Deine Sprünge wirken so tollkühn und gleichzeitig so entschieden, daß es den Anschein erweckt, du wüßtest immer schon genauestens Bescheid, was als nächstes kommen wird. Als enthielten deine Nachrichten heute schon die von morgen, von übermorgen.

Sprichst du deshalb so gern und so häufig von der Zukunft? Und davon, daß du sie voll im Griff hast? Die Zukunft als Herausforderung, als Aufgabe, den Blick ganz der Zukunft zugewandt, Unternehmen Zukunft undsoweiter, was soll das eigentlich genau heißen? Warum versuchst du stets von der Gegenwart so zu berichten, als würdest du sie im Rückspiegel betrachten? Als kämst du nur fix mit der Zeitmaschine zurückgeflogen, um Weichen richtig zu stellen, uns auf diesen oder jenen Kurs einzuschwören und gleich darauf wieder im Morgigen zu verschwinden?

Ich gebe es ja zu, ich bringe, was diese sogenannte Gegenwart angeht, schließlich nur noch Spekulationen zustande. Ich meine, ich als Lehrer, als ausgebildeter Historiker, weiß schließlich, wovon ich spreche. Das heißt, ich müßte es eigentlich wissen. Vergangenheit eine Konstruktion, selbstverständlich. Das Gewesene eine halb willkürlich, halb paranoid zurechtgeschusterte Plattform, auf der die jeweilige Gegenwart ruht, ohne Frage. Alles ein pausenlos umgeschriebenes Märchen. Dessen Fassungen selber Geschichte. Jede neue Deutung das Korrektiv aller vorherigen. Et cetera, et cetera.

Aber exakt das, nämlich dieser, laß es mich mal den Zugriff des denkenden Menschen auf die Realität nennen, gelingt mir seit geraumer Zeit nicht einmal mehr in Umrissen. Was soll ich sagen. Irgendwas fehlt.

Du hast recht, ich drücke mich viel zu kompliziert aus. Laß es mich mit einem Beispiel versuchen, dem Geschichtsunterricht in Nadjas Klasse. Lehrstoff »die innerdeutschen Beziehungen von den Staatsgründungen bis zur Wiedervereinigung«, »neuere weltpolitische Konstellationen nach dem Zusammenbruch der Sowjetunion und im Rahmen der europäischen Einigung«. Was nur soll ich darüber meinen Schülern erzählen? Was interessiert mich das denn selber? Immer häufiger beginne ich jetzt meine Stunden damit, einige dieser trockenen »Fragen und Anregungen« aus dem Schulbuch vorzulesen. Im Prinzip spreche ich sie nur mir selbst vor.

»Beurteilen Sie die politischen Forderungen der Demonstranten in der DDR ›Wir sind das Volk‹ und ›Wir sind ein Volk‹.«

Als könnte ich so durchdringen zu einem sich hinter den historischen Daten verbergenden Zusammenhang.

»Ziehen Sie dazu als Quelle die Rede Stefan Heyms heran, die er am 4. November 1989, bei der größten Massenkundgebung für mehr Demokratie in der DDR, auf dem Alexanderplatz in Ostberlin, hielt.«

Ich wende all meine Konzentration auf, solche Sätze zu begreifen. Sie gehen mir dabei so dürr über die Stimmbänder, daß sie nichts erzeugen als ein heiseres Kratzen. Aber in meinem Kopf schnarren sie wie die Befehle eines Feldwebels.

»Vergleichen Sie das Bild von der Militärparade am 7. Oktober 1989 anläßlich des 40. Geburtstags der DDR mit dem Foto von der Montagsdemonstration in Leipzig am 9. Oktober 1989.«

Dazu das Getuschel im Klassenraum, dieses mehr oder weniger heimliche Gekicher. Für mich ein ohrenbetäubendes Getöse. Jedes Wort geht darin unter.

Ich schaute also vom Buch auf.

»Was«, flüsterte es aus mir heraus, »was ist eigentlich Demokratie? Was heißt eigentlich mehr Demokratie?«

Oh, sie sind das schon gewohnt von mir, meine Schüler, dieses minutenlange Gegrübel. Dieses Wiederauftauchen aus der Versenkung mit einem einzelnen Wort oder

Satzglied als Beute. Die ich herausgeangelt habe aus einem Sumpf abstrakter Vokabeln und ihnen präsentiere wie einen Schlüssel, von dem keiner weiß, zu welcher Tür er gehört.

Aber was das Komische ist, ich glaube, gerade dafür mögen sie mich. Ich schaue auf vom Schulbuch und blicke jedesmal in lauter wohlwollende Augenpaare hinein. Klar, winkst du ab, jetzt kommt wieder die berühmt-berüchtigte 11b-Tour, meine Lieblingsklasse. Mike und DJ Marlon, der Lächler, Amelie und Karin und, nicht zu vergessen natürlich, unsere liebe kleine Nadja, was. Der Kern der Theaterclique und der feuchte Traum jedes halbwegs annehmbaren Deutschlehrers. Aber darum geht es hier gar nicht. Wenn ich wohlwollend sage, meine ich wirklich alle, die ganze Klasse.

Sogar Yvonne Blumenbecker, selbst als sie ihren Kaugummi platzen ließ, unmittelbar in das übliche kleine Schweigen nach meiner Frage hinein. Genau wie der Rest der sogenannten Spice Girls, Babsi Bauer, Conny John, ganz hinten, zum Fenster hin, in der Mädchenbankreihe sitzen die natürlich. Wie auf Yvonnes fleischiger Nase, den enormen, rosaroten Lippenstiftlippen dann die Blasenfetzen klebten, und sie ihr Gesicht in die schwer beringten Hände stürzte, als wäre es ein Wackelpudding. Und wie die drei aufwendig toupierten Mädchencombo-Haarhelme zu schwanken begannen, weil sich unsere coolen Babys jetzt offenbar gegenseitig in die Seiten zwickten oder boxten. Oder etwas in der Art.

Sie schauen dann zwar immer verschämt herüber zu mir, so geht das Spiel nun einmal. Aber sie strahlen mich zugleich regelrecht an dabei. Und als daraufhin, unvermeidlich, Ercan seine Masta-Nummer abzog. Das müßtest du mal sehen. Herr Fiskiran, dieser windige Halbwüchsige mit seinen von Musikvideoclips abgekupferten

Gangsta-Rap-Posen und seiner ewigen Sonnenbrille, die er sich in die mit Wetgel zum Mittelscheitel verdammten Kraushaare hochgeschoben hatte und jetzt durch bloßes Stirnrunzeln vor die Augen rutschen ließ. Wie dann dieses bärbeißige Yo, yo, fuck you, fuck you aus seinem Kinderkehlkopf herausgebellt kam. Dazu die eigenartig stoßenden Bewegungen, die er mit der Rechten vollführte, halbkreisartig, so vor dem Bauch, als würde er pausenlos seinen Zeigefinger in den Hals einer Cola-Flasche rammen, so, siehst du, wirklich lustig.

Daß wir uns jedenfalls nicht falsch verstehen. Nicht daß es da ein Einvernehmen geben würde zwischen uns. So eine Art Lehrer-Schüler-Verschwörung, etwa nach dem Motto, wir kämpfen alle an derselben Front gegen einen gemeinsamen Feind, oder dergleichen. Was uns verbindet, ist eher die Tatsache, daß sie in solchen Situationen, also wenn ich eine dieser haltlosen Fragen an sie richte, sofort merken, ich bin genauso ahnungslos wie sie.

Und gerade Wiedervereinigung, um mit meinem Beispiel fortzufahren, selbstverständlich ist dieses Thema für alle mit dem Höchstmaß an Langeweile verknüpft, da ist beim besten Willen nichts zu machen. Schließlich sind das kleine Kinder gewesen zur Zeit des Mauerfalls. Kalter Krieg, DDR undsoweiter, für die ist das ja alles graue Vorzeit, ohne den geringsten erkennbaren Belang für ihr völlig ungebrochenes Westleben. Und was sollte ich dem hinzufügen?

Dir geht das freilich lockerer von der Hand, du bist in Sachen Zeitzeugentum und Aufarbeitung der Profi schlechthin, und meine Beobachtungen beschränken sich in solchen Fällen inzwischen ja auch nahezu völlig auf die Beobachtung deiner Beobachtungen. Seinerzeit fing das schließlich an. Wiedervereinigung, ich bin doch auch nur in meinem in jenen Tagen noch existierenden Familienwohnzimmer gehockt, die Beine auf Luzies Puppenwagen ausgestreckt. Und du hast damals noch ganz anders ausgesehen, die Haare weiß, dein Zahnersatz ganz gelb vom vielen Rauchen, gezeichnet von einem Leben, das, irgendwie konnte man das deutlich lesen in deinem Gesicht, nun definitiv hinter dir lag.

Die Nachrichtensendungen zu diesem ganzen, als friedliche Revolution bezeichneten Vorgang habe ich zwar zwanghaft und aufgeregt verfolgt, aber auf der anderen Seite auch wieder nur so unbeteiligt wie einen zugegeben ganz gut gemachten Thriller. Eine Art Vorläufer von Fortsetzungskrimis mit Doku-Einsprengseln wie »Schindlers Liste«, »Heimat« oder »Todesspiel«. Genau so, nur daß der Streifen im selben Moment gedreht wurde, als ich vor dem Fernseher saß. Einerseits war unsereiner überall live mit dabei, andererseits ging es uns überhaupt nichts an. Ich erinnere mich, daß ich mich sogar ein wenig dafür schämte, wie egal es mir war.

Alle erdenkliche Mühe hast du dir gegeben, ein epochales Ereignis entsprechend epochal in unsere Häuser hinein zu zelebrieren, aber leider hat es nichts geholfen. So inbrünstig ich auf mich selbst einredete, so sehr ich mir auch sagte, das da ist aber echt, das findet jetzt wirklich konkret statt, das ist ja ehrlich der Hammer. Die Mauer fiel und blieb sozusagen als Film auf dem Bildschirm kleben.

Weil mir seither alle Geschichte gleichgültig wird, gerate ich jetzt ständig in diese Rechtfertigungsnot. Alles was da draußen geschieht, denke ich, mal dort im Klassenzimmer, mal hier in meinem Arbeitssessel, ist inzwischen immer schon verdaut, wie längst vergangen. Den Ereignissen fehlt, nachdem sie erst einmal durch deine Finger gegangen sind, einfach ein gewisses Quantum an Überzeugungskraft. Ich würde sogar behaupten, je stärker du zupackst, desto mehr entgleiten die Ereignisse. Das weißt du natürlich selbst. Und mir hilft es nicht weiter. Die Ereignisse entgleiten mir nicht weniger als einem, der dir noch jedes Bild abnimmt.

Wie soll man sich da noch mit ihnen auseinandersetzen? Womit überhaupt? Mit der beeindruckenden Kraft, mit der du Hand anlegst vielleicht? Entschuldige, wenn das nun etwas sehr überspannt daherkommt, aber ich werde schon wieder so nervös, von unserer Unterredung so nervös. Denn was bedeutet das alles erst für Menschen, die noch nicht einmal zwanzig sind? In was für einem Zustand befinden die sich? Nach so vielen Jahren mit dir als Außenwelt, Jahren, in denen sie aufgewachsen, mit denen sie großgeworden sind, die sie erzogen haben, in denen du sie erzogen hast, wozu? Das sind doch alles irgendwie deine Kinder, tut mir leid, wenn ich das jetzt nicht anders als kitschig sagen kann. Mit wem ich es da eigentlich zu tun habe, was du aus ihr gemacht hast, aus deiner Brut, das würde ich schon gerne herausbekommen. Wenn schon ich, der quasi bloß mit im Nest hockt, zu diesem Versager und Dummkopf geworden bin.

Natürlich meldete sich kein Mensch zu Wort. Nach so einer Frage. Natürlich ist da eine Wortmeldung oder gar eine Antwort von vornherein überhaupt nicht vorgesehen. Sogar Nadja schwieg, und vergangene Woche hielt sie sich ohnehin auffällig im Hintergrund. Zumindest bis zu diesem Vormittag. Nein, die Schüler sind nicht blöd, da können wir gemeinsam, hundertprozentig und ein für allemal sicher sein. Die haben mich jedenfalls längst durchschaut, was ich umgekehrt ja nicht gerade behaupten kann. Die wissen genau, was sie von mir zu erwarten haben.

Ich sah also zum Fenster hinaus, wie ich nach so einer Frage immer zum Fenster hinaussehe, auf den Zubringer zur Autobahn, wo die Trucks, Firmenwägen und Linienbusse vorbeiwummern, nicht lange, aber immerhin für zwei, drei bis zum Anschlag gedehnte Minuten. Was ich mir dabei denke? Ich grüble über dies und das. In der letzten Mittwochsstunde, von der ich hier spreche, dachte ich an ihre eigenartige Sympathie für meine didaktische Praxis, an unser Bündnis des Desinteresses. Ich fische Wörter aus dem Geschichtsbuch und lasse sie zappeln, oben an der tödlichen Schulzimmerluft. Ihnen macht es Spaß, das Zappeln zu beobachten. Das ist der Deal.

Ein Deal, der mich manchmal halb wahnsinnig macht. In letzter Zeit immer öfter. Sie selber zappeln lassen, statt der Wörter. Sie fixieren, ein paar Exemplare aus ihrer, für mich nicht weniger abstrakten Jugendsuppe herauspicken und ausgiebig unter die Lupe nehmen. So weit vergrößern, bis nichts mehr übrigbleibt als der Horror eines starrenden Lehrerauges. Sie bestrafen, ja, züchtigen, das ist wirklich mein sehnlichster Wunsch dann, keine Ahnung wofür, es ist schlimm.

Natürlich ist es nur lächerlich. Aber bei einigen klappt es sogar, ein ganz klein wenig zumindest, sekundenlange Irritationen, bevor alles wieder in Behaglichkeit zurücksinkt.

Bei Michelle Mueller etwa, ganz nah sitzt die vor mir, pummelige kleine Streberin. Wie die aber auch gleich anfing, mit den dicken, nackt in häßlichen braunen Sandalen steckenden Füßen zu scharren, als ich sie vorgestern ins Auge faßte. Vor lauter Unsicherheit färbten sich ihre Fersen rot. Und bitte, da hast du es. Verschüchtert, völlig verklemmt, von ihren Mitschülern sowieso fast gänzlich ausgeschlossen, beweist allein die Tatsache, daß mein Blick, sozusagen instinktiv, zu allererst auf sie gefallen ist, was für ein Feigling ich bin. Normal, völlig normal, findest du, wir sind doch alles Schweine, können nichts machen gegen die Lust, solche von vornherein fürs Leben verlorene Leute zu demütigen?

Die Mueller ist noch auf einem dieser Bauernhöfe aufgewachsen, am Stadtrand im Osten, da wo jetzt die neuen großen Gewerbegebiete sind. Ein richtiges Bauernmädchen, ich hätte so etwas gar nicht mehr für möglich gehalten. Der Rock, die Bluse, das Haar. Als käme sie direkt aus dem Kuhstall und ginge nach der Schule direkt dahin zurück. Die ist selber eine Kuh, spotten Typen wie Sophie Lange oder die Scholz. Äffen sie nach, reißen die Augen auf, stieren, mit mahlendem Unterkiefer. Sehen auch wirklich krank aus, Michelles hervortretende Augäpfel. Dazu ihre behäbigen Bewegungen, ihre geduckte, einsilbige Art. Aber deswegen ist sie noch lange nicht so dämlich wie diese Sophie, der die Begriffsstutzigkeit geradezu ins Gesicht geschrieben steht.

Dummheit ist die schlimmste, eine unheilbare Krankheit, dachte ich wieder einmal, wandte mich der kichernden Lange zu und gaffte ihr mit wesentlich mehr Befriedigung ins glatte stupsnäsige Pausbackengesicht. Die Lange, diese Schleimbeule. Kämpft immer noch hauptsächlich mit Rechtschreibung und Kommaregeln. Träumt trotzdem mit der Scholz fortwährend vom gemeinsamen Betriebswirtschaftsstudium. Am liebsten aber von dem vielen Geld, das sie hinterher verdienen wollen. Ja, Shana Scholz, die bekommt das vielleicht sogar hin. Eine ziemlich hübsche Halbtürkin, so topmodelmäßig, würde dir bestimmt gefallen. Sie hat einen zehn Jahre älteren Schlips-und-Anzug-Lover, der sie und ihre Busenfreundin fast täglich von der Schule abholt mit seinem ferrariroten Golf GTI-Cabrio.

Jedenfalls ist die Irritation, die ich durch bloßes Anstarren auslöse, sehr unterschiedlich ausgeprägt. Dieses debile Mienenspiel, faszinierend. Bei Sophie zieht sich da der Mund, die ganze, sowieso zum Zerreißen gespannte Gesichtshaut sofort in ein breites Grinsen auseinander. Und gleich darauf schnappt es wieder zurück. Dann wiederholt sich das, wie ein Krampf, die ganze straffe, gleichzeitig energisch um Abgeklärtheit und Niedlichkeit bemühte Maske scheint ihr gleich vom Schädelknochen platzen zu wollen. Dazu zupft sie an ihrer biederen Brosche herum, so einer Miniaturgeige auf dem Revers ihres marineblauen Westchens. Bald schüttelt sie den von einer großen schwarzen Samtschleife zusammengehaltenen blonden Pferdeschwanz, bald knabbert sie an den abgekauten Fingernägeln.

Die Beharrlichkeit jedenfalls, die ich beim Fixieren in der Stunde letzten Mittwoch an den Tag legte, überraschte mich selbst. Ich erschrak förmlich. Sie hielten es schon beinahe nicht mehr aus auf ihren Stühlen, die beiden in viel zu teuren, viel zu mondänen Kostümen steckenden Ladies.

Also ließ ich meinen Blick endlich gnädig weiterschweifen, die linke Tischreihe hinunter bis zum letzten Platz, wo er schließlich an der langen rostbraunen Linie auf Kevin Meiers kahlem Schädel hängenblieb. Die Wunde zog sich von der Nasenwurzel sichelartig bis fast ans rechte Ohr, und Kevin starrte wie gewöhnlich auf das Linoleum vor seiner Bank. Seltsamer Knabe. Eigentlich ausgesprochen hübsch, noch ziemlich kindlich im Vergleich zu den andern Jungen, das Gesicht eines burschikosen Mädchens. Und hinter ihm lehnte wie gewöhnlich das Skateboard an der Wand.

Meier ist nicht etwa ein Skinhead oder Neonazi, wie du vielleicht vermutest. Ich habe mir das mal erklären lassen von Nadja, habe es allerdings nur in groben Zügen behalten. Offenbar handelt es sich hierbei um eine verschwindend kleine Unterabteilung innerhalb einer an sich

schon winzigen, ziemlich speziellen Spielart von Jugend-
kultur. Die versteht sich eher links als rechts, solidarisiert
sich irgendwie mit der Arbeiterschaft, ist gleichzeitig stolz
darauf, weiß und männlich zu sein, angeblich aber trotzdem nicht rassistisch. Man hört eine Musik namens Ska,
anscheinend eine Art Mischung aus Hillbilly und Punk,
trägt sogenannte Baggypants, beschäftigt sich bevorzugt
mit Skateboardfahren und schert sich die Haare super-
kurz oder eben gleich eine Glatze. Offen gestanden, ich
hab's selber nicht ganz kapiert.

Wie dem auch sei, der Knabe bekommt kaum seinen
Mund auf. Seine Stimme, wenn er zum Beispiel im Unterricht einmal nicht mehr aus kann und eine Frage beant-
worten muß, seltsam hoch, fast piepsig. Ich verstehe meistens gar nichts von dem, was er dann von sich gibt. Was
selbstverständlich auch daran liegt, daß er offenbar prinzipiell erhebliche Schwierigkeiten hat, ganze Sätze zu bilden. Statt dessen so gestammelte Brocken, die er dermaßen leise vor sich hin mault, daß ich grundsätzlich
nachfragen muß. Daraufhin folgt eine Pause, es scheint,
als müsse er Anlauf nehmen, seine Kräfte erst einmal auf
einen Punkt konzentrieren, seinen Kehlkopf ölen, um
eine Spur mehr Lautstärke hin zu bekommen. Er räuspert
sich. Dann wiederholt er seinen Halbsatz. Ich verstehe
jetzt die Wörter. Und bin genauso schlau wie vorher.

Du wirst es nicht glauben, aber er ist mir ans Herz gewachsen, dieser Meier. In gewisser Weise geht es mir doch
ganz ähnlich wie ihm, nur andersherum. Denn während
Kevin die Wörter ausgegangen zu sein scheinen, ersticke
ich förmlich in ihnen. Der Effekt ist derselbe. Zwei
Sprachlose, die sich irgendwie verständigen müssen. Als
würde ich in einen Spiegel schauen in der Erwartung,
mein Abbild werde jeden Moment eine Konversation mit
mir anfangen.

»Demokratie. Na, Kevin, fällt dir dazu was ein?«

Redete ich ihn also an. Die Vorstellung, es würde mir eines Tages gelingen, irgendeinen Satz so zu formulieren, daß er bis zu ihm vordringen könnte, hinter diese befremdliche, diese stumme Maske. Die Vorstellung, ihn auf diesem Weg erreichen, eine Erwiderung erzwingen zu können. Die Idee also, tatsächlich zu sprechen. Zu Sätzen in der Lage zu sein, die aus Wörtern bestehen, wie sie auch in Kevins, in der Welt dieser Jugendlichen existierten. Die Hoffnung, daß dann so etwas wie ein Damm brechen würde, wir uns womöglich sogar austauschen könnten. Ich habe mir all das natürlich längst abgeschminkt, was glaubst du denn, mich ein für allemal damit abgefunden, es ist vollkommen aussichtslos.

Wiedervereinigung, wollte ich sagen, ich betrachtete also diese verschorfte Verletzung auf Meiers Kahlkopf, der mittlerweile in sein typisches, zuerst schwaches, dann immer heftiger werdendes Nicken geraten war. Ich wußte sofort, daß er heute keinen einzigen Laut hervorbringen würde, hervorbringen würde können. In der Klasse war mittlerweile das übliche Gefeixe aufgekommen. Dieser Knabe ist nun einmal einer von jenen kauzigen Außenseitern, über die man sich in allen Schulen der Welt immer schon lustig gemacht hat, die man quält und wirklich bis an den Rand der völligen Verzweiflung treibt. Mädchen, wie etwa Michelle Mueller, werden mit einem lebenslangen abgrundtiefen Ekel vor dem eigenen Körper versorgt. Bei den Jungen liegt das Zentrum dessen, was gebrochen, für immer zerbrochen werden muß, offenbar woanders. Sie müssen gezwungen werden, nicht ihr Fleisch, sondern ihre Existenz als solche im elementarsten Sinn zu hassen. Solche Jungen werden nackt an Bäume gebunden und einfach stehengelassen, man preßt ihnen die Köpfe in Kloschüsseln, bepinkelt sie, spült runter, schmiert ihnen

Hundekot unter die Schulbank. Sie werden buchstäblich so lange in die Scheiße getaucht, bis sie von selber drin bleiben wollen. Mädchen wie Michelle dagegen müssen lernen, sich selbst als ein wandelndes und stinkendes Stück Dreck zu begreifen. Vermutlich ist beides gleich schrecklich. Kevin Meier wäre zweifellos auch ein Kandidat für diese Praxis sozialer Ausdifferenzierung gewesen, die üblicherweise die Pubertätsschübe zwischen sechster und achter Klasse begleiten, hätte nicht Nadja die ganzen Jahre lang sozusagen ihre schützende Hand über ihn gehalten. Karin, Amelie, Nadja, sie stellten damals fast eine Art Leibwache für ihn dar, so daß Kevin sogar etwas Ähnliches wie ein hin und wieder aufflackerndes Selbstbewußtsein entwickelte. Nicht unsympathisch, dieses Quartett mit seinem skurrilen Hahn im Korb. Daß diese Konstellation auf Dauer natürlich nicht aufrechtzuerhalten war und Kevin hinterher um so isolierter, kannst du dir denken.

Ich betrachtete weiterhin diese rostige Sichel auf dem wackelnden Meierkahlkopf, in dem sich die Frage, die ich ihm gestellt hatte, jetzt wahrscheinlich pausenlos wiederholte und immer chinesischer wurde. Und ich dachte plötzlich, es ist doch im Grunde genau umgekehrt. Geschichte, ich meine Gegenwart, ich meine Wirklichkeit, sie entgleitet uns eben gerade nicht. In Wahrheit ist sie in den vergangenen Jahrzehnten doch immer überschaubarer geworden. Sämtliche Kontinente liegen permanent informationstechnisch erschlossen vor einem. Auf einer Art Landkarte, die sich, pausenlos auf den jüngsten Stand gebracht, dem Gedächtnis unaufhörlich neu einbrennt. Alles, dachte ich, alles schreit doch unentwegt danach, wahrgenommen, verstanden zu werden, wie karg oder schräg oder wirr es auch immer sein mag. Immerzu die ganze Welt im Kopf, alles Leben, in geradezu taktloser

Nähe und Überschärfe, so faßt man es richtig auf. Aber nichts damit anzufangen wissen, das ist natürlich die Kehrseite der Medaille. Genausowenig mit der Welt anfangen können, wie umgekehrt die Welt mit uns.

Ein Ballon bläht sich unter dem Schädeldach, wir nennen ihn Erde. Als ich die Wunde auf Kevins Glatze inspizierte, die eitrige Verdickung, den Bruch in einer ansonsten makellosen Schorflinie, dort wo die Schädeldecke zum Ohr hin jäh abfällt, stand plötzlich dieser Gedanke in meinem Kopf. Ich sah ihn vor mir, einen riesigen, gasgefüllten Globus, über und über bedeckt mit krabbelnden Insekten, die in panischem Aufruhr einen Ausweg suchen, auf der Flucht sind, übereinander wegklettern, die Kugel wieder und wieder umrunden, während sie aufsteigt, allmählich an Höhe gewinnt. Gekappte Seile, sagte ich endlich ganz leise, aber hörbar vor mich hin, so ist es. Eine Verwechslung. Wir verlieren den Boden des alten Planeten unter den Füßen, treiben ab, eine letzte, gerade noch ausreichende Anziehungskraft hält uns fest. Noch drehen wir Satellitenrunden, sind nah genug, um uns einzubilden, daß wir zur Welt gehören, sind weit genug entfernt, um die Welt nicht in ihren gleichsam inneren Angelegenheiten zu stören. Und während wir die Erde in mäßiger Entfernung umkreisen, wird dieses Jucken immer heftiger, spannt sich die Kopfhaut immer mehr, setzt diese Lust ein, wird dieses Verlangen immer zwingender, auf irgend etwas, irgend jemand einzuschlagen.

Was das mit Wiedervereinigung zu tun hat, fragst du, was das mit Wiedervereinigung zu tun hat, fragte ich mich selber, aber ich wußte die Antwort sofort ganz genau, ohne daß ich sie auch nur andeutungsweise hätte artikulieren können. Es lag doch alles auf der Hand in diesem Moment, ich brauchte mich noch nicht einmal umschauen, das Gesamtbild setzte sich ja von selbst zu-

sammen. Diese aufgerissene Glatze neben diesen BWL-
Tussis, der esoterische Dany neben Ethno-Macho-Masta
Ercan. Die supergescheiten, superfaden Computerfreaks
Simon Pipp und Boris Knebel, die aussehen wie der ge-
klonte, schon jetzt schwer alternde Nachwuchs von Billy
Gates höchstpersönlich, neben der devoten aufgedunse-
nen Natascha Obermayer, Spitzname Nutty, die überall
Anschluß sucht und für fünf Minuten auch überall findet.
Die innerhalb von drei Monaten vom Hippie- zum Hip-
Hop- zum Sportler-Habitus wechseln konnte, mit allen
Konsequenzen. Natascha, das Riesenbaby, mit ihren hy-
sterischen Anfällen, ihren Suizidversuchen und ihrer
Neurodermitis. Mit ihrer Unzuverlässigkeit und ihrer
Penetranz und den Schulden bei ihren Mitschülern und
ihrer schrecklichen Familiengeschichte, sie hat vor ein
paar Jahren erst beide Eltern bei einem Autounfall verloren. Wie anstandslos das alles zusammenging, hier, zwischen den Wänden dieses x-beliebigen Klassenzimmers,
und wie simpel das auf einmal alles zu begreifen war. Was
es bedeutete, wenn Lola Ranft, E-Basserin der Grunge-
Schulband und reichlich verunglückte Courtney-Love-
Imitation, mit dem Didgeridoo blasenden Rasta-Mike,
und Techno-Conny mit DJ Marlon in der Pause regelmäßig für eine Viertelstunde in den Büschen zwischen Sportplatz und Straße verschwanden. Wir gehen poppen, prusteten die vier jedesmal, so laut wie möglich, damit es
auch wirklich alle, vor allem die Aufsichtslehrer, hören
und weghören konnten, und träumten ansonsten von
einer Musikerkarriere im Stil ihrer Vorbilder Hole oder
Tocotronic, Westbam oder Linton Kwesi Johnson oder
wem auch immer. Das Ganze schließlich vor dem Hintergrund der seit Jahren völlig unveränderten Postercorner
an der Rückwand des Klassenzimmers, diesem aus schul-
psychologischen Gründen zugestandenen, sogenannten

Gestaltungsfreiraum zur Identifikationsstiftung im Klassenverband, deren exakte Mitte immer noch Leonardo DiCaprios Nase markierte. Daß dies alles so war, wie es ist, weil es eben doch etwas mit dieser so überflüssigen Zeitgeschichte, dieser so nebensächlichen Wiedervereinigung zu tun hatte.

Ich kann dir nicht sagen, wieviel Zeit mittlerweile verstrichen war. Auf alle Fälle, ich wurde aus meiner tranceartigen Versunkenheit herausgerissen, als irgend jemand, eine Mädchenstimme war es, begonnen hatte, etwas vorzulesen, eine Passage aus dem Quellenanhang im Geschichtsbuch offenbar:

»Aber sprechen, frei sprechen, gehen, aufrecht gehen, das ist nicht genug.«

Das Bild auf meiner Netzhaut war mittlerweile völlig verschwommen, das jedoch bemerkte ich erst jetzt in dem Augenblick, als ich es wieder scharf stellte. Und während ich mich noch fragte, ob ich denn wirklich jemand zum Vorlesen aus den Quellen aufgefordert hatte, ich konnte mich nämlich an nichts dergleichen erinnern, oder wie es sonst dazu kommen konnte, daß der Unterricht sich ohne mein Zutun einfach fortsetzte, erfaßte ich allmählich den Zustand, in dem sich die Klasse befand. Zuerst sah ich natürlich den armen Kevin, auf den mein Blick ja noch immer geheftet war. Sein typisches Kopfnicken, das sich, wie ich mir nun sagte, auch vorhin schon in ungewöhnlicher, wenn auch noch nicht besorgniserregender Heftigkeit gezeigt hatte, war übergegangen in eine vehemente Pendelbewegung des ganzen Oberkörpers. Dabei stierte er mit weit aufgerissenen, außergewöhnlich schönen, dunkelbraunen Augen, wie ich sogar in diesem Moment feststellen mußte, immer weiter auf den Boden hinunter, wie hypnotisiert. Schweiß perlte über sein Gesicht, alle anderen Schüler lehnten über den Bänken, beobachteten abwech-

selnd ihn und mich, steckten die Köpfe zusammen, flüsterten. Die Stimme sagte:

»Laßt uns auch lernen zu regieren. Die Macht gehört
nicht in die Macht eines Einzelnen oder ein paar weniger
oder eines Apparats oder einer Partei.«

Es war Karin Kirschs unverkennbarer, ewig heiserer
Alt, ich wandte mich ihr zu, diesem karottenroten Laus-
mädelschopf, dem sprechenden Mund, ihrem seitlich in
die Unterlippe gepiercten Ring, der da vor sich hin schau-
kelte. Suchte dann Nadjas Blick, doch sie hatte die Augen
geschlossen.

»Alle, alle müssen teilhaben an dieser Macht«, las Karin vor, da, ich zitiere es dir direkt aus dem Buch hierher.
»Und wer immer sie ausübt und wo immer, muß der Kontrolle der Bürger unterworfen sein.«

An dieser Stelle stockte sie, sah verlegen auf. Amelie
neben ihr, den Kopf so weit gesenkt, daß die Haare ihr das
Gesicht verdeckten, stupste sie mit dem Ellenbogen an.
Karin kräuselte die Stirn, rieb sich mit dem Zeigefinger
nervös die Nasenspitze, setzte ihre pfiffige Pilzmiene auf.

»Denn Macht korrumpiert«, machte sie endlich weiter,
und ungelogen, die Schüler atmeten hörbar auf, lehnten
sich wieder zurück, aus dem Seitenwinkel konnte ich erkennen, daß Kevins Konvulsionen bereits merklich ver-
ebbten, »und absolute Macht, das können wir heute noch
sehen, korrumpiert absolut. Demokratie aber, ein griechi-
sches Wort, heißt Herrschaft des Volkes. Freunde, Mit-
bürger, üben wir sie aus, diese Herrschaft.«

Du mußt dir vorstellen, daß Karin diesen Text, es war
übrigens tatsächlich der von Stefan Heym, ganz auf ihre
Karin-Art, ja, man kann es nicht anders bezeichnen, öde
herunterleierte. Unbeteiligt, unendlich gelangweilt. Oder
auch so ähnlich wie ein Brecht-Schauspieler seine Rolle.
Sozusagen vollkommen cool. Üben wir sie aus, diese

Herrschaft, in diesem Ton, ich meine, das hörte sich wirklich richtig witzig an aus ihrem Mund. Und die kollektiven Entspannungsbemühungen in der Klasse gingen noch weiter. Es kam mir vor, als setzten sie alles daran, etwas äußerst Gefährdetes wiederherzustellen, laß es mich mal den alten Frieden zwischen uns nennen.

»Was ist denn korrumpiert?«

Wollte jetzt wie immer trantütig, mit großen Unschuldsaugen, die Obermayer wissen, und ein erleichtertes, amüsiertes Aufstöhnen ging durch die Bankreihen.

»Demokratie ist ne Hure. Die treibt's mit jedem«, kam es müde motzig von hinten aus der Pop-Fraktion, von Marlon wahrscheinlich.

Kurz, sie versuchten so zu tun, als wäre überhaupt nichts passiert, als nähme eine ganz normale Unterrichtsstunde ihren ganz normalen Verlauf. Vergiß es, Beck, wirrer Knabe, vergiß es einfach, das schien sie mir zublinzeln zu wollen. Aber, keine Ahnung warum, ich konnte einfach nicht eingehen auf ihr Angebot, verstehst du, ich fühlte mich absolut bloßgestellt.

Du hast recht, natürlich waren sie genauso durcheinander wie ich. Sie hatten Angst, die Situation war ihnen unheimlich, sie wollten dieses Unheimliche einfach weghaben, es ist schließlich nicht gerade viel Distanz nötig, um das zu erkennen, und ein paar Stunden später war mir das auch selber vollkommen klar. Doch in diesem Moment dachte ich bloß an den Vorfall auf dem Pausenhof ein paar Tage zuvor, an das Blut, das Messer, an dieses seltsame Sich-selbst-Zusehen, dieses Geschehen-lassen, diese Passivität, dachte an Nadja, das Skateboard unter dem Arm.

Ich stand auf. Ja, ich stand einfach auf, verstehst du, ging zum Medienschrank hinüber, kramte in den Kassetten. Ich sagte:

»Verdunklung bitte.«

Und dann lief das Video an, die Klasse drehte mir den Rücken zu, glotzte hinauf zu den beiden großen schweren Bildschirmen, die hinten in den Ecken am Plafond montiert sind. Ich meinerseits wandte mich in die entgegengesetzte Richtung, das heißt, ich betrachtete diese mathematischen Formeln, Differentialgleichungen, soweit ich das beurteilen konnte, die auf der Tafel stehengeblieben waren. Ich hatte in diesen Minuten alle Segel gestrichen, kannst du das nicht begreifen. Ich wollte nur noch das Feld räumen, ich dachte, bitte, jetzt ist sie dir überlassen, die Bühne. Ja, genau. Dir, mein Lieber. Ich dachte, dann leitest eben du den Unterricht, wenn du ihn soviel besser beherrschst als ich. Los, gib ihnen deine Geschichte, in der Sorte von Inszenierung, die sie gewohnt sind und anscheinend auch sofort verstehen. Dann laß sie doch endlich alle auftreten, alle, die ganze Theatertruppe, Honecker und Gorbatschow und Kohl und Bush, Egon Krenz, Günther Schabowski, Hans Modrow, Markus Wolf, Erich Mielke und wie sie alle heißen. Ich brauche mir das Stück nicht mehr anzuschauen, ich doch nicht. Jede Szene ist längst detailgenau in meinem Kopf, jedes Mienenspiel, jede Geste, sämtliche Bühnenbilder. Ich habe ja sowieso nichts anderes mehr vor Augen als deinen Runden Tisch und deine Montagsdemonstrationen, deinen Willy Brandt und Walter Momper und Hans-Dietrich Genscher, dein Brandenburger Tor, deinen Balkon der Prager Botschaft bei Nacht, Checkpoint Charlie, Mauer hier und Mauer dort und deine Mauerspechte, Maueropfer, Mauerbilder, Mauertrümmer, die Trabis, die Vopos, die Rückblenden und die Vorblenden, Wolf Biermann, Sascha Arschloch, die Rote Armee, die Selbstschußanlagen und die Abrißbagger, Lothar de Maizière natürlich, und natürlich wieder Helmut Kohl, die Nacht, die Fah-

nen, das Feuerwerk und diese Körper, Körper und wieder
Körper.

Und dann, mitten im Film, das heißt, nach vielleicht
fünf Minuten, bin ich hinausgegangen, lange bevor die
Schulstunde zu Ende war, und ohne daß es irgendeiner
gemerkt hat.

3 Mir ist schwindlig, mir ist schlecht, Kopfschmerzen trotz drei Aspirin Plus C, das mußt du dir mal vorstellen. Und Zeit habe ich eigentlich auch keine. Muß so früh wie möglich ins Bett, wenigstens vor halb zwei heute, morgen ist Sonntag, Luzie-Tag. Halb sechs aufstehen, eineinhalb Stunden Autobahn, wenn's gut geht. Dieselbe Strecke dann gleich wieder zurück. Hoffentlich kein Stau, irgendwo im Norden haben gerade Schulferien begonnen, zum Glück rollt der Hauptstrom Freitag, Samstag. Und am Abend die ganze Tour natürlich noch einmal.

Aber ich bin gestern gar nicht bis zum Ende gelangt, habe bloß die halbe Geschichte geschafft, ich muß den Rest unbedingt auch noch loswerden, einfach weitererzählen, jetzt wird die Sache erst wirklich ernst. Komme also gleich zur Sache, versuche heute so schnell wie möglich zur Sache zu kommen, obwohl ich ja immer so schnell wie möglich zur Sache zu kommen versuche.

Bereits am nächsten Tag sah ich sie nämlich alle wieder, das heißt die meisten von denen, um die es hier geht. Sozusagen die Kerntruppe. Donnerstag, fünfzehn bis siebzehn Uhr, Theatergilde. Glaub mir, ich hatte mich beruhigt, so gut es ging beruhigt. Und es ging auch gut.

Abends war ich sogar zum Essen ausgegangen. Mit Herta, unserer Musiklehrerin, ich habe dir bestimmt schon von ihr berichtet. Nein? Kein Wort von der zierlichen, fipsigen, kleinen Herta mit dem lustigen Nachnamen Hammerstein? Oh, nichts könnte beruhigender sein, als mit Herta essen zu gehen. Sie war mir in der Aula begegnet, gleich nachdem ich die 11b verlassen hatte.

Wie groß der Ärger mit deinen Schülern auch gewesen sein mag, du brauchst nur fünf Minuten mit Herta und weißt wieder, wie lächerlich jedes dieser Probleme ist, im Vergleich zu ihren. Wahrscheinlich gibt es immer solche Märtyrerfiguren an den Schulen, das war zu meiner und bestimmt auch schon zu deiner Zeit so. Sie sind der personifizierte Prellbock, das zwingende Lehreropfer. An ihnen wird, stellvertretend für das ganze Haus, diese spezielle, ich würde sagen, mehr als nur symbolische Lynchjustiz vollzogen. Sie nehmen diese aus Schülersicht durchaus gerechte Strafe auf ihre Schultern. Lebenslängliche, sich langsam steigernde Strangulation. Langsam genug, um sich ans Ersticken zu gewöhnen. Und obwohl ihnen vollkommen bewußt ist, was hier mit ihnen geschieht, bleiben sie, halten aus, lächelnd, sanft, bis zuletzt.

Ich weiß nicht, hatte Herta Freistunde, kam sie, wie so oft, zu spät zum Unterricht, oder war sie wieder einmal von einer Klasse zur Flucht gezwungen worden. Ich habe das zufällig einmal miterlebt. Jammerstein, grölen sie immer, Jammerstein und Eisen bricht, aber unsre Herta nicht. Witzig, findest du, überhaupt nicht schlimm. Es klingt aber entsetzlich. Es ist das reine Grauen, wirklich kaum zum Aushalten, gerade weil es so kindlich, so unschuldig gemein daherkommt. Oder, wenn du willst, so gemein unschuldig, ha. Sobald sie mich erkannt hatte, wedelte sie mit ihrer Hand, als wäre diese ein Taschentuch. Ihr gewöhnlich ganz verkniffener, ihr immer viel zu rot geschminkter Mund verzog sich zu einem hemmungslosen Lächeln.

Sie hat mich ja schon öfter bekocht. Bei sich daheim, mit ihrem Wok. Abende mit Kerzen und Gesprächen über Thomas Mann, Schuberts Winterreise. Einmal hat sie mir sogar auf dem Cello vorgespielt. Bach, Johann Sebastian. Seltsam, ihrem fragil wirkenden, puppenhaften Körper dabei zuzusehen, wie er diese mächtige, emotionsarme Musik produziert. Diesen Fingern, die plötzlich so kräftig, so resolut wirken. Sie sagt, das Cello ist ihr Leben. Sie sagt es immer wieder, sagt es auf wie einen Gebetspruch. Und strahlt mich dazu an. Natürlich hat sie ein Auge auf mich geworfen. Sie stellt sich vor, eine Ehe mit mir zu führen mit Kerzen am Abend und Gesprächen über Thomas Mann oder Schuberts Winterreise. Und gelegentlich würde sie eine Cello-Suite aufführen, von Bach, nur für mich.

Jedenfalls kam sie auch schon auf mich zugeschossen, tippelte ihr hektisches Prestissimo auf den Steinboden, verstehst du. Und ich dachte sofort, heute abend mit Herta ins Al Dente, das ist die Lösung. Ich fragte, und sie war sofort einverstanden. Ihre Augen waren glänzig, die Tusche leicht verschmiert. Als hätte sie gerade geweint oder würde gleich damit anfangen. Vielleicht bildete ich es mir auch nur ein. Ihr Anblick tat mir einfach gut. Er schmeichelte mir sogar auf eigentümliche Weise. Nicht daß Herta für mich als Frau tatsächlich ein Thema ist, wo denkst du hin. Das heißt, wäre es überhaupt möglich gewesen, hätte ich mir sogar vorstellen können, mit ihr ins Bett zu gehen. Bei Lehrern meines Schlags nämlich hapert es leider nun einmal mit außerschulischen Anschlüssen.

Im Al Dente war ich dann auch tatsächlich für einen Moment auf die Idee verfallen, ihren Unterarm zu berühren, während sie von den Cello-Sonaten Manuel de Fallas schwärmte. Aber diese Aura aus bescheidenen Sehnsüchten und der erschütternden Aussichtslosigkeit, daß sie jemals in Erfüllung gehen könnten, schließt sie vollkommen ein, wie in einen Panzer. Ich müßte einen knochenharten Kokon durchstoßen, dachte ich, die Finger schon ausgestreckt, und ließ es bleiben. Später erzählte sie mir von ihrer Unterleibsoperation, ihrem Gebärmutterkrebs, ihrer Chemotherapie vor fünf Jahren.

Mein Zustand war also durchaus stabil, als ich tags darauf die Treppe des Turnhallengebäudes hinabstieg, wo sich im Keller seit diesem Schuljahr unser Übungsraum befindet zwischen Kammern voll ausrangierter Seitpferde, Schwebebalken, Medizinbälle.

Ich habe dir schon gesagt, daß wir in den drei Jahren, seit diese Gruppe existiert, noch keine einzige Aufführung zustande gebracht haben. Keine einzige. Das dürfte von seiten der Schulleitung auch der Grund für diese Raumzuteilung gewesen sein. Aber egal, ich, wir alle fühlen uns ganz wohl da unten, ungestört, unbeobachtet. Hinterher wird noch im Gang zusammengestanden und geraucht, was eigentlich verboten ist. Bei geöffnetem Souterrainfenster, während draußen, direkt vor unseren Augen, die Beine der Handball-Schulmannschaft herumhüpfen. So ist es inzwischen zum Ritus geworden. Ich besitze sogar eine eigene Schachtel Dannemann's für diesen Brauch. Meine Theater-Zigarillos nenne ich sie, weil ich sonst so gut wie gar nicht rauche.

Es fällt mir gar nicht so leicht, zum Punkt zu kommen. Ich rede um den heißen Brei herum. Ich fürchte, sie wieder heraufzubeschwören, diese Verstörung, in der ich mich am Ende befand. Mit jagendem Pulsschlag habe ich mich schließlich aus dem Staub gemacht, und meine Hände haben im Ernst gezittert, als ich später im Café saß mit einem Bier und einem Schnaps, um mich zu beruhigen.

Meine Gelassenheit war wie gesagt nahezu mustergültig gewesen, als ich den Probenraum betrat. Umgekehrt, es kam mir so vor, als wären sie, meine Schüler, verunsichert, als wagten sie kaum, mir ins Gesicht zu sehen. Ich hatte in der Tat das Gefühl, alles unter Kontrolle zu haben, ganz obenauf zu schwimmen. Selbst dieser saure Gummigeruch, der sich überall im Turnhallentrakt festgesetzt hat, war mir an diesem Nachmittag angenehm. In meiner Stimme muß ein Ton von Mitleid, ja von geradezu väterlicher Souveränität gelegen haben, als ich sie mit klarem, unerschrockenem Blick aufforderte, einfach und ohne jedes Vorgespräch unsere Improvisationsübungen aufzunehmen.

Tut mir leid, ich kann nicht fortfahren, ohne dir wenigstens in groben Zügen ein Bild zu zeichnen von dieser, in Anführungszeichen, Theaterarbeit. Sonst bekommst du keine richtige Vorstellung von dem, was dann geschah, kannst nicht verstehen, wie schwer es wirklich wog.

Vor drei Jahren habe ich die Gruppe ins Leben gerufen, seit drei Jahren versuche ich vergeblich, ein Stück zu finden, das sie spielen wollen, für das sie sich begeistern können. Was habe ich nicht alles probiert, Klassiker, Schwänke, Musical-Adaptionen, Brecht, »Die Physiker«, ich will das jetzt gar nicht aufzählen. Nichts. Ich meine, sie kommen bis auf wenige Ausnahmen immer pünktlich, regelmäßig. Sie kommen wirklich gerne, und das seit drei Jahren. Sie haben ein Verlangen danach Stücke zu lesen, Literatur, vor allem die Mädchen, rackern querbeet, sie haben sogar ein brennendes Verlangen, sie erwarten sich eine Menge davon, ohne sagen zu können, was. Sie haben freilich keinen blassen Schimmer. Und nichts, was auch nur im Ansatz ihr Interesse zum Selberspielen wecken könnte. Langweilig, maulen sie dann, gar nicht lustig, veraltet, hat doch nichts mit uns zu tun.

Ich habe natürlich immer wieder überlegt, woran es liegt, was ich falsch mache, undsoweiter. Und ich bin irgendwann zu dem Schluß gekommen, daß sie nicht nur keine Ahnung, nicht die geringste Auffassung vom Theater haben, sondern daß ihnen tatsächlich, wie soll ich es ausdrücken, jedes Sensorium dafür fehlt. Die Vorstellung, daß es möglich und aufschlußreich sein könnte, zu versuchen, in eine andere Rolle, eine andere Person hineinzuschlüpfen, all das scheint ihnen vollkommen abzugehen.

Zuletzt war ich auf die Idee verfallen, ihnen eine Jugendtragödie unterzujubeln. Ich dachte, wenn sie sich schon nicht für andere Menschen erwärmen können, dann sollen sie sich doch einfach selber spielen, vielleicht ist das ja ein Hebel. Wenn sie darüber, daß sie sich selbst verkörpern, lernen würden, sich wie von ferne zu sehen, vielleicht könnten sie über diesen Umweg auch lernen, das, was ihnen fremd ist, als eine Spielart zu verstehen, die gar nicht so weit weg ist von ihnen selbst. Eine Spielart, die unter etwas anderen Umständen genausogut auch die ihre sein könnte. Vielleicht würden sie plötzlich sogar sich selbst als eine Spielart betrachten, vielleicht könnten sie dann sogar etwas davon nach außen tragen. Einen Eindruck davon vermitteln, sich mitteilen.

Ich hatte ihnen Anfang des Schuljahres »Frühlings Erwachen« mitgebracht, in zwanzig Kopien verteilt, Wedekind heißt der Autor, Frank Wedekind, du wirst es nicht kennen. Ein Stück über erste Sexualität, die verklemmte, zerstörerische Idiotie der Erwachsenen und allem voran der Schule. Eine tatsächlich lebenszerstörende Idiotie in dieser Tragödie. Das Mädchen stirbt nach einer illegalen Abtreibung, der eine Junge erschießt sich, der andere wandert in die sogenannte Korrektionsanstalt. Damals war es jedenfalls ein Riesenskandal. Reinste Pornographie, hat es geheißen, es konnte auch erst fünfzehn Jahre nach Erscheinen, 1906 war das, zum ersten Mal unzensiert aufgeführt werden.

Das waren halt noch Zeiten, wirst du sagen und gähnen, und es ist auch wirklich ganz einerlei, darauf kommt es nicht an. Aber nachdem die meisten dieses »Frühlings

Erwachen« gelesen oder sich wenigstens einigermaßen darüber informiert hatten und ich, wie immer vernagelt, mit den euphorischsten Reaktionen rechnete, kam gar nichts. Sie sagten, daß das ja noch traurige Zustände gewesen seien und daß die ja zum Glück ein für allemal vorbei sind. Das war auch schon mehr oder weniger alles. Ich dachte, selbstverständlich kann man das überhaupt nicht mehr vergleichen mit heute, die Prüderie jener Epoche, die vollkommene Unkenntnis alles Sexuellen, dieser Haß geradezu auf alles Körperliche. Aber, dachte ich gleichzeitig, die Personen in diesem Stück werden von der Gesellschaft schließlich genauso allein gelassen mit ihrer jugendlichen Wirklichkeit wie sie. Mit ihren Schwierigkeiten, ihrer Angst, ihrer Lust undsoweiter. Sie selber sind doch genauso komplett abgeschottet von der Restwelt wie dieser Melchior und Moritz, wie diese Wendla. Sie werden von ihr doch auch bewußt mickrig und ahnungslos und dumm gehalten, oder etwa nicht. Jetzt wie damals hat man ihnen die Sprache entzogen, das müssen sie doch merken, trotz aller Anstrengungen der Erwachsenenwelt, diesen Tatbestand zu vertuschen, trotz aller Jugendmagazine, trotz des grassierenden Popjargons, obwohl in der Hauptsache nur noch von Sex die Rede ist. Und von Gewalt natürlich. Das heißt, gerade dadurch werden sie doch stumm gemacht, genau deswegen sind sie ja so furchtbar sprachlos, warum denn sonst. Auch mit ihnen geschieht etwas, das sie nicht verstehen, und es gibt keine Wörter dafür. Es darf sie nicht geben.

Es ist schon immer wieder eigenartig für mich, zu bemerken, daß es da dann diese unerklärliche, aber völlig eindeutige Solidarität gibt. Ich hätte sie niemals verraten, nie, ausgeliefert genaugenommen, falls du weißt, was ich meine. Sie kommen jede Woche freiwillig in dieses stinkende, sterile Kellerloch und sind zufrieden mit dem, was wir hier machen. Lieber lasse ich es bei diesen läppischen Sprechübungen und improvisierten Szenen, meinen Vorschlägen, die sie generell vom Tisch fegen. Manchmal, wenn uns gar nichts mehr einfällt, lese ich ihnen aus den »Letzten Tagen der Menschheit« vor. Wenn ich es recht bedenke, eigentlich ziemlich oft in den vergangenen Monaten. Und hinterher gehen wir rauchen, noch ein bißchen labern. Das war's dann.

So, das ist also die Lage, das ist also bisher die Lage gewesen, und jetzt fing das an. Das heißt, Amelie fing an, die liebe, sonst so stille Rechtsanwalttochter Amelie Kleinknecht mit ihrer unverdorbenen, das Wort fällt mir wirklich jedesmal ein, mit ihrer geradezu jungfräulichen Ausstrahlung. Sie packte sich einen Stuhl, setzte sich damit mitten in den Raum und legte los.

Du mußt es dir plastisch ausmalen. Amelie, dieses überaus brave Mädel mit den sehr guten Zeugnissen, da sitzt sie jetzt und spreizt die Beine ganz weit. Ihr Gesicht hat zwar manchmal so etwas Schweinchenhaftes. Die gut sichtbaren Löcher ihrer winzigen, leicht aufgebogenen Nase, die kugelrunden Augen mit den blonden, auf den ersten Blick unsichtbaren Wimpern, das kurze, runde Kinn, das fast ansatzlos in den Hals übergeht. Nichtsdestoweniger wirkt sie ausgesprochen hübsch mit ihrem süßen Kußmund, den straffen Wangen und dem drallen Busen in den inzwischen ja wieder in Mode gekommenen Körbchen ihres schwarzen Spitzen-BHs. Hübsch, ja, und beinahe ein ganz klein wenig verrucht, ich meine, wirklich nur ein ganz klein wenig. Nur so viel, daß es ihre unerschütterliche Bravheit sogar noch unterstreicht. Genau wie durch ihre niedlichen Dreadlocks. All das zeigt im Grunde nur an, wie fügsam sie sich innerhalb einer ganz klar von ihren Eltern gezogenen Grenze bewegt. Wie weit die sie gehen lassen in Sachen Aufmüpfigkeit und Rebellion, die sie ihr, der Jugend als solcher, eben zugestehen als etwas, das sie notwendig braucht, um sich gesund und normal entwickeln zu können. Ohne daß sie dabei diesen schützenden Rahmen verliert, den das Elternhaus ihr bietet. In der Tat, bei Amelie Kleinknecht daheim ist noch alles in Ordnung. Und das ist um so deutlicher zu spüren, weil es mittlerweile gar nicht mehr so häufig anzutreffen ist, wie du zum Beispiel nicht zuletzt auch an den Umständen sehen kannst, unter denen meine eigene Tochter Luzie aufwächst.

Und nun wirft Amelie also die Haare nach hinten und sagt, mein Name ist Wendla, ich bin sechzehn, derzeit ziehe ich mit Melchior rum, eigentlich ein netter Typ. Was ist denn jetzt passiert, denke ich sofort, Wendla, Melchior, wollen die doch noch einsteigen in den Wedekind, so kurz vor Schuljahresende, oder wie. Meistens ficken wir im Auto, hinten auf den Rücksitzen, spricht sie weiter, und noch wirkt er reichlich linkisch, dieser Auftritt, aber das gibt sich rasch. Sehr gern blase ich ihm auch einen. Ich mag es, wenn ich so einen schönen großen Schwanz ganz tief in den Mund stecken kann. Das macht mich geil, das bringt mich richtig auf Hochtouren. Melchior seiner könnte ruhig ein wenig größer sein, aber soweit ist er schon ganz in Ordnung. Nur das Sperma schmeckt mir nicht besonders. Außerdem soll es dick machen. Also spucke ich es immer aus. Melchior wird dann jedesmal richtig wütend.

Sie macht eine Pause und beginnt ihre Brüste zu streicheln, zu kneten, um genau zu sein, und ich hocke da mit durchgedrücktem Rücken, der Unterkiefer ist mir runtergeklappt, ich begreife natürlich noch gar nichts von dem, was da vor meinen Augen, um mich herum geschieht. Hilfe, Rat, ja, irgendwie Beistand suchend werfe ich fahrig Blicke in die Runde. Sie sitzen wie immer über den Halbkreis der Stühle verteilt, ihre Körper wirken angespannt, ihre Mienen etwas verlegen, aber hochkonzentriert, sehr ernst und entschlossen. Von Nadjas Gesicht ist nichts zu sehen. Die Ellenbogen auf die Oberschenkel gestützt, die Hände hinter dem Nacken zu Fäusten geballt. Dann steht Marlon auf, stellt sich hinter Amelie, hält mit beiden Händen ihren Kopf fest, während sie weiter an ihren Brüsten herumquetscht.

Sie hat jetzt die Augen geschlossen, so ein träumerisches Lächeln aufgesetzt. Wichtig ist für mich dann vor allem, daß ich gut aussehe. Ich weiß, daß mich Melchior die ganze Zeit beobachtet und jeden Fehler registriert. Zum Beispiel wenn ich ihn lutsche, muß er mein Gesicht sehen können. Klar, daß ich darauf aufpasse, daß die Lippen ordentlich vorgestülpt sind. Die Augen sollen nicht ganz geschlossen sein, sondern immer einen Spaltbreit geöffnet bleiben. Als könnte ich gar nicht damit aufhören, pausenlos ganz verzückt sein steifes Ding zu beäugen. Und ich bin ja auch wirklich ganz verzückt. Und ab und zu muß ich dann zu ihm hinaufschauen. Und er muß dann stöhnen, die Falten auf seiner Stirn müssen sich so zusammenziehen. Weil Melchior muß schließlich auch gut aussehen. Ich will das doch selber haben, also, ich brauche das genauso, daß der Melchior gut aussieht beim Sex.

Er hat zum Beispiel eine wunderbare Nabelpartie, sagt sie und langt hinter sich und sucht Marlons Bauch. Und die Haut drum herum so glatt und braun und darunter die Muskeln. Sie streichelt ihn, und er legt seine Hand auf die ihre, läßt sie führen von ihr, nimmt die immer größer werdenden Kreise mit auf, bald haben sie sich so weit ausgedehnt, daß sie bis unter die Gürtellinie reichen, und ich denke, das gibt's ja nicht, das können sie doch nicht machen hier. Aber selbstverständlich können sie, was hast du denn gedacht, das ist doch für dich nichts Neues, das hast du schließlich jeden Tag auf dem Programm, also sie nimmt ohne zu zögern seine Hand und pflanzt sie sich auf den Busen.

Und nun ist also Marlon an der Reihe, und der fängt auch gleich an zu drücken und zu fingern, so wie Amelie es ihm vorgemacht hat, ihre Arme dagegen baumeln jetzt schlaff herab. Und durch Marlons weißes, kurz geschorenes Haar schimmert rot die Kopfhaut, und die Augen hinter den dicken Gläsern wandern wie stets ruhelos, und seine überaus massigen, von entzündeten Akne-Herden umgebenden Lippen beginnen sich zu bewegen. Ich bin Melchior, achtzehn Jahre alt, und steh wahnsinnig auf Titten, sagen diese Lippen jetzt, nicht zu groß dürfen sie sein, aber schön rund und prall und vor allem richtig gut verpackt. Ich steh überhaupt auf Wäsche. Reizwäsche, Strapse und so. Ja, und auf Stellungen. Wendla macht da auch klasse mit, und ich hab da noch diesen Koffer im Auto, der ist vollgestopft mit allen möglichen, lauter echt heißen Teilen. Ich suche ihr jedesmal was anderes aus, das sie anziehen soll, das ist so geil. Findet Wendla auch, und für mich ist ja genauso was dabei, natürlich, so ein bißchen Latexfummel zum Beispiel. Im Koffer ist außerdem ein ganzer Stapel Pornohefte, die schauen wir uns vorher meistens an. Also manchmal versuchen wir dann sogar, die Stellungen von denen nachzumachen. Aber das sind wirkliche Profis, Mann, weil es ist nämlich furchtbar anstrengend. Superkompliziert. Wir kippen dabei meistens bloß um, kugeln von den Sitzen und so, und das ist dann wieder unheimlich lustig. Aber am liebsten hab ich's ganz einfach von hinten. Das macht mich echt voll scharf, wenn sie mir den Arsch hinstreckt, ja, so im Stehen am besten, und ihr Kopf ganz weit unten.

Meine Eltern, also wenn meine Eltern nicht zu Hause

sind, und da, ganz unerwartet, stockt Marlon in seinem Text und sieht auf und um sich. Nun wirkt er doch seltsam verlegen, der Bursche, und erst jetzt fällt mir auf, wie plump seine Hand auf Amelies Oberkörper herumrudert, ein einziger Krampf. Er beißt auch auf seinen dicken Lippen herum, während die anderen ihm zunicken und zuflüstern, los, flüstern sie, weiter, weiter, und Amelie legt sich wie zur Ermunterung die Hand in den Schritt. Und plötzlich wird mir klar, daß sie mir tatsächlich was vorspielen, was zeigen wollen. Etwas für sie ganz Elementares. Mensch, die meinen es wirklich ernst mit ihrem Theater, der Gedanke steht auf einmal mit einer Schrecklichkeit in meinem Kopf, daß es mir von einer Sekunde auf die andere den Schweiß auf die Stirn treibt.

Falsch geraten, mein Lieber, es hat mich überhaupt nicht scharfgemacht, wie du das zu bezeichnen pflegst, natürlich bringt mich das, was sie da vor mir aufführen, nicht im geringsten aus der Fassung, ich meine, wie könnte so etwas denn grundsätzlich noch jemanden aus der Fassung bringen. Und dann gerade mich, der ich schließlich auf du und du mit dir stehe, und dich irritiert ja bekanntlich längst gar nichts mehr. In dieser Hinsicht bin ich mittlerweile nun doch wirklich vollkommen abgebrüht. Ich weiß Bescheid, hast du gehört, nicht zuletzt durch dich. Und daß sie, diese sogenannten Halbwüchsigen, nicht weniger Bescheid wissen, also das mußt du doch mir nicht erzählen. Es wundert mich nicht einmal, daß inzwischen exakt diese billige Sorte von Erotik oder Sexualverhalten, oder wie du sonst dazu sagen willst, auch bei ihnen gelandet ist, zu ihrem jungen Dasein gehört. Und zwar nicht bloß vom Wissen, vom Anschauen her, oh nein, mein Freund, sondern allen Ernstes als eine mögliche, eine stinknormale Variante der, ich sage behelfsweise mal, Liebe praktiziert wird. Wie sie auf ähnliche

Weise, unter anderen, weniger auffälligen Bedingungen, wahrscheinlich schon immer praktiziert wurde, ich weiß. Wenn auch mit Sicherheit in wesentlich geringerem Umfang. Na und, fragst du, was daran so tragisch ist? Woher diese altmodische, angewiderte Ablehnung kommt bei mir? Aber davon kann doch gar keine Rede sein, warum denn angewidert, wieso Ablehnung, was heißt da altmodisch. Es ist ja nur so entsetzlich traurig.

Und so traurig nun auch wieder nicht, man gewöhnt sich schließlich daran. Ich meine, was weiß denn ich, wie ein Leben sich anläßt unter solchen Voraussetzungen. Was ich vielmehr kaum aushalten kann, da, diesem immer noch furchtbar nervösen Marlon gegenüber, der jetzt schnauft, mit der freien Hand an seiner Brille herumnestelt, zum Weitermachen ansetzt in seinem Text, mit seiner Rolle, was mich in diesem Moment überwältigt, ist allein der Eindruck, daß es offenbar gerade das ist, was sie mir quasi als Allerwichtigstes zeigen zu müssen glauben.

Und das ist der einzige Grund, warum ich sie weitermachen lasse, nicht anders kann, als sie weitermachen zu lassen, warum ich völlig gebannt bin, wie der Junge noch einmal mit seinen Eltern anfängt, meine Eltern, sagt er, die haben da dieses Television X abonniert, den Fantasy Channel, das ist so ein englischer Pornosender. Weil ich ja weiß, daß es das alles gibt, daß es so ist, denke ich, weil ich es ja kenne, wie du weißt, studiert habe geradezu, aber eben keinen Begriff davon habe, was es bedeutet, für sie wirklich bedeutet, was es macht mit ihnen.

Gruppensex und S/M, sie klingt dünn, heiser, brüchig auf einmal, Marlons Stimme, das ist das Beste, und natürlich auch so Dildos, Cockringe, Intimschmuck, das ganze Zeugs halt, alles andere ist ja auf Dauer auch langweilig im Fernsehen. Und das schauen wir dann schon gerne alle zusammen an, wenn die weg sind, meine Eltern, oft sind ja eine ganze Menge Leute dabei. Die total gemischte Gruppe. Aber gemeinsam rumvögeln oder wichsen, nee, sowas kommt natürlich überhaupt nicht in Frage. Da gibt es ein ungeschriebenes Gesetz, klar, eine Art Moral oder so, also das würde jedenfalls die Intimsphäre dann doch verletzen. Und die sind dann ja auch eher saulustig, diese Porno-Nächte, diese Leute mit den komischen Leder- und Gasmasken, diesen Peitschen. Einmal, so ein Japanerstreifen, wo sie in voller Domina-Montur auf ihm reitet, im Kreis läßt die ihn krabbeln, und er hat ne brennende Kerze im Arschloch, wir lachen uns ewig kaputt bei sowas, sagt Marlon ganz erschöpft und atmet durch und man merkt, gleich kommt das Heikelste, das Schwierigste, es herrscht eine ganz unerträgliche Spannung inzwischen. Und endlich, stotternd, kommt es aus ihm heraus, daß da eben schon etwas sei, das er wirklich nicht mehr aus seinem Kopf herausbekommen könne, daß er mit Wendla auch schon darüber geredet habe und die das aber auf keinen Fall mitmachen wolle. Und daß es seither diesen scheiß Beziehungsstreß, er sagte wirklich Beziehungsstreß, gebe zwischen ihnen.

»Ich laß mir doch nichts in den Hintern stecken!«

Schreit Amelie völlig unerwartet auf und stößt Marlon von sich, es ist wirklich sehr grob, es wirkt ausgesprochen echt. Und der Junge schlurft auch gleich ganz zerstört zu seinem Platz zurück, während sie, diese grundanständige siebzehnjährige Mittelstandstochter, nun tatsächlich den Knopf ihres Hosenbundes öffnet, mit der Hand hineinschlüpft und anfängt so zu tun, als würde sie sich selbst befriedigen.

Du glaubst, jetzt geht meine Phantasie mit mir durch. Und daß ich wahrscheinlich schon im Fieber halluziniere und besser ins Bett gehen, noch mal drüber schlafen sollte, bevor ich dir weiter solche Märchen auftische.

Glaub, was du willst. Die Wahrheit ist, daß sich in diesen Sekunden, mit diesem tapfer masturbierenden Mädchen vor Augen, meine überreizten Nerven schlagartig beruhigten. Keine Ahnung, wie es kam, eine seltsame Intuition leitete mich vielleicht, aber plötzlich, von einem Augenblick auf den anderen, betrachtete ich das Ganze mit vollkommen nüchterner Sachlichkeit. In der Tat, ich konnte auf einmal nichts anderes mehr darin sehen als eine Theaterprobe. Immerhin, präzise zu diesem Zeitpunkt, minutiös habe ich das in meinem Gedächtnis abgespeichert, lehnte ich mich endlich in den Stuhl zurück. Ich weiß, daß ich mir daraufhin das Kinn zu streichen begann, weil ich selbst das, meine Bewegungen, als Teil einer Inszenierung empfand, weil ich alles, was in diesem Raum stattfand, nun nur noch wie von außerhalb erfaßte. Kennst du diese Esoteriker-Stories, wo sie so lange meditieren, bis sie glauben, ihren Leib zu verlassen, bis sie unter der Zimmerdecke schweben und auf sich selbst hinunterblicken? So ähnlich mußt du dir das denken, nur daß ich dabei in mir drinnen geblieben war, meine Haut wie eine Begrenzung von außen spürte, kannst du es dir ungefähr vorstellen. Als wäre alle Wahrnehmung in sich umgestülpt, als würde mein Körper ausschließlich von dem definiert, was ihn umgibt, und ich, also ich, also das, was diesen Zustand registriert, befände sich in einer Art Blase eingesperrt, einem hauchdünnen Vakuum dazwischen, einer Leere.

Aus dieser Leere heraus jedenfalls begann ich das, was hier um mich herum und mit mir zusammen zur Aufführung gelangte, als pures Schauspiel zu begreifen, zu beobachten, zu befragen, zu beurteilen. Das heißt, ein Verdacht hatte sich eingeschlichen, ganz vage, ganz dunkel war der. Etwas stimmte hier nicht, in der Interpretation, der Form, der Ausführung, was auch immer, aber irgend etwas war da faul. Und nun trat auch Nadja in den Kreis, kauerte sich auf den Boden, zwischen die Beine Amelies, die, wenn ich mal so sagen darf, ihr Spiel immer weiter fortsetzte, es durchhielt bis zum Ende, was ich dramentechnisch als absolut stimmig empfand, und Nadja sagte, ich bin Frau Bergmann, Wendlas Mutter, siebenundvierzig, alleinerziehend, berufstätig selbstverständlich, und ich liebe meine Tochter.

Ich weiß, ich weiß, ich wollte mich kurz fassen, es ist sowieso schon wieder so spät, und ich bin noch längst nicht durch mit meiner Geschichte, trotzdem. Ich muß sie unbedingt genauer beschreiben, diese Nadja, und zwar gleich, jetzt, an dieser Stelle. Endlich genauer beschreiben, wie sie ist, was mich so beeindruckt an ihr, muß es einfach loswerden. Denn, wie du weißt, sie bringt mich nun einmal auf eine so eigenartige Weise durcheinander. Manchmal denke ich, wenn ich herausfinden würde, was das ist, woran es liegt, wäre das wie ein Paßwort. Wofür? Ich bin ja noch nicht da gewesen.

Klar würde ich lügen, wenn ich behauptete, diese Anziehungskraft sei durchweg frei von allem, nennen wir's ruhig, Sexuellen. Ganz bestimmt spielt da immer eine gewisse Erotik mit hinein, die kommt ja viel häufiger vor zwischen Lehrern und Schülern, als man so glaubt. Sie ist sogar völlig normal. Ich erinnere mich zum Beispiel noch gut an die Zeit, als ich ganz frisch an der Schule war. Du meine Güte, wie die Gören da gleich im Pulk auf mich losgegangen sind. Unser niedlicher neuer Deutschlehrer, neckten sie mich und kicherten dann albern herum, dieselben Mädchen, herrje, damals waren sie elf oder zwölf, das erste, kollektive Flirtverhalten. Und das gehört ganz offenbar ebenfalls zu den Aufgaben von einigen von uns, daß man dazu auch noch da ist, quasi als lebendiges Übungsfeld. Daß man damit umgehen, sich als Testobjekt

begreifen lernt. Wie sie mich zum Beispiel in ihre sogenannte Teestube abschleppten, so ein winziges Kabuff mit
Matratzen und bemalten Wänden. Und ich mittendrin
dann in diesem kudernden Haufen, der partout Flaschendrehen mit mir spielen wollte. Und Wadentasten. Daß
das alles aber etwas ganz anderes meint. Daß die Lust,
die, naturgemäß ohne daß du dich dagegen wehren könntest, in dir aufsteigt, von derjenigen, die sie zweifelsohne
gleichfalls empfinden und die naturgemäß aus derselben
Wurzel stammt, dennoch durch und durch verschieden
ist. Daß aus ihrem Kichern und Augenklimpern und An-
grabschen nichts weiter herauszulesen ist als die für ihr
Alter typische Mädchenart, Überschwang, Triumph, Sympathie zu signalisieren. Daß du dir das gern gefallen läßt,
nichts weiter als eine etwas größere, vitalere Art von Ted-
dybär zu sein für sie. Daß du es sogar schaffst, es zu genießen, ohne jemals die hauchdünne Trennungslinie zu
verletzen, die Schwelle zu überschreiten hin zum wirklich
Geschlechtlichen, ich meine, zu deiner eigenen, dieser sogenannten Sexualität eines Erwachsenen.

Eines kann ich dir in meinem Fall aber versichern. Ist
diese spezielle Mischung aus Zuneigung und Distanz
hergestellt, hat sie sich erst einmal eingeschliffen, dann
bleibt diese Grenze den ganzen Rest der Schulzeit über
intakt. Auch wenn die kleinen Mädchen mittlerweile
längst zu attraktiven, sexuell aktiven, jungen Frauen er-
blüht sind. Sobald deine Körperchemie darauf anspricht
und deinen Blick trübt und zugleich einengt und fokus-
siert, auf diese berüchtigten primären Schlüsselreize zum
Beispiel, immer wird dieses Bild vor deinem geistigen
Auge ganz schnell umspringen. Und du wirst statt dessen
sofort wieder diese rotzfrechen unverdorbenen Kinder in
ihnen sehen, so wie sie sich dir damals an den Hals ge-
hängt haben.

Und selbstverständlich gilt das für Nadja nicht weniger. Obwohl ich zugeben muß, daß sie in der Tat Eindruck auf mich in meiner Eigenschaft als, wie soll ich sagen, Mann machen könnte. Einverstanden, sie macht ihn wirklich, ich habe mir auch vorgestellt, ihre Wangen zu streicheln, sie zu küssen, einmal meine Hand auf ihren Busen zu legen. Du lebst schon viel zu lang allein, Beck, du solltest dich allmählich nach einer neuen Beziehung umsehen, es zulassen, daß du wieder erreichbar bist dafür, ich stehe schließlich oft genug vor dem Spiegel und sage es mir vor. Du darfst nicht dein Leben lang deiner gescheiterten Ehe nachtrauern. Sieh dir Petra an, alter Trottel, die zum Beispiel kann das.

Klar, sie kriegt sogar das wieder hin, macht es mir vor, läuft mir, wie früher schon, Meilen voraus, uneinholbar. Und obendrein hat sie es noch viel schwerer mit dem Kind, jaja, ich weiß. Oh, sie vergißt auch niemals, es mir unter die Nase zu reiben, erst vorhin wieder, als wir telefoniert haben, wegen morgen. Es ist wirklich nicht leicht mit Luzie, Frank Beck, hat sie gesagt, immer arbeitet sie dann mit solchen Frank-Beck-Sätzen. Du hast sie ja nur alle vierzehn Tage am Wochenende, Frank Beck, um den ganzen Hausaufgaben- und Alltagskram brauchst du dich ja nicht zu kümmern, Frank Beck. Frank Beck, Frank Beck, Frank Beck. Die Sache ist die, daß Luzie seit neuestem, seit er zusammenwohnt mit meinem Täubchen, anscheinend hartnäckig ihren neuen Papi schneidet. Sie spricht tagelang kein Wort mit ihm, steht beim Abendessen auf, ohne ihren Teller angerührt zu haben, verschwindet einfach auf ihr Zimmer, schließt ab. Selbstverständlich werde ich morgen mit ihr darüber reden. Ich werde sagen, Günther, so heißt dieser Typ, also Günther bemüht sich wirklich sehr um dich. Er will dir auch nichts wegnehmen, nicht so tun, als wäre er dein Vater. Aber

Täubchen, natürlich werde ich immer dein Papilein bleiben, ich bin doch da, siehst du, immer da. Aber Günther ist jetzt eben auch da, also gib ihm eine Chance, ja. Er möchte doch nur dein Freund sein, möchte, daß du ihm vertraust, ihm ein ganz klein wenig Respekt entgegenbringst. Und er ist ein großer Segler, habe ich gehört. Du liebst doch Segelboote.

Meine Güte, muß ich denn wirklich ein schlechtes Gewissen haben wegen dem bißchen Schadenfreude, das ich dabei empfinde, daß Luzie den schnöseligen Dr. Holtzmann haßt? Mußte es auch ausgerechnet dieser Zahnarzt sein? Ich meine, entschuldige bitte, aber ich stelle es mir irgendwie pervers vor. Sie auf dem Zahnarztstuhl, Wattestangen ums Zahnfleisch drapiert, der Unterkiefer schmerzt vom langen Mundaufreißen. Und er über ihr, ganz Mundschutz und graue Koteletten und riesige, meerblaue Augen. Oh ja, er hat nämlich schöne, meerblaue Augen, das hat sie selber gesagt, sie erwähnte es nebenbei, als sie mir ihre, wie sie sich auszudrücken beliebte, neuen Verhältnisse offenbarte. Und plötzlich, der Schmelzschleifer sirrt, die CD »Klassik zum Wohlfühlen« dudelt leise im Hintergrund, links der Spucknapf, rechts dieser warme tätige Oberkörper im grünen OP-Outfit, das Chrom und der weiße Lack im Zahnarztlampenlicht, plötzlich also zuckt auch sie auf, diese Flamme der Leidenschaft, der Begierde, die ganz schnell zu einer Liebe auf Lebenszeit anzuschwellen beginnt.

»Darf ich Sie heute abend bei mir erwarten?«

»Haben Sie denn zu Hause auch so herrliche Bohrer?«

Ah, lassen wir das, es ist unerträglich, ich schweife ab, es ist immer dasselbe, egal, jedesmal vermischt sich das alles in meinem Hirn. Beschäftigt mich Nadja, beschäftigen mich auch Luzie und meine Ex-Frau. Telefoniere ich mit Petra, geht mir dauernd Nadja durch den Kopf. Ist Luzie bei mir, spreche ich sie immer wieder versehentlich mit falschen Namen an. Nadja, Luzie, Petra. Petra, Luzie, Nadja, es ist zum Verrücktwerden.

Nadja Sahlmann, ich kann dir eigentlich gar nicht so genau sagen, wie sie aussieht. Relativ kurze Haare hat sie, dunkelblond, sie schiebt sich dauernd die Strähnen so von der Stirn hinter die Ohren. Schmal, zierlich. Dann das Piercing an der Augenbraue, der Mund. Und blaß ist sie, wirklich auffallend weiße Haut mit vielen kleinen Muttermalen übersät. Aber, und deinen Spott kannst du dir schenken, wenn ich das ausspreche, darauf kommt es sowieso nicht wirklich an. Worauf dann, worauf denn dann, willst du wissen.

Nun dränge mal nicht so. Und rümpfe vor allem nicht gleich die Nase, wenn ich sage, sie wirkt immer so nackt auf mich, so durchsichtig. Nicht was du schon wieder glaubst, was ich sagen möchte, ist, sie ist so ein Mensch, dem man alles abnimmt, der einem das Gefühl gibt, niemals zu lügen, gar nicht lügen zu können. Nein, falsch gedacht, Nadja hat überhaupt nichts Wahres an sich, nichts Unverfälschtes, Echtes, das würde ich niemals behaupten. Sie ist auch nur ein Durchlauf für alles mögliche, genau wie wir anderen, ein Filter vor dieser Sintflut an Eindrücken, die auf jeden von uns niederprasselt. Aber diese Eindrücke, so kommt es mir jedenfalls vor, gehen bei ihr so sonderbar ungebrochen durch, sie werden eher noch deutlicher, lauter, als wäre sie eine Art Verstärker. Worauf ich hinaus will, sie reagiert auf alles, was ihr widerfährt, was sie aufnimmt in sich, so ernsthaft, so prompt, so heftig.

Denn einen Willen hat die, einen solchen Willen habe ich noch nicht erlebt. Nicht zufällig ist sie zweimal hintereinander fast einstimmig zur Schülersprecherin gewählt worden. Dabei scheint sie gar nichts zu unternehmen, um sich durchzusetzen, ihre durch nichts wirklich gerechtfertigte Autorität wird offensichtlich fraglos akzeptiert. Zum Beispiel hat sich nicht Dany, der auch in dieser Theaterstunde wieder bloß vor sich hin lächelte, der ja so gut wie nie sein Maul aufkriegt oder sonst irgend etwas tut, nicht dieser Smiley hat sich Nadja als Freundin ausgesucht. Sie hat sich ihn sozusagen einfach genommen. Und warum gerade den, so einen Lahmarsch, fragst du? Das würde ich allerdings auch gerne wissen. Seit die zwei zusammengehören, sind sie unter ihren Altersgenossen schlechterdings unschlagbar. Stets treten sie gemeinsam auf. Er lächelt, und sie redet. Nadja sagt, was Sache ist, und offenbar ist es dann auch gleich die Sache der andern. So ist das. Vielleicht liegt darin ja der Grund für ihre Partnerwahl. Dany, etwas wie die ideale Plattform mit unbeschränkter Rückendeckung. Außerdem soll der Knabe, draußen im außerschulischen oder, wenn du so willst, im realen Leben, Anführer von einer irgendwie christlich angehauchten Clique sein. Befremdlich für Schüler, die drauf sind wie die? Finde ich auch. Und natürlich erzeugt so etwas Feindschaften. Ich habe oft genug erlebt, wie sie als Sekte beschimpft worden sind, auf dem Pausenhof, wo die anderen Schülergruppen, die Sporttypen etwa, ja ebenfalls zusammenglucken und ihre Rituale pflegen. Und die sind durchaus interessiert daran, daß ich das mitkriege. Denn daß sie an der Theatergruppe teilnehmen, die fast zur Hälfte aus Nadja-Dany-Leuten besteht, zählt allem Anschein nach zu den hassenswerten Eigenschaften der Clique. Kurz und gut, was diese Gemeinschaftsdarbietung dort im Probenraum angeht, ich bin mir absolut sicher, daß das nur Nadjas Idee gewesen sein kann.

Und jetzt war sie selber dran, als Amelies, also Wendlas Mutter. Natürlich, dachte ich, ohne es begründen zu können, sie übernimmt die Mutter-Rolle. Hätten wir es da-

mals nur auch so gut gehabt wie die jungen Leute von
heute, legt sie los. Nadja, mußt du wissen, hat so eine seltsame Art zu sprechen, als würde sie sich dabei selber zuhören, als wäre ihr überhaupt nicht bewußt, was das für
Sätze sind, die da aus ihr rauskommen. Als wäre sie in
der Tat immer völlig erstaunt, was sie da eigentlich redet.
Das macht wahrscheinlich auch, daß mich oft trotz ihrer
Kraft, trotz ihres unbändigen Willens, diese sentimentale
Sehnsucht beschleicht, sie beschützen zu wollen. Als wäre
sie ein Medium, ich meine ungefähr so eins, wie es bei
Geisterbeschwörungen zum Einsatz kommt. Als stünde
sie permanent in Gefahr, von bösen Dämonen heimge-
sucht zu werden. Und nun sagt Nadja also, und ihre
Augen sind dabei fast zu Schlitzen verengt, meine Tochter
Wendla jedenfalls muß zum Glück nicht mehr leiden un-
ter dem steifen und dumpfen Klima einer lustfeindlichen
Umgebung, kämpfen gegen eine spießige Moral. Unter
den Jugendlichen herrscht ja heutzutage eine richtig gute
Stimmung. Sie blödeln, haben ihren Spaß, trinken, pro-
bieren auch mal die eine oder andere von den illegalen
Drogen aus, natürlich, genau wie wir damals. Sie sind gerade mit ihren ersten Beziehungsproblemen beschäftigt.

Aber Krise? Von Krise keine Spur, sagt sie, greift hinter
sich und versucht Amelies reibende Finger festzuhalten,
kann sie aber nur kurzzeitig bremsen, wird vielmehr mit-
geschleift auf den winzigen Kreisbahnen der Hand, mit
solcher Sturheit bleibt die Freundin bei ihrer Darbietung.
Im Gegenteil. Sie haben keine Ahnung, was sie später einmal tun wollen, aber das ist doch ganz normal. Sie zucken
mit den Schultern, lachen darüber. Richtig so. Irgendwie
wird sich für sie immer irgendwas finden. Für sie auf alle
Fälle, und jetzt steht Nadja langsam auf und läßt sich mit
Schwung auf Amelies Schoß plumpsen, so daß es ihr wirklich weh tun muß. Die wissen genau, sie sind auf der Win-

ner-Seite. Was das ist? Meine Güte, sie haben Spaß, sie haben Freunde, und vor allem, nehmen sie nicht alles gleich immer so furchtbar ernst wie wir zu unserer Zeit. Das ist ja der Fehler gewesen, unser großer, entscheidender Fehler. Also von wegen Gesellschaft, Angst vor der ganzen Entwicklung undsoweiter, du lieber Himmel, daran denken die ganz bestimmt nicht.

Hier legt Nadja eine kurze Pause ein. Sie lehnt sich behaglich zurück, das heißt, sie pflatscht sich gegen Amelies Körper, als wäre der ein Ohrensessel. Mitten aufs Gesicht knallt sie ihr den dürren Rücken, und Amelie läßt es sich natürlich, ohne sich aus dem Konzept bringen zu lassen, gefallen, weil, denke ich auch gleich, es nun einmal ins Gesamtbild paßt, so muß es eben sein. Dann fährt sie fort.

Sorgen? Wieso sollte ich mir deswegen Sorgen machen? Alles geht denselben unbeschwerten Gang des Erwachsenwerdens, den es schon immer gegangen ist. Es geht sogar besser denn je. Freilich, manchmal sind sie schon ein bißchen irritierend, ihre Sprüche. Zum Beispiel wenn sie irgendwen zum Loser stempeln, der vor kurzem noch fest zum Freundeskreis gehört hat. So jemand hat dann tatsächlich ausgespielt, taucht nie mehr auf, aus und vorbei, ein für allemal. Oder diese dem Anschein nach rassistischen Bemerkungen, wirklich verächtlich dieses »Bimbos« oder »Marocs« zum Beispiel, das ihnen da manchmal über die Lippen kommt. Aber im nächsten Moment lachen sie, ein Lachen, das alle Befürchtungen sofort wegwischt. So ist das doch nicht gemeint, Frau Bergmann, wollen sie mir sagen, oh ja, ich kann das sehr gut heraushören aus diesem Lachen. Das ist doch nur, weil es ein Tabu ist und weil Tabus nun einmal grundsätzlich gebrochen werden müssen, und erzählen gleich darauf von irgendwelchen unheimlich coolen

Türken oder Halbafrikanern oder sogenannten Slawos, das bedeutet Osteuropäer, die sie kennengelernt hätten.

Es geht ja auch gar nicht mehr anders. Nirgends mehr. Dies während Nadja sich aufrichtet, sich auf die Schenkel, dann in die Hände klatscht, ohne ihren ruhigen, unterkühlten Tonfall auch nur eine Sekunde aufzugeben, und Amelie weiter keucht unter ihrer Arbeit und ihrer Last. Überall bilden sich kleine überschaubare Gruppen, geschlossene Zirkel. Eine Gesellschaft, die dermaßen durcheinandergemischt ist, mit diesen ganzen sozialen und kulturellen Unterschieden, die ja immer noch weiter anwachsen. Also, da können eben nicht alle Leute in einer großen homogenen Gemeinschaft aufgehen, das ist doch selbstverständlich. Dieser ganze Multikulti-Quatsch, auch das ist ja einer von unseren Fehlern gewesen, aber im nachhinein weiß man schließlich immer alles besser. Moslems zum Beispiel sind und bleiben nun einmal anders als wir. Da stimmt halt was nicht zusammen. Oder wollen Sie einen Ägypter zum Schwiegersohn? Wollen Sie etwa, daß Ihre geliebte Tochter beschnitten wird? Fragt Nadja nun doch ein wenig sehr theatralisch, zu pathetisch in unseren Kellerraum hinein. Nein, die sollen auf ihre Weise leben können, und wir auf unsere. Das Viertel, in das man schließlich nicht umsonst gezogen ist, in dem man sich wohl fühlt. Der eigene Block. Das ist es, worum es geht. Das ist unsere Aufgabe. Unsere Kinder tun doch auch nichts anderes. Sie nutzen bloß ihre Chance, das auf lange Sicht für sich genauso einzurichten. Dazu gehört eben, daß man herausfindet, wer zu einem paßt und wer nicht. Selbst wenn das auf den ersten Blick grausam wirkt. Und meine Tochter ist nicht grausam, das weiß ich ganz sicher. Nun hören Sie aber auf, ich bin ihre Mutter, ich kenne doch schließlich meine Wendla.

Und damit, mein Lieber, du wirst dich ähnlich wundern, wie ich mich gewundert habe, damit, also völlig unspektakulär, geradezu naiv lehrstückhaft, mit diesem stetigen, dramaturgisch gesehen enttäuschenden Spannungsverlust auf der Schlußstrecke, beendeten sie ihre kleine Vorführung für mich. Nadjas sachliche Stimme setzte aus, als hätte jemand das Radio ausgedreht, und Amelie täuschte nicht einmal einen Orgasmus vor, womit ich hundertprozentig, quasi als eine Art doppelten finalen Höhepunkt, gerechnet hatte. Statt dessen standen sie einfach auf, zogen sich auf ihre Plätze zurück und warteten.

Wie sollte ich nun reagieren, wie hättest du an meiner Stelle reagiert? Meine unbestimmten Zweifel an der ganzen Aktion hatten sich mittlerweile ja zu einem stattlichen Mißtrauen ausgewachsen. Ich konnte ihnen ihr Drama irgendwie nicht abnehmen. Natürlich war mir klar, was sie mir sagen wollten. Ich bilde es mir jedenfalls ein, und es zu begreifen scheint mir nach wie vor auch nicht so schwierig zu sein.

Andererseits wurde ich den Eindruck nicht los, daß sie da eben nicht nur mir, sondern auch sich selber etwas vorgespielt hatten. Die lügen sich doch sauber in die Tasche, ich schwöre, das war in der Tat seit einer Weile bereits mein permanent wiederkehrender Gedanke gewesen. Nadja, dachte ich, Nadja, so kenne ich dich gar nicht, was ist denn bloß los hier. Deshalb beschloß ich, nachdem diese erwartungsträchtige Stille um mich herum immer noch anhielt, mein eigenes nebulöses Unbehagen einfach zu ignorieren. Ich strich es sozusagen aus in meiner Seele, krallte mich fest an der Oberfläche des Geschehenen, und die war doch eigentlich ganz wunderbar. Zum ersten Mal in diesen drei Jahren hatten sie Theater gespielt. Und obendrein hatten sie sich sogar ein eigenes Stück zu ihrem eigenen Leben erfunden. Ob es nun stimmte oder nicht. Also erhob ich mich einfach und applaudierte, ich glaube sogar ein paar Minuten lang, und erklärte dann mit schlichten, unaufgeregten Worten die Stunde für beendet.

Die meisten standen schon rauchend draußen im Gang herum, als ich mein Zeug gepackt hatte und den Raum ebenfalls verließ. Ich fingerte die Dannemann's aus dem Sakko, stellte mich zu ihnen. Einem Außenstehenden wäre bestimmt nichts Ungewöhnliches aufgefallen. Sie unterhielten sich über die letzte Platte von Tocotronic, das ist so eine Hamburger Band, glaube ich. Genauer gesagt, Marlon hielt einen seiner typischen DJ-Monologe darüber. Noch genauer, er wiederholte eigentlich bloß ständig den Titel der Scheibe, den er als echt geil, echt cool charakterisierte, er hob ihn geradezu in den Himmel. Ich weiß nicht, wie diese Musik klingt, aber ich meinte, es mir vorstellen zu können, als ich Marlons minimalistischen Ausführungen zuhörte:

»Es ist egal, aber. Egal. Aber. Aber, versteht ihr, aber.«

Natürlich fühlte ich mich unwohl, wünschte ich mich nach Hause, versuchte mir nichts anmerken zu lassen, lachte, wenn sie lachten, ließ den aromatischen Rauch der Zigarillo zwischen Zunge und Gaumen spielen, undsoweiter. Draußen, ich stehe dann ja immer dem weit aufgerissenen Fenster zugewandt, blies auch an diesem Tag Robert Dirschka wieder seinen Sportlehrermarsch auf der Trillerpfeife. Jedesmal folgte mein Blick den auf Augenhöhe trippelnden, hopsenden, bremsenden, quietschenden, knatschenden Handballerfüßen, ihren bunten Adidas- und Nike-Geräten mit den zahllosen Farbstreifen, Strebungen und Polsterungen, den straffen Sportsockenbünden, den wackelnden Waden und Knieknorpeln. Drüben, hinter dem Sportplatz, auf den Stufen des Hintereingangs zum Schulgebäude, hockte Kevin Meier, das Skate zwischen den Beinen aufgestellt. Knipste an seinem CD-Walkman herum.

Habe ich vergessen zu erwähnen, daß Nadja nach der Theatergruppe regelmäßig von Kevin Meier abgeholt wird? Die beiden haben dieselbe Busstrecke, sie sind Nachbarn, sind sozusagen gemeinsam aufgewachsen. Fast wie Bruder und Schwester. Angeblich verbringen sie auch heute noch viel Zeit miteinander, angeblich schläft er sogar manchmal bei ihr, das hat mir Karin Kirsch einmal gesteckt. Von den anderen kann niemand etwas mit Kevin anfangen, auch Karin und Amelie längst nicht mehr, obwohl sie vor ein paar Jahren mit zum unzertrennlichen Vierergespann gezählt haben. Sie finden Nadjas Festhalten an Kevin im Grunde genauso befremdlich wie ich, wie alle andern auch, zucken die Schultern, lassen es gut sein.

Der Akt unserer rituellen Nachbereitung dauerte diesmal freilich nicht lange. Ich glaube, sie waren selber froh, endlich dieser allzu prekären Atmosphäre entkommen zu können. Alle taten, als sei gar nichts Besonderes passiert. Alle zusammen, als wäre es abgesprochen, einschließlich mir. So dünnte die ganze Raucherversammlung schnell aus. Bis auf, du wirst es ahnen, Nadja. Natürlich.

Sie war einfach mittendrin stehengeblieben im Gewusel, als die Blase der restlichen Leute abzog, darunter ihre Freundinnen, Dany, Mike, Marlon. Die zögerten einen Augenblick, wandten sich noch einmal fragend um nach ihr, bevor sie am Ende des Gangs um die Ecke verschwanden. Doch Nadjas Körpersprache war unmißverständlich, auch für mich. Die Beine leicht gegrätscht, die Füße in einer Linie fest auf das Linoleum gestemmt, die Hand des linken Arms um den Ellbogen des anderen, ausgestreckten geklammert, zwischen den auf den Boden weisenden Zeige- und Mittelfinger die frisch angezündete Zigarette, den Blick gesenkt. Und endlich, als die letzten Geräusche im Treppenhaus verstummt und auch die Handballer in die Duschkabinen abgetaucht sind, hebt sie ihren Kopf, sieht mir mit ihren großen Nadja-Augen in die meinen, sagt nur:

»Und?«

Ich muß diesen Augen natürlich sofort entfliehen, das ist klar, ich wende mich wieder dem Fenster zu. Fixiere dafür Kevin, auf den gerade meine drei Theaterhengste zusteuern, was ungewöhnlich ist, was sie unter normalen Umständen nie tun würden, weil die sich eigentlich gegenseitig aus dem Weg gehen. Aber soviel fällt mir schon noch auf, wenn auch nicht mehr, weil ich mir den Kopf zermartere, was ich auf Nadjas Frage erwidern soll. Sie will also wirklich ganz ernsthaft wissen, was ich von ihrer Inszenierung halte, verstehst du. Nicht der kleinste Hauch von Provokation. In aller Unschuld gewissermaßen. Und ich kann ihr nichts vormachen, ihr nicht, dazu hat dieser kurze Moment ausgereicht, in dem mich ihr Blick erwischt hat, geködert. Also antworte ich, während ich zusehe, wie Mike, ausgerechnet der sanftmütige Mike Bentz mit seiner langen Rasta-Wolle, der sonst immer nur aus der Deckung, aus der zweiten Reihe agiert, auf Kevin einredet, ihn an die Schulter stößt, daß der kauernde Junge fast umkippt.

Es war bloß meinetwegen, stimmt's, antworte ich, ihr habt euch das nur für mich ausgedacht.

Sie schweigt, und ich schweige auch, und draußen packt Mike Bentz Kevin Meiers Skateboard. Er schleudert es mit aller Kraft in die Luft, daß seine Locken nur so fliegen, als er es losläßt, daß das Brett auf den Hartplatz kracht, quer, mit den Rollen nach oben, darüber hinschliddert. Ein hilfloses Tier, denke ich duselig. Und Kevin springt hoch, baut sich auf vor seinem Angreifer, direkt vor seiner Nase, die Brust vorgestreckt, die Arme so komisch schräg seitlich nach hinten durchgedrückt, Handteller nach vorne, offen. Keine zehn Zentimeter Abstand sind das noch zwischen ihnen, als Mike lässig die Hand hebt und dem Jungen mehr symbolisch eine Ohrfeige verpaßt, als daß er wirklich zuschlägt. Und natürlich will der sich wehren, will zurückhauen, irgendwie, aber da haben ihn die beiden andern schon im Griff. An den Armen packen die ihn, als hätte er sie ihnen hingehalten, sie schon vorsorglich in die richtige Stellung gebracht gehabt. So sieht das aus von weitem, und jetzt zappelt er, versucht seinen Gegner zu treten, aber die zwei ziehen ihn weg von ihm, Kevin trifft nur ins Leere.

Ihr wolltet mir einen Gefallen tun, das ist es doch, sage ich zu Nadja, die schaut mich ununterbrochen an, die kriegt das gar nicht mit, was da drüben passiert, nicht einmal den Bums scheint sie registriert zu haben, als das Skate aufknallte. Du hast das gemerkt, sage ich, wie sehr es mich quält. Daß wir uns im Grunde nichts zu sagen haben, wortwörtlich sage ich das, daß ich mir den Arsch aufreiße. Daß mir die Puste ausgeht.

Draußen, hinter dem Sportfeld, kommen nun Amelie und Karin angerannt. Sie werfen sich, hektisch gestikulierende Schutzengel, zwischen die Parteien. Amelie stößt Mike vor die Brust, Karin trommelt auf Dany ein. Endlich wird Kevin freigelassen, der nun sein T-Shirt zurechtzupft, während die fünf anderen sich gegenüberstehen, hier die Mädchen, dort die Jungs. Anscheinend brüllen sie sich an, und Kevin, der sowieso schon abseits gestanden ist, vergrößert die Entfernung noch um ein paar Schritte, wendet ihnen den Rücken zu, stiert, wie es seine Art ist, zu Boden.

Ja, Nadja, sage ich, ich habe manchmal die Schnauze voll. Warum ist das so, ich meine, wieso gibt es da plötzlich diese ungeheure Kluft zwischen euch und uns. Ich bin im Prinzip doch auch nur ein wenig älter. Ich sehe mich ja selber noch die Schulbank drücken. Oder war das schon immer so. Ich kann es mir nicht vorstellen.

Inzwischen bin ich wirklich ein wenig weinerlich geworden. Es ist ein Zeichen eurer Sympathie für mich gewesen, das ist es, Nadja, was ich davon halte. Auch Ausdruck des Vertrauens. Ich fühle mich geehrt, geschmeichelt. Aber die Sache selber ist, wie soll ich sagen, ja, ist wohl ganz falsch.

Was sie mir da vorgespielt haben, bin ich mir plötzlich völlig sicher, hat doch im Grunde sehr wenig mit ihnen, vor allem aber damit etwas zu tun gehabt, daß sie mir zeigen wollten, was ich in ihnen sehe. Was sie sich vorstellen, daß ich sehen will. Ein Bild erfüllen, von dem sie annehmen, daß ich es mir mache, das wir sogenannten Erwachsenen uns, diese sogenannte Öffentlichkeit sich pausenlos macht von ihnen. Sie sind die Linien dieses Bildes sozusagen nur nachgefahren. Um für einen Augenblick wenigstens über den Abstand hinwegzutäuschen. Über ihre Einsamkeit uns, über unsere Einsamkeit ihnen gegenüber.

Wieder schweigen wir eine Weile, Nadja ist ganz reglos, ganz konzentriert, sie läßt mich keine Sekunde aus den Augen. Die Gruppe vor dem Hintereingang der Schule ist immer noch damit beschäftigt, sich gegenseitig anzukeifen. Doch allmählich scheint der Adrenalinspiegel zu sinken, die Bewegungen werden maßvoller, ruhiger. Kevin macht sich unterdessen langsam auf den Weg zu seinem Brett. Jetzt hebt er es auf, untersucht es offenbar auf Schäden. Dann verläßt er, ohne sich noch einmal umzusehen, quer über den Platz das Gelände.

Ich glaube euch einfach nicht, sage ich jetzt, daß das wirklich euer Leben ist. Daß ihr so seid. Sie spielt eine Rolle darin, natürlich, eine bedeutende Rolle, diese Sorte

Wahnsinn, Übersteigerung, oder wie auch immer du das nennen willst, wie könnte es anders sein. Aber da ist etwas, das ihr immer völlig ausspart und übersent, das viel entscheidender ist als dieser Dreck der allgemeinen Vorurteile. Es gibt etwas, das von all dem ganz unberührt ist, ich spüre das, wirklich, ich weiß es. Ihr, stottere ich und muß noch eine letzte Pause einlegen, so schwer geht es mir über die Lippen, ihr seid viel, ja, reiner.

Auf einmal war ich ganz wackelig geworden, kannst du dir das vorstellen. In der Tat, ich fühlte die Tränen aufsteigen, es war mir schrecklich unangenehm. Da stand ich also, sog heftig Luft ein, kniff abwechselnd die Augen zu und riß sie so weit wie möglich auf, um meinen Gemütszustand wieder einigermaßen stabil zu kriegen. Ich sah zu, wie draußen die fünf immer noch diskutierend, aber immerhin alle gemeinsam, als intakte Gruppe sozusagen, davontrotteten. Und plötzlich fiel sie mir in die Arme, ja, das Mädchen, diese Nadja. Sie schmiegte sich an meinen Hals, fuhrwerkte mit den Händen in meinen Haaren herum, daß ich hinterher völlig zerzaust aussah, wahrscheinlich ungefähr so wie jetzt. Und schließlich nahm sie meinen Kopf, hielt ihn fest, sah mir noch einmal kurz in die Augen, und dann. Küßte sie mich.

Ich meine, es war kein flüchtiger Kuß, das. Verstehst du. Nicht daß sie mir die Zunge in den Mund gesteckt hätte, aber. Egal. Gleich darauf lief sie jedenfalls davon.

Jetzt kennst du also die ganze Story, jetzt hast du alles gehört, was es, soweit ich das beurteilen kann, darüber zu erzählen gibt, jetzt begreifst du vielleicht auch meine geschwätzige Ausführlichkeit in den vergangenen zwei Tagen.

Zum Glück hatte ich am folgenden Freitag ohnehin nur vier Stunden, allesamt Unterstufe, fünfte, sechste Klasse. Ich bin danach viel spazierengegangen, auch gestern, auch heute, habe meinen Baumstumpf von neulich noch einmal aufgesucht. Es hat alles nichts geholfen. Ich konnte die letzten Nächte so gut wie gar nicht schlafen. Trotz Alkohol, trotz Tabletten. Und jetzt bin ich eindeutig am Krankwerden, jetzt ist es drei, jetzt muß ich endlich, endlich ins Bett. Luzie, morgen Luzie-Tag.

GROSSE FERIEN
1998

1 Dich gibt es nicht.

Ich habe den Satz oft gedacht in den letzten Wochen, er hat mich jedesmal beruhigt. Es gibt dich nicht, also bin ich auch nicht angewiesen auf dich. Ich brauche dich nicht, wie sollte ich brauchen können, was nicht existiert. Da ist kein Gegenüber.

Der Schein trügt.

Ich spreche auch jetzt nicht mir dir. Da du unfähig bist, mir Rede und Antwort zu stehen, gehe ich hiermit dazu über, dir alles unter die Nase, den enormen Zinken, zu reiben, was kultivierte Menschen einfach besprechen würden miteinander.

Ich konfrontiere dich.

Mit dir selber, mit deiner Unfähigkeit zum Beispiel. Ich sage es dir mitten ins Gesicht. Du hast nicht die leiseste Ahnung, was es heißt, ein Gespräch, eine Auseinandersetzung zu führen. Du kannst weder zuhören noch auf irgend etwas eingehen. Alles, was dich interessiert, bist du selbst. Dein Publikum kümmert dich in Wahrheit einen Scheißdreck. Es als Rohstoff zu betrachten, ist die einzige Art von Beziehung zu ihm, die du kennst.

Du bist dumm.

Ob du dir ein Stück vom Leben der Leute einverleibst oder glaubst, ihrem Leben ein Stück von dir hinzuzufügen, ist einerlei. Du schneidest an einer Stelle etwas heraus, du pflanzt, was du herausgeschnitten hast, an anderer Stelle wieder ein. Es ist ein einziges, gigantisches Transplantationsgeschäft, das du betreibst. Und wir, egal, ob wir genötigt sind, dir von draußen beim Zerstückeln und neu Zusammensetzen zuzusehen, oder ob wir drinnen im Studio mitmachen müssen, uns brav hinlegen auf deine Operationstische, unter deine Operationslampen. Wir laufen alle als kleine, jämmerlich hinkende, Glied um Glied, Organ um Organ, Muskel um Muskel von dir zusammengebastelte Ungeheuer herum. Getriebene, unberechenbare Monster, unberechenbar für sich wie für andere, getrieben von Begierden, die uns selbst reichlich dunkel sind, über die wir uns keinerlei Rechenschaft ablegen können.

Aber du bist auch sehr schlau.

Obwohl es fast niemanden mehr gibt, dem sein Zustand nicht im Grunde völlig bewußt wäre. Kaum haben wir den Gedanken gedacht, kaum begegnest du uns wieder, trittst uns entgegen, an irgendeiner Straßenecke, in irgendeinem Gebäude, auf irgendeinem Bildschirm, haben wir ihn auch bereits vergessen. Ah, mir ist längst klar, wie du das machst.

Du tust so, als gäbe es dich.

Gaukelst uns vor, du wärst einer von uns, wiederholst einfach, was wir denken. Sagst, ist es nicht schrecklich, daß wir alle längst als Zombies durch die Welt torkeln, sagst, sehen Sie, auch ich weiß Bescheid, mir geht es nämlich genau wie Ihnen. Und schon sind wir wieder ganz Ohr. Dein Ohr. Oder besser gesagt eins, das du uns gerade abschneidest. Nein, man darf dir deine Sympathie für unser Leben, unsere Sorgen, Ängste und Schwierigkeiten nicht abnehmen. Und man darf vor allem nicht glauben, du würdest wirklich zu uns sprechen. Es ist grotesk, einfältig. Ja, es ist gefährlich.

Ich lasse dich nicht mehr zu Wort kommen.

Habe ich doch schließlich erlebt, was es heißt, sich der Erwartung auszuliefern, es ließe sich auch nur das Geringste von dir erfahren darüber, was hinter den angeblichen Dingen liegt. Hinter deinen Geschichten, diesen Fakten und Floskeln. Etwas anderes als das, mehr. Diese Zerrüttungsphase, mein Kollaps und meine Krankheit danach werden mir eine Lehre sein. Nach jener Woche, jenem Wochenende, jenem Sonntag, als ich Luzie wieder bei ihrer Mutter, in ihrem, ha, Elternhaus, abgeliefert hatte, bin ich nämlich zusammengebrochen, das sollst du ruhig wissen. Zwölf Tage im Bett, vollgepumpt mit Sedativa. Mein Hausarzt wollte mir sogar eine Kur verordnen. Doch ich will keine Kur, ich brauche keine. Der Fehler liegt anderswo, hier oben, im Kopf. In der Verarbeitung, wenn du so willst.

Ich kontrolliere dich.

Ab morgen wird das in Angriff genommen. Oder übermorgen. Nicht mehr, um dich auszufragen, sondern um mich zu desillusionieren, um mir Klarheit zu verschaffen, um das Material zu sichten. Denn von jetzt an lege ich dich auf die Couch, jetzt spiele ich mal den Doktor. Deinen Psychiater. Jetzt bin ich ausgeglichen genug dazu. Meine völlige Abstinenz von dir in den vergangenen zwei Monaten hat mir dabei geholfen. Auch daß ich auf diese Weise, nämlich indem ich kurzerhand umgekippt bin, der Schule entkam, hat sich als ausgesprochen heilsam erwiesen. Die letzten Schultage, die Abschlußveranstaltungen und Feiern habe ich ja nur noch am Rande miterlebt. Inzwischen ist die erste Hälfte der Schulferien vorbei, ich jogge wieder, auch wenn mir noch gelegentlich schwindlig wird, lese sogar, trotz der blinden schwarzen Flecken, die mir immer noch vor den Augen tanzen, ordne den angesammelten Stoff. Und seit gestern ist Luzie bei mir. Wir werden die verbleibenden drei Wochen gemeinsam verbringen, wie sich das mittlerweile für die Sommerferien eingebürgert hat. Mit Schwimmbad, Kino, Brettspielen, kleinen Landpartien. Auch das wird dazu beitragen, daß ich mir diese kalte Distanz zu dir bewahren kann.

Denn trotz allem bist du nicht wegzudiskutieren.

Denn natürlich wirst du immer weiter in mein Leben hineindrängen, wie du in jedes Leben hineindrängst. Denn auch wenn kein Mensch mit dir reden, wirklich auf dem Umweg über dich etwas herausfinden kann, weder über sich noch über die Welt, noch über dich. Auch wenn du nach allen Gesetzen der Logik, allen Regeln der Vernunft gar nicht existierst, übst du deinen seltsamen Einfluß auf uns aus, zwingst uns dazu, uns mit dir zu beschäftigen, uns an dir zu reiben. Du bist nichts und hast das Monopol auf alles.

Es gibt dich, obwohl es dich nicht gibt.

Meine Einsamkeit jedenfalls wirst du nicht mehr ausnützen. Das werde ich schon verhindern.

2 Es ist nicht mehr so wie früher, ich meine, die Stimmung zwischen uns. Tochter und Vater, das Verhältnis ist einfach nicht mehr so innig. Ehrlich gesagt, Luzie geht mir die meiste Zeit wahnsinnig auf die Nerven.

Sie ist unglaublich dürr geworden. Gut, sie hat mindestens einen halben Kopf zugelegt im vergangenen Jahr, aber nun fängt sie mit diesem Essenszirkus an. Dies mag sie nicht und das ist zu fett, und dann mampft sie zwei Tafeln Schokolade auf einmal in sich rein. Danach hängt sie auf dem Sofa, sieht sich jeden Scheiß im Fernsehen an, während draußen das schönste Wetter ist. Komm, sag ich, in einer halben Stunde bin ich mit dem Haushalt fertig, dann gehen wir schwimmen. Luzie glotzt weiter auf den Bildschirm, wo so Zeichentrickfilme laufen, Schnitte in irrwitziger Geschwindigkeit, ein einziger grellbunter Flash. Sie würdigt mich keines Blicks, keines einzigen Worts. Oder wir bummeln durch die Fußgängerzone, essen ein großes Eis bei diesem Spitzenitaliener, du weißt schon. Keine Reaktion, und ich tapse in die Küche zurück. Mir ist schlecht, mault sie mir weinerlich hinterher.

Zwölf Jahre wird Luzie demnächst. Das ist natürlich ein schwieriges Alter. Sie ist ja eine Spätentwicklerin. Ihre Brüste, das sind jetzt zwei so winzige Erhebungen, die wirken eher, als wären die Drüsen entzündet und leicht angeschwollen. Wenn ich da vergleichsweise an Mädchen an meiner Schule denke, im selben Alter.

Vielleicht ist das ja auch ein Problem für sie. Ich habe keine Vorstellung davon, wie das ist, beim weiblichen Geschlecht. Stelle mir nur vor, daß sie unter anderem genau das ganz schön unter Druck setzen könnte. Für mich als

Jungen jedenfalls waren in dieser Entwicklungsphase die Turnstunden das Allerschlimmste, diese Minuten vorher und nachher, im Umkleideraum. Einerseits der Anblick all der männlichen behaarten Genitalien meiner Mitschüler, andererseits die ungeheure Scham und die panische Angst, mein Kinderpimmel könnte von den anderen entdeckt werden. Ich versteckte ihn selbstverständlich so gut wie nur irgend möglich, und wahrscheinlich ging es nicht nur mir so. Bloß von einem dicken, von allen gemiedenen Knaben, der immer irgendwie unangenehm nach Himbeeren roch, war der kümmerliche Zustand in seiner Hose allgemein bekannt. Der genierte sich auch nicht. Und natürlich, alle anderen, mich eingeschlossen, machten sich darüber lustig.

Mädchen sind da bestimmt ganz anders. Oder auch nicht. Was Luzie betrifft, sie trägt seit neuestem Büstenhalter, wenn sie die Wohnung verläßt, allein ins Kino oder zum Shoppen bei H & M geht. Ich erinnere mich, ich versuchte seinerzeit auch einen neuen Gang, eine andere Körperhaltung, oh je. Ein wenig o-beinig, der Kopf, die Schultern hingen leicht vornüber, runder Rücken, die Hände in den Parka-Taschen. Doch immer auf der Hut, daß das Ganze nicht zu kraß, zu affig ausfiel. Es war furchtbar anstrengend.

Und meine kleine Tochter legt eben nun auch damit los. Das endlose Getue mit den Haaren, die bunten Strähnchen, die eingeflochtenen Zöpfchen, bei denen ich ihr assistieren muß. Dann das Schminken. Rouge, Lidschatten, Lippenstift sowieso, ihr Hantieren mit dieser gefährlich aussehenden Wimpernzange. Die Fingernägel. Sie hat sich so Plastikdinger gekauft, die sie sich auf ihre ramponierten echten Nägel klebt und zum Beispiel hellblau lackiert oder schwarz, richtige Krallen. Wenn sie mir danach mit gespreizten, fächelnden Fingern gegenübersitzt. Was für eine Prozedur. Um den Hals hat sie dieses enganliegende, vielfach durchbrochene blauschwarze Kettenband, das ein Tattoo imitieren soll und das momentan ganz viele tragen, sogar schon die Achtjährigen. Schließlich natürlich die Klamotten. Die Schuhe, Stiefel, Sandalen mit den superklobigen Plateaus, die hautengen braunen und beigen Viskosehosen, diese Tops, die oberhalb des Nabels enden. Dorthin möchte sie sich jetzt auch noch einen Ring piercen lassen.

Klar, es gehört zum sogenannten Ablösungsprozeß dazu, daß die Eltern vom Outfit, der jäh veränderten, abweisenden Art ihrer pubertierenden Kinder zurückgestoßen werden, daß sie ein bißchen schockiert sind. Aber verdammt, das Mädchen ist noch keine zwölf. Und ich kann mir nicht helfen, ich finde, sie sieht aus, bewegt sich, redet wie eine Babynutte.

Ja, es ist schwierig. Noch vor einem Jahr, in den letzten Sommerferien, gab es immer wieder diese seligen Momente zwischen uns. Gemeinsam auf dem Sofa unter der Decke liegen, eng aneinander gekuschelt, die Großpakkung Erdnußflips auf dem Bauch, und zum zwanzigsten Mal »Ronja Räubertochter« anschauen, unvermeidlich, daß sie die jedesmal mitnahm aus der Videothek. Pferde-Riesenpuzzles bauen. Das Glück des Halmaspiels. Letzten Sommer habe ich ihr sogar Schach beigebracht. Es funktioniert alles nicht mehr so recht.

Wenn wir unterwegs sind und treffen auf eine Gruppe gleichaltriger Mädchen, die zusammenglucken und alle so ähnlich aufgetakelt sind wie Luzie, ich glaube, in solchen Augenblicken schämt sie sich meinetwegen. Mein Wanst, das kleine Doppelkinn. Ich ziehe eh schon automatisch den Bauch ein, strecke den Hals durch. Hinterher, im Auto, in der U-Bahn, daheim, spricht sie nicht mit mir, mault mir höchstens mal einen Halbsatz hin, findet alles blöd. Ich bin sicher, ist dieses Stadium erreicht, widert sie meine ganze Lebensweise an, alles, was mit mir zusammenhängt. Sie wünscht sich dann einen Vater, der viel Geld hat, der gut aussieht, der in den Ferien mit ihr in die Südsee fliegt undsoweiter. Jedenfalls keinen langweiligen doofen unsportlichen Deutschlehrer mit tausend Büchern. Nach einigen Stunden gibt sich das freilich wieder.

Aber ich denke immer öfter, was sie anekelt an mir, ist nur das verzerrte Spiegelbild ihres eigenen Zustands. Sie spürt genau, mein Leben ist nicht viel anders als das ihre, kaum ist sie draußen aus meiner Tür. Allein hänge ich im Grunde ja auch bloß auf dem Sofa rum, sehe mir jeden Scheiß im Fernsehen an, während draußen das schönste Wetter ist.

3 Wer weiß, warum ich ausgerechnet heute die Mappe mit den Berichten über den rapiden Anstieg von Mädchengewalt hervorgekramt habe. Komischerweise kam ich auf die Idee, als ich vorhin dasaß und darüber nachdachte, was Petra mir vor ein paar Wochen am Telefon erzählt hat. Das nämlich hatte damit gar nichts zu tun, das heißt, es ging dabei eigentlich genau ums Gegenteil.

Sie schilderte mir den Fall eines Vaters, der einen fremden elfjährigen Jungen krankenhausreif geprügelt hatte. Der ging früher zufällig in die Klasse von Luzie, zu Grundschulzeiten, und die Story sorgte natürlich für helle Aufregung am Ort. Petras Stimme hatte sehr beunruhigt geklungen, fast panisch.

Da setzt ein Junge andere Kinder, darunter den Sohn dieses Mannes, so lange unter Druck, bis er sie total kontrolliert. Erpreßt, peinigt, demütigt sie ohne Unterlaß, hat einen Stab von Schergen um sich herum aufgebaut, der ihm absolut hörig ist. Und die schikanieren nach seiner Order dann die Opfer, vermeiden es allerdings geschickt, sie richtig, also nachweisbar zu verletzen. Die Opfer werden erniedrigt, auch geschlagen, nicht brutal, aber ständig, oft mehrmals täglich. Selbstverständlich müssen sie ihr Taschengeld abtreten, aber das ist noch nicht der Punkt. Er läßt ihnen nämlich nur die Wahl, sich entweder seinem Oberkommando zu unterwerfen und selbst Teil seines Terrortrupps oder eben immer weiter drangsaliert zu werden. Das Geld wird mehr als eine Art Mitgliedsbeitrag betrachtet.

Auch wenn diese Gang sich vorwiegend aus Hauptschülern zusammensetzt und nur gelegentlich Gymnasiasten angreift, mit denen sie die Bushaltestelle teilen. Luzie weiß darüber, wie übrigens alle Kinder, seit langem genauestens Bescheid. Von ihr hat Petra auch die Details. Luzie hat nur deshalb nie darüber gesprochen, weil es unter den Schülern als ganz normal angesehen wird. Die Buben sind doch alle so, so Luzie wörtlich, laut Petra. Außerdem lassen sie Mädchen grundsätzlich in Ruhe. Mädels sind Dreck, an denen macht man sich nicht die Hände schmutzig, sagt der Junge immer wieder, von daher kümmert sie, das muß man sich mal vorstellen, die ganze Sache auch nicht weiter.

Nur ein Junge widersetzt sich hartnäckig den Befehlen dieses Anführers. Zwar gibt auch er brav sein Geld ab, daran führt anscheinend kein Weg vorbei, darüber hinaus jedoch gehorcht er nicht ordentlich. Er weigert sich beim Quälen von anderen Schülern mitzumachen. Klar also, daß er selber weitergequält wird. Irgendwann ist er dermaßen mit den Nerven runter, daß er beim Mittagessen plötzlich in Tränen ausbricht, einen Heulkrampf kriegt. Natürlich ist es bei strengster Strafe verboten zu petzen, zu Hause sowieso. Aber der Bub rückt trotzdem mit der Sprache raus, sein Vater wird aktiv. Geht zum Direktor, benachrichtigt den Elternbeirat, und die versuchen auch alle was zu unternehmen. Die Pausenaufsicht wird verstärkt, die Bande vor der ganzen Schule abgemahnt, manche Eltern drohen, bestrafen, man denkt an Anzeige, läßt den Vorschlag wieder fallen undsoweiter. Aber der Kerl ist so superfrech, obendrein so superschlau, der hat sogar die eigene Mutter am Wickel. Mit seinem nach wie vor treu ergebenen Trupp lauert er dem Verräter, wie sie den Jungen jetzt nennen, einfach weiter auf, doch so, daß ihm nie etwas zu beweisen ist. Dann übt er Rache, läßt dem Vater über den Sohn ausrichten, daß demnächst auch er dran ist. Sag ihm, daß ich ihn absteche, im eigenen Haus. Und deine Mami ficken wir mit dem Baseballschläger. Er klingelt abends an der Haustür, plärrt obszönes Zeug in die Sprechanlage, undsofort. Und seine Mutter, eine Steuerberaterin, gibt ihm jedesmal ein Alibi, wenn der bedrohte Vater bei ihr anruft. Die Familie ist am Durchdrehen. Und endlich lauert der Mann seinerseits diesem Elfjährigen auf und schlägt ihn halb tot.

Das alles ist freilich nichts wirklich Neues für mich. Doch wenn Petra mir das erzählt, tut sie es natürlich in erster Linie aus Sorge um Luzie. Zugleich ist es, als machte sie mir Vorwürfe. In meiner Eigenschaft als Lehrer, der seinen Erziehungsauftrag nicht wahrnimmt. Als wollte sie sagen, daß im Grunde Leute wie ich Schuld seien an solchen Auswüchsen.

Und bis zu einem gewissen Grad trifft mich ihr Anklageton auch. Stimmt, ich werde meiner Verantwortung nicht gerecht. Ich würde gerne, aber ich kann nicht. Einerseits. Andererseits macht sich im selben Moment Gleichgültigkeit breit in mir. Leckt mich am Arsch, rutscht mir doch alle den Buckel runter, denke ich dann, erst recht Petra gegenüber, quasi heimlich ins Telefon hinein. Sie war schließlich selber mal für kurze Zeit Lehrerin, Kunstlehrerin, so haben wir uns ja kennengelernt. Sie hat ihren Job gehaßt, ist total unter die Räder gekommen, auf ganz andere, sozusagen umgekehrte Art als Herta Hammerstein. Hat bald resigniert aufgegeben. War froh, als sie Luzies Geburt nutzen konnte, um endgültig auszusteigen aus ihrem Beruf. Sie müßte es besser wissen. Inzwischen arbeitet sie als Lehrkraft in dieser »Schule der Phantasie«.

»Wird doch Zeit, daß sich die jungen Frauen verteidigen und angreifen, statt immer nur sich selbst zu vernichten.«

Ich glaube, es war dieser Satz in einem der Artikel, der mir wieder einfiel und mich auf die Idee brachte, in der

Mappe zu blättern. Auch wenn, oder vielleicht gerade weil Mädchen in dem geschilderten Vorfall gar nicht auftauchen.

»Folter durch Mädchenhand«, ein neues Phänomen, heißt es, »quer durch alle Schichten«. »Irrationale Grausamkeit, die in keinem Verhältnis zum Anlaß steht«.

Man bekommt ja auch Angst vor der eigenen Tochter nach solchen Geschichten, wenn sie dahockt, mit diesem völlig unzugänglichen Gesichtsausdruck in die Röhre starrt, und man sich nicht wirklich vorstellen kann, was in ihr vorgeht.

4   Wer nicht genau hinsieht, wird es für Ratlosigkeit
    halten. Vielleicht für nicht ganz so ratlos, wie man
selbst ist, weil du hast ja immer diese Experten um dich
herum, von denen wirst du über die Jahre doch was gelernt haben, denkt man, da gehst du doch von vornherein
ganz anders ran an die Themen, kannst zumindest die
richtigen Fragen stellen.

Heute geht es mal wieder um die sogenannten Schmud-
del-Talkshows am Nachmittag. »Meine Freundin schläft
mit meinem besten Freund«, »Er schlägt mich, aber ich
liebe ihn«, et cetera, um Schund und Gewalt in den Medien überhaupt, um die Frage, ob das nicht schädlich ist
für junge Menschen und wie wir unsere Kinder davor
schützen können.

Wie sorgenvoll ernst dabei immer deine schönen
Mundwinkel nach unten gezogen sind, wie entschlossen
du deinen adretten Oberkörper nach vorne wirfst, deinem
jeweiligen Gesprächspartner entgegen. Es ist eine illustre
Runde, die du dir da zusammengestellt hast. Ein hochran-
giger Fernseh-Verantwortlicher, ein sehr angesehener In-
tellektueller, eine berühmte Mutter, eine Promi-Frau, die
sich energisch für Kinder in Not einsetzt, der Justizmini-
ster. Und du, in welcher Eigenschaft bist eigentlich du anwesend? Als unser aller Stellvertreter und Anwalt? Meine
Damen und Herren, wir wissen nicht, was das alles genau
zu bedeuten hat, wie schlimm es wirklich ist, wie wir damit umgehen sollen, wir haben nur irgendwie Angst, fühlen uns von irgend etwas bedroht, bitte helfen, beruhigen
Sie uns. Ist das wirklich die Rolle, die du dir vorgenommen hast uns vorzuspielen?

Nein, natürlich nicht. Das ist auch nicht deine Aufgabe, Theater. Du bist nur dafür verantwortlich, daß die Diskussion nicht abreißt, daß sie ausgewogen bleibt, daß die Bälle, die du deinen Mitspielern zuwirfst, aufgefangen werden, daß sie zurückkommen, weiterfliegen. Und deine konzentrierte Miene zeigt bloß an, wie sehr du dich der Sache annimmst, ich meine, nicht direkt des Themas, sondern mehr deines Jobs, ich meine, dieses Themas als deines Jobs für heute annimmst.

In der Tat, man könnte glatt vergessen, daß es hier eigentlich um dich geht, daß du selbst das Problem bist. Und deine lieben Gäste haben es auch vergessen, ich bin sicher, man sieht das. Sie reden mit dir über dich, aber so, als wärst du jemand anders, jedenfalls irgendwer oder irgendwas, das nicht anwesend ist in diesem Raum, deinem Studio.

Jetzt zum Beispiel sagt der Sender-Chef gerade, und passend dazu blendest du unten am Bildrand die Zeile »Vater einer dreijährigen Tochter« ein, daß wir nicht übersehen dürfen, daß der freie Wettbewerb immerhin zu einer Demokratisierung der Medienlandschaft geführt hat und daß andererseits ja wohl kein Mensch daran interessiert sein kann, diese, er wiederholt das Wort tatsächlich, Demokratisierung aufs Spiel zu setzen. Und diese Mutter erwidert, daß Eltern schließlich auch eine Verantwortung hätten und daß sie jetzt schon mal auf den Egoismus der Leute hinweisen muß, also nur weil beide Elternteile Karriere machen, noch mehr Geld verdienen wollen, vernachlässigen sie ihre Familie, werden so viele Ehen geschieden, und die Opfer sind immer die Kinder. Und dafür bekommt sie nun viel Applaus vom Saalpublikum.

Vorhin beim Abendessen sind Luzie und ich ganz schön aneinandergeraten. Ich habe gar nichts dagegen, nebenher ausnahmsweise die Glotze laufenzulassen. Sie wollte wieder Kinderkanal schauen, machen wir ja öfter mal, aber heute hat es extrem genervt. Sie ist den ganzen Tag über schon so ekelhaft gewesen. Launisch, gelangweilt. Daß mit mir nichts anzufangen ist, daß ich stinke. Als sie mich Arschloch nannte, habe ich zurückgebrüllt. Daß sie so nicht mit mir reden kann, habe ich geschrien. Und dann dieser Scheißkasten beim Essen, dieses Peng und Hilfe und Aahh. Und die hektische, aufgedrehte Musik. Ich habe das Ding einfach ausgemacht, kommentarlos. Und Luzie ist kurz darauf in ihr Zimmer. Hat abgesperrt. Sie ist immer noch wach. Klar.

Klar habe ich ein schlechtes Gewissen. Abschalten, denke ich immer, klar, abschalten. Wenn ich nur wüßte, wie.

5 Luzie hat die alten Fotoalben mitgebracht. Sie möchte gerne wissen, wann die eine oder andere Aufnahme gemacht wurde, unter welchen Umständen genau sie entstanden ist, undsoweiter, Einzelheiten, wie sie sagt, die Mama einfach nicht mehr weiß. Und jetzt sitze ich also da, mitten in der Nacht, mit meinem fünften Bier, und blättere, versuche mich zu präparieren für ihre Fragestunden. Zwar haben die Flecken vor den Augen wieder zugenommen und im Moment scheinen sie, offenbar unter dem Einfluß des Alkohols, sogar zusammenwachsen zu wollen zu einer einzigen schwarzen Fläche. Aber keine Angst, für das hier sehe ich immer noch genug.

Kannst du dir eigentlich vorstellen, wie das ist, was eine Scheidung bedeutet, wenn ein Kind da ist?

Mein Gott, ich habe diese Frau geliebt. Ich war glücklich, verstehst du, natürlich war es oft schwierig, aber ich kann es nicht anders formulieren, ich war trotzdem glücklich. Ich vermute mal, wir waren es beide, wollten gemeinsam alt werden, und grau und gebrechlich, ah, ich habe es mir damals oft ausgemalt, fest daran geglaubt, daß es so kommen wird. Hier, das Hochzeitsfoto, wie schön sie ist, wie sie lacht, ich hatte das ganz vergessen. Daß sie so lachen konnte. Das war vor dem Eingang des Standesamts, es ist nicht mehr zu erkennen, das Gebäude haben sie inzwischen umgebaut, auf alt getrimmt. Herbert hat es geschossen. Der kurze Berti, Mensch. Der war Trauzeuge, ein Schulfreund von Petra. Wie viele Jahre ist es her, daß ich den zum letzten Mal gesehen habe.

Ich bin sentimental, ich weiß. Ich bin betrunken. Diese Fotos und nebenbei Game-Show gucken, eines von deinen Gewinnspielen für junge Liebespaare. Eine tödliche Kombination. Wie die sich um den Hals gefallen sind vorhin, als sie gewonnen haben, schrecklich, ich dachte, ist es nicht schrecklich, ich habe sogar heulen müssen, na und.

Alles ist falsch. Jeder Satz, den ich jetzt denke, jedes bescheuerte Gefühl, das ich habe, ich bin mir darüber vollkommen im klaren. Morgen werde ich mich schämen dafür. Will es aber trotzdem fühlen, will, daß du es mitbekommst. Hier hast du's also, es ist alles falsch, und darum ist es erst recht die Wahrheit. Als könnte ich mich auf diese Weise an dir rächen, verrückt.

Ist ja immer alles falsch gewesen, was, kann doch gar nicht anders sein, als daß immer alles falsch gewesen ist, oder, haben uns von vornherein, die ganze Zeit über in die Tasche gelogen, hab ich nicht recht. Hier, das ist in der Küche, in unserer ersten Wohnung. Petra schon schwanger, man sieht es noch nicht, kannst es allenfalls an den etwas dickeren Backen ablesen, dritter Monat vielleicht. Wie jung wir da noch sind, irre, wie eigenartig mein Mund offensteht, die Lippen wie bei einem Karpfen. Wahrscheinlich halte ihr wieder einmal einen meiner erziehungstheoretischen Vorträge. Und sie hört zu, da, das Kinn auf den Handrücken gestützt, zu dieser Zeit trug sie noch Ohrringe. Oder sie hört schon nicht mehr zu. Ihr Blick halb verhangen, auf eine Art nach innen oder wer weiß wohin gekehrt, seltsam. Keine Ahnung, wer das Foto gemacht hat, irgend jemand von unseren Freunden, die wir seinerzeit ja noch hatten, die uns regelmäßig besuchen kamen.

Wie lange das gut gegangen ist, circa drei Jahre würde ich sagen, nach Luzies Geburt nicht ganz die ersten drei Jahre. Es war natürlich superanstrengend, immer das Kind, keine Nacht durchschlafen undsoweiter, Sex, ich weiß nicht, Sex war einfach kein Thema, wann hätten wir den denn auch haben sollen, wo, am Klo, wie, im Stehen zwischen Waschbecken und Boiler, warum. Ich meine, war ja gar nicht dran zu denken, hatten wir doch gar keinen Nerv für, keine scheiß Kraft zu. Das schreiende Kind. Luzie hat unglaublich viel geschrien. Dann ihr Pseudokrupp. Die Stoffwindeln überall. Und die Arbeit schließlich, Referendarszeit, der Druck.

Petra hat es anfangs aber richtig genossen. Ihre neue Rolle, Mutter sein, natürlich, mit anderen Müttern zusammensitzen, bei Kräutertee und Möhrenkuchen, die ganze Wohnung voll mit quäkenden Säuglingen, brabbelnden Kleinkindern. Und ich korrigiere im Nebenzimmer. Hier siehst du sie über das Baby gebeugt, ganz Hinwendung, Selbstaufgabe, das Foto habe ich selber geknipst. Was ich nur ausdrücken will, ich habe das absolut verstanden. Wieso hätte sie sich für meine Arbeit interessieren sollen, Schule, die ewigen Lehrerprobleme, dieses Hamsterrad, aus dem sie gerade eben selbst rausgesprungen war, wie sie sich später diesbezüglich immer wieder äußerte, beim Eheberater zum Beispiel.

Irgendwann begann uns die Decke auf den Kopf zu fallen, klar, unausbleiblich. Alles zu eng, wir klebten aufeinander, hatten abgesehen von Luzie kein gemeinsames Thema mehr. Verdammt, wir saßen uns gegenüber, hatten uns einfach nichts zu sagen. Uns war beiden bewußt, daß wir dringend was unternehmen mußten, dringend. Entschlossen uns also zu dieser Riesenparty, mit Freunden von früher, den neuen Elternbekanntschaften undsoweiter. Ein immenser Haufen Leute, und das alles in dieser Dreizimmerwohnung, davon stammt die Serie hier, wahnsinnig chaotisch, kann man ja sehen, die Kleine zum ersten Mal über Nacht allein bei der Oma.

Der da. Björn heißt er, wenn ich mich recht entsinne, gespenstisch jung. Mit dem hat sie rumgeknutscht. Direkt vor meinen Augen, sie war unglaublich besoffen. Und dann rief ihre Mutter an. Gegen zwei. Daß Luzie plärrt wie am Spieß, sie sich nicht mehr zu helfen weiß. Luzie erbrach sich am laufenden Band, das war so ihre hysterische Art in dem Alter. Klar fuhren wir hin. Schweigend. Ich am Steuer. Und Petra blieb da, während ich daheim die letzten Gäste verscheuchte, im Anschluß daran auch gleich den gröbsten Dreck beseitigte.

Kann man sagen, es war der Anfang vom Ende? Obwohl sie noch fünf Jahre hielt, unsere Ehe. Und in der Zeit danach gab es durchaus schöne Phasen. Aber irgendwas ist in dieser Nacht endgültig zerbrochen. Wir haben's echt versucht, aber wir haben nie herausgefunden, was genau das eigentlich war. Wir haben es natürlich auch längst aufgegeben.

Prost!

6 Ob sie damit wohl schon Erfahrungen hat? Schmusen? Fummeln? Zungenkuß?

Heute haben wir immerhin mal einen einigermaßen gelungenen Tag hingekriegt. Nein, er war sogar richtig schön. Sind im Chinesischen Staatszirkus gewesen, haben Zuckerwatte gegessen und große Becher Cola getrunken, und Luzie war wieder ganz mein kleines Mädchen. Hin und weg ist sie gewesen von dem, was diese Akrobaten mit ihren schmalen kleinen Körpern so alles getrieben haben, ihre Verrenkungen und Verbiegungen, diese unglaubliche Kraft. Dann hockten wir zu Hause auf dem Sofa, aßen unsere McDonald's-Menüs, und sie schwärmte. Probierte später Turnübungen auf dem freigeräumten Wohnzimmerteppich, Spagat, Brücke, und ich präsentierte meinen obligatorischen Kopfstand. Noch später las ich ihr aus »Rasmus und der Landstreicher« vor, unserem alten Lieblingsbuch. Eine Reminiszenz, gar keine Frage, doch circa zwei Stunden lang herrschte der pure Frieden. Nun liegt sie da, hat den Kopf auf meinem Schoß, ist eingeschlafen.

Ihre Züge, so entspannt, sie befinden sich tatsächlich exakt an der Schwelle. Ein Vexierbild, je nachdem ich sie betrachte. Kind oder junge Frau.

Mehr Kind als Frau, freilich. Auf dem Rückweg vom Zirkus, in der S-Bahn, saßen uns Jugendliche gegenüber. Sie waren nur vielleicht zwei, drei Jahre älter als Luzie, zwei Jungs, zwei Mädchen, Realschule, tippe ich mal, und wir hatten sowieso unsere Zuschauerhaltung noch nicht abgelegt. Also guckten wir stumm.

Zu viert auf dieser engen Bank, ideale Voraussetzungen

zum Flirten. Was mir sofort auffiel, was mir bis dahin merkwürdiger Weise nie wirklich aufgefallen war. Der Unterschied im Styling, nämlich in Sachen Extravaganz, nämlich daß genaugenommen die Knaben wesentlich aufgedonnerter waren als die von ihnen umworbenen Bräute. Die waren zwar geschminkt, Nägel, Klamotten undsoweiter, alles in allem ziemlich ähnlich wie Luzie, aber nichts im Vergleich zu diesen balzenden Gockeln. Unglaublich aufwendige Frisuren, die müssen täglich ja Ewigkeiten vor dem Spiegel verbringen, dachte ich prompt. Und ihre Jakken, die T-Shirts, Schuhe, also so was von tipptopp, richtiggehend poliert das Ganze, als kämen sie direkt aus einem Hochglanzfoto herausgestolpert. Natürlich zählte auch das zu ihrem Part jetzt, die eigentliche Anmache abzuziehen, und die Mädels räkelten sich bloß, lachten schrill auf, flüsterten gelegentlich miteinander, wurden dann für Minuten ganz ernst.

Wie es auf mich wirkte? Amüsant, teilweise auch lächerlich. Andererseits sehr vertraut. Ich hatte jedesmal den Eindruck, die Gesten, die Art, wie sie ihre Witze machten, schon zu kennen. Mir fielen zum Beispiel spontan deine Mini-Playback-Shows ein, kleine Kinder imitieren große Stars, und mitunter meinte ich die eine oder andere Körperbewegung, diese oder jene Grimasse sogar zuordnen zu können. Einmal eine Spur Harald Schmidt oder Ingolf Lück oder Stefan Raab, hier vielleicht eine Simpsons- oder Wickie- oder Obelix-Miene, dort das stereotype Gezappel irgendeines MTV- oder Viva-Moderators.

Natürlich, das ist schon immer so gewesen, davon ist auch gar nicht die Rede. Zumindest war es zu meiner Zeit nicht viel anders, in der Pubertät ist ja alles, was als cool gilt, reinste Nachahmung, und ich fühlte mich einen Moment lang einfach nur steinalt.

Was mich aber zwang, immer weiter hinzuschauen, was mich regelrecht hypnotisierte. Je mehr der eine Knabe in Fahrt kam, desto deutlicher wies die ganze Aktion Züge eines Zeichentrickfilms auf. Im Ernst, das Rucken seines Oberkörpers, des Kopfs, ein sehr schnelles, sehr übertriebenes Hochziehen der Augenbrauen, während er zugleich, so weit er konnte, Augen und Mund aufriß. Es wirkte tatsächlich fast wie eine Animation auf mich, was ich sah, verwandelte sich in eine bunte, wirbelnde Fläche. Wovon er redete? Er sagte so gut wie nichts. Wörter spielten kaum eine Rolle bei diesen Einlagen, ey, echt kraß, voll, yupp, die Sprechblasen garnierten die Nummer nur. Dann aber, völlig überraschend, dieses absolut exaltierte Gelächter, wie über einen umwerfenden Witz, dazu schlug er sich wie toll auf die Schenkel. Um schließlich, nach einer ausgedehnten Einstellung mit ausgesucht doofem Grinsen, noch ein wahrlich merkwürdiges Halsrukken zum besten zu geben. Dazu zippelte er an den aufgestellten Kragenspitzen seiner Outdoor-Jacke, wedelte mit den Ellbogen. Die Mädels, wir alle mußten furchtbar lachen. Selbstverständlich auch Luzie. Sie strahlte den Jungen an, als er zum Aussteigen aufstand, und der Junge strahlte zurück.

Derzeit liegen hier ja überall in der Wohnung so Jugendmagazine herum. Und klar, wo du sie auch aufblätterst, es glotzen dich immer die gleichen Grimassen und Posen an. Dieser Ricky da, genau so sah der Junge in der S-Bahn aus, derselbe schlitzohrige Gesichtsausdruck. An sich schon irre, die ziehen sich das ständig rein, und irgendwann sind sie's dann, ich meine, am Ende ist es tatsächlich völlig ihr Ding.

Der Kerl hat Luzie jedenfalls schwer beeindruckt, das war ihr eindeutig anzumerken, meiner kleinen Tochter hier. Zweifelsohne wird sie alles tun, um genau die Sorte von Mädchen zu werden, denen genau solche Jungs genau diese Art von Hof machen, jede Wette, auf alle Fälle wesentlich mehr als dafür, im Spagat endlich den Boden zu berühren.

Ich bin mir nicht sicher, woran es liegt, die Backen, die etwas weniger rund sind als früher und nun die Wangenknochen ahnen lassen, das Kinn, das prägnanter hervortritt. Ja, es macht mir Luzie sofort fremder, fast unnahbar, wenn ich darauf achte. Es ist natürlich auch eine Art stille Aufforderung, mich ihr anders, auf sozusagen unbeschrittenen Wegen zu nähern. Eine Aussicht, die mich bisweilen verwirrt.

7 Mit Ralf im BPM gestern nacht. Bis vier Uhr früh, unglaublich, was. Ou, endlich mal Abwechslung, wirst du denken. Dachte ich selber, als er anrief. War es dann ja auch. Ins BPM mit Ralf, ou, wou, dem einzigen, einzigen Lehrer in der ganzen Stadt außer mir, der auch nicht im Sommer in Ferien fährt. Auf ins BPM, sagt Ralf nach der zweiten Flasche Chardonnay im Ratskeller, und, ou, ein Wunder, daß die uns reingelassen haben, als wir drin sind.

Ralf Ott, der nette Kollege, Fachbereich Kunsterziehung. Nur mit ihm hätte ich an dieser Schule freundschaftlichen Umgang pflegen können. Leider sind seine Interessen völlig anders als meine. U-Comics, Cyberspace, Science-Fiction, lauter so stranges Zeug. Weilt noch nicht lange in town, wie er sich ausdrücken würde, geht demnächst schon wieder. Zwei Jahre beurlaubt, unbezahlt, versteht sich. Für irgendwelche Web-Art-Studiengänge in Kalifornien. Ist ein paar Abende mit mir unterwegs gewesen, gleich nachdem er frisch hier gelandet war. Hat sich aber seine Kontakte dann doch lieber anderswo aufgebaut, außerhalb des Kollegiums. Was ich, glaube ich, nachvollziehen kann. Darüber hinaus ist Ralf acht Jahre jünger als ich und schwul.

»Ich weiß nicht, wie ich das erklären soll, Frank, aber oft ist es, als würden wir, also die Schüler und ich gemeinsam, auf einen Lehrer warten, der einfach nicht kommt und von dem keiner eine Ahnung hat, wie er eigentlich aussieht.«

Diesen Satz werde ich ihm nie vergessen. Auf unserer allerersten Zechtour hat er ihn formuliert, stockbesoffen.

Ralf trinkt gern einen über den Durst. Doch im Grunde genommen war es dieser Satz, der den Grundstein gelegt hat dafür, daß wir einander von Anfang an aufgeschlossen begegnet sind, auch wenn ich sonst reichlich wenig mit ihm anfangen kann.

Ich vermute, Ralf hatte umgekehrt schon immer ein bißchen Mitleid mit mir. Deshalb auch rief er mich gestern an. Der weiß, wie ich lebe, und er selbst hat es bestimmt nicht nötig, mit einem trostlosen Tropf wie mir auszugehen. Er ist außerdem der einzige Mensch, dem ich davon erzählt habe. Was ich so treibe. Mit dir. Wou, sagte er damals, spannend. Seither schleppt er sogar ab und zu Material für mich an.

Jedenfalls, irgendwann steckten wir wirklich mitten unter den hippen jungen Leuten des berühmten BPM, der angesagtesten, abgefahrensten, undergroundigsten Szene-Disco weit und breit. Ein Laden, in dem laut Ralf die wichtigsten Subkultur-Bands auftreten, die kultigsten DJs auflegen, rammelvoll natürlich. BPM für Beats Per Minute, schrie er mir über die hämmernden Schläge hinweg ins Ohr. Wir befanden uns auf einer etwas erhöhten Plattform und schauten auf die überfüllte Tanzfläche direkt vor unseren Füßen hinunter. Ralf hatte mich bestürmt, das BPM müsse ich mir unbedingt ansehen. Da kannst du was lernen, so Ralf im Ratskeller an meine Adresse, das ist was anderes als Zeitungsartikel und Fernsehbilder und wissenschaftliche Analysen, als deine ewigen Medien. Eben nix second hand, echte Eindrücke. Reality.

Ist es da ein Wunder, daß mich die ganze Aktion mit einer gewissen Nervosität erfüllte? Ich betrat das BPM und startete sofort meine Recherche. Das Outfit, ihre Art sich zu bewegen, die Diafolge, die links von der Theke an die Wand projiziert wurde, eine wilde Mischung aus Standfotos alter deutscher Spielfilme, Reklamebildern aus den sechziger Jahren, verwackelten Aufnahmen von Großstadtmotiven mit Kunstanspruch. Alles wollte registriert und observiert sein. In der einen Hand mein Theaterzigarillo, in der andern ein Glas Whisky, das Ralf zwischenzeitlich aufgetrieben hatte, mußte ich jetzt unbedingt etwas von diesem angeblich realeren Realen aufschnappen, das mir mein inzwischen doch ziemlich wankender Kollege versprochen hatte. Was genau glaubte Ralf, daß ich hier Neues, Unbekanntes lernen könnte? Was nur in aller Welt war hier eigentlich anders im Vergleich zu sagen wir mal meinen eigenen bescheidenen Szene-Erfahrungen von früher? Dies waren die Fragen, die mich auf meinem Posten am Rande des Dancefloors beschäftigten. Nein, ich war nicht blau, Ralf hatte den bei weitem größten Teil der Weinflaschen geleert. Ich war bloß begierig, heiß, wenn du so willst, heiß hinter einem kalt erfassenden Blick, ha. Mitten im dröhnenden Trubel, stand ich steif und starr, eine Art Turmwart, vollkommen konzentriert. Immer wieder tippte Ralf mich an, lehnte den Kopf an meinen Hals, zeigte mit ausgestrecktem Arm auf irgendein Detail, die schwebenden Armbewegungen der Tanzenden, den groovenden DJ, ein Dia mit der jungen Liselotte Pulver.

Ich müßte nämlich lügen, wollte ich behaupten, daß mich auf Anhieb irgend etwas irritiert, aufgeregt, umgeworfen hätte, daß mir etwas wirklich aufgestoßen wäre an diesem Ort, ganz im Gegenteil. Ich suchte danach, konnte jedoch beim besten Willen nichts dergleichen finden. Vielmehr umgab mich eine unheimlich angenehme, entspannte, um nicht zu sagen friedfertige Atmosphäre. Die Leute hingen herum wie eh und je mit einer Flasche Bier in der Hand, tanzten ihre Selbstdarstellungstänze in ihren Selbstdarstellungsklamotten. Es war alles nur viel weniger, ja, geladen, als ich es in Erinnerung hatte. Weniger aggressiv, wenn du weißt, was ich meine. Selbst die am martialischsten gepiercten, am verwegensten gestylten Typen gingen restlos auf in dieser happy family. Einerseits feierten sie sich selbst, andererseits tauchten sie ein, vermischten sich, lösten sich auf im Gewoge der Körper, schwangen mit dem Puls dieser neverending Klangmaschine, wurden zu einer Gebärde. Denn, wenn überhaupt irgendwo, dann lag natürlich hier das Zentrum des Besonderen, das begriff ich durchaus, im Wabern dieser Musik, in der es keine Spannungsbögen gab, statt dessen eine endlose Serie minimaler Abweichungen auf dem Fundament der gleichbleibenden beats per minute. Und ihre weichen Fluggebärden, oder sage ich besser, dieses kollektive Schwingen imaginärer Seidentücher, worauf Ralf mich sofort hinwies, kaum daß ich mich umgeschaut hatte, und das tatsächlich überall zu sehen war, so wie die Headbanger und Luftgitarristen früher, deutete ich bald als eine Art Erkennungszeichen für einen unausgesprochenen, nennen wir's mal Heile-Welt-Pakt hier im BPM.

Im stillen Auge der Hipness gibt es anscheinend keine Probleme, dachte ich. Nicht weil die hippen People keine hätten oder haben wollen, nein. Sie sehnen sich nur nach einem Ort, an dem diese Probleme einen Augenaufschlag lang einfach nicht existieren. Und darum haben sie sich einen solchen Ort kurzerhand erfunden. Ich dachte, Disco, kollektive Trance der Befreiung, Raum bar jeder Sorge, trautes Zuhause inklusive Diavorführung. Keine Gegenwelt, Heimatersatz.

Und warum auch nicht. In der Tat, ich fand das alles im Grunde völlig okay. Absolut in Ordnung, dieser auf die jugendlichen Massen übertragene Traum des Mittelstands von der glücklichen Kleinfamilie, sagte ich mir, wenngleich nicht weniger dröge als diese. Eine Rückkehr der Adenauer-Idylle unter den Bedingungen der Popkultur, ungelogen, das war exakt der Gedanke, den ich gestern dachte. Mit einem Wort, ich war enttäuscht.

»Ästhetische Revolution, was«, brüllte Ralf mir zu, »sie selber nennen es jedenfalls so. Ce-le-bration, wou.«

Und hüpfte auf die Tanzfläche runter. Federte, verrenkte sich, schnitt Grimassen, ließ lasziv die Hüften kreisen, wand sich kreuz und quer durch den flügelschlagenden Hühnerschlag, beschwor weiß der Himmel welchen Geist. Eine Schlange. Ein Schamane auf der Flucht.

Später saßen wir drüben im nach Sandelholz und Haschisch duftenden Nebenraum. Halb Bar, halb Chill-Out-Room, glühten hinter dem Tresen auf einem Wandbord bündelweise Räucherstäbchen. Ralf hielt sich an seinem Whiskyglas fest, beugte sich ganz weit zu mir herüber, gaffte mir, so gut er das mit den laufend wegkippenden Augäpfeln noch konnte, minutenlang ins Gesicht, gakkerte dann jedesmal dämlich, starrte weiter auf meine gerunzelte, sicher schweißnasse Stirn, wenn er sich wieder beruhigt hatte, undsoweiter. Der Ärger, den er dort lesen konnte, den ich auch gar nicht zu verbergen beabsichtigte, belustigte ihn maßlos.

Endlich, abrupt, warf er sich in die Sessellehne zurück, fing an, in höhnischem Tonfall, die Mundwinkel schräg verzogen, mit schwerer Zunge zu monologisieren. Wie wunderbar sein Plan aufgegangen ist, sagte er, daß er mich genau dahin gebracht hat, wo er mich haben wollte, nämlich auf die Kehrseite der Horrorbilder, die ich im Kopf permanent mit mir herumtrage, die ich mir, wie alle Menschen ab fünfunddreißig, nicht nur hineinpflanzen lasse, sondern freiwillig, wie süchtig, fast krankhaft dort oben hineinstopfe. Ralf streckte mir einen Joint hin, ich zog mehrmals daran, unterbrochen von Hustattacken. Ich bin gestern dreißig geworden, Mann, lallte er. Habe zeitweise in New York gelebt. In Tokio. Seit ich zurück bin, sehe ich vieles klarer. Was das hier angeht, von wegen my g-generation, er kopierte das Stottern aus diesem alten Who-Hit, nämlich gar nix g-generation, sondern Deutschland, er sagte, dieses ganze komische Land, diese volle Ladung Lahmarschigkeit. Und damit begann er kichernd zu lästern, Ewigkeiten ging das, schien mir. Wie dumpf, apathisch, total weggetreten, tatsächlich ins Nirwana gebeamt hier alles vor sich hinwabert. Deutsche Popkultur eben, total unvital, eine Kopie, hohl und langweilig und von außen, zum Beispiel vom englischsprachigen Raum her betrachtet ungefähr so interessant, wie von hier aus gesehen die Popkultur der Inneren Mongolei. Berlin ausgenommen, natürlich, in ganz seltenen, winzigen, verstecktesten Zellen dort die einzigen Ausnahmen, aber drum herum, der Rest der Stadt, Hauptstadt, und draußen der Rest vom Land, Deutschland, dieser Megaprovinz, deren Megaanspruch auf Bedeutung alles erst recht provinziell erscheinen läßt, alles zu einem einzigen Phlegma macht, einem lächerlichen Schmuseverein, einer Megasimulation von g-generation, wie hier im BPM, die genaugenommen nichts zustande bringt, die nichts will, gar keine Vorstellung davon hat, was das ist, etwas wollen, die ganz genau genommen überhaupt nicht existiert. Scheiße, in einem Loch leben wir hier, in a historical zero, das ist der Punkt, und nicht einmal der Ansatz einer Bewegung zu erkennen, bis auf das Geflatter gestutzter Vögel in cages, er imitierte diese Armbewegung, alles sinnlos und silly, undsoweiter.

Ich sagte kein Wort. Gackerte erst los, als ich im Taxi saß. Noch im Bett mußte ich vor mich hin lachen, ich beobachtete die auf meiner Netzhaut tanzenden Flecken, die jetzt bunt leuchteten, Muster bildeten, Phantasiegestalten, Wolken vor einem Privathimmel, und lachte und lachte.

8 Zum Beispiel Marton, Neuseelands »Suicide City« des Jahres 1996. Der Titel wird dort durchgereicht wie eine Trophäe, vergangenes Jahr war es der Touristenort Mount Manganui, Surferparadies mit endlosen weißen Stränden. Höchste Selbstmordrate der westlichen Welt, zu der man die angeblich so idyllischen Inseln witzigerweise rechnet.

Millie zum Beispiel war gut gelaunt an dem Abend. War doch klasse Stimmung im Pub. Finden alle. Hier ein Küßchen, da ein blöder Witz, jemand schmiß noch eine Runde Schnaps, ein fröhlicher Haufen. Dann setzte sie sich in ihren Mitsubishi Lancer, fuhr geradewegs über die Brücke und auf der anderen Seite runter zum Rangatikei, die Schotterstraße bis ans Ende, wo das beliebte Picknickgelände ist. Sie stieg aus, holte den Schlauch aus dem Kofferraum, stülpte das eine Ende über den Auspuff, legte das andere ins Wageninnere, setzte sich wieder rein, schob »The End« von den Doors in den Recorder. Ihren kleinen Hirtenhund nahm sie mit, auf dem Rücksitz. Der zerfetzte noch den Kunstlederbezug in seiner Panik, da war Millie sicher längst völlig weggetreten.

Auch Nick hat seinem Leben ein Ende gesetzt. Sich endgültig verabschiedet, schlafen gelegt, wie die Kumpels sagen. Nämlich abwärts, Richtung Flußbett, von der Brücke aus, Arm in Arm mit Jade, der Freundin. Drei Tote in einer Woche. Zwanzig, fünfzehn, zwanzig. Fünf Tote in sechs. Täglich drei in ganz Neuseeland und dreißig, die es nicht geschafft haben. Macht pro Jahr zehntausendneunhundertfünfzig Kandidaten auf eine Gesamtbevölkerung von Dreikommadreimillionen. Dabei war Nick ein

Leadertyp, der Gangkopf. Cool, lustig, gutaussehend. Die Mädchen schwärmten für ihn. Hatte gerade den Abschluß an der Highschool hinter sich. Wenn der nicht klarkam, wie sollen wir. Sagen die Kumpels.

Entweder gleich arbeitslos oder studieren und hinterher arbeitslos, das sind aber auch Perspektiven, sagst du. Sagen ja alle dort. Würde ich auch sagen. Trotzdem, ich sehe da mehr diesen Film, wie sie ein Auto organisieren und rüberfahren in eine der größeren Städte. Da kreuzen sie jetzt, Straßen rauf, runter, Neonreklamen blinkern, die Graspfeife wird durchgereicht, ab und zu gehen sie wo rein, trinken ein Glas. Nicht daß sie richtig aufgekratzt wären, nicht daß sie sich langweilen würden, nicht daß sie besonders schlechte Laune hätten. Sie albern rum, nicht zu viel, sie lachen, nicht zu lang, erzählen sich kleine Stories vom Hörensagen, zeigen auf das eine oder andere, was ihnen auffällt, draußen an den Fassaden, auf den Gehsteigen, essen Popcorn, Cheeseburger, hören Musik, reden über Bands, neue Hits. Ganz tief sind sie in die Sitze gerutscht, die funzelige grünliche Beleuchtung des Armaturenbretts immer im Blickfeld und das persönliche Road-Movie auf der Windschutzscheibe obendrüber. Dann fahren sie heim. Im Morgengrauen. Das ist alles.

Da sind die Japaner zum Beispiel, auf ihrer Insel, schon ein kleines Stück weiter. Da steht an den Schulen die Prügelstrafe für Lehrer, die ihre Schüler stören, indem sie etwa ihren Unterricht fortsetzen wollen, bereits auf der Tagesordnung. Und dreizehnjährige Oberschülerinnen gehen auf den Straßenstrich. Oh nein, sie finden es geil. Obendrein verdienen sie Geld, das ist schließlich immer knapp. Ihre Kunden, Herren im Anzug, ungefähr in Papis Alter, kommen direkt aus dem Büro. Sie sind in einer dieser Firmen angestellt, wo der berühmte japanische Teamgeist herrscht, der von aller Welt beneidet wird, wo alle

Mitarbeiter Teil einer großen Familie sind. Jeder arbeitet hier mindestens so lang wie der Boß, das fordert die Ehre. Und der Boß arbeitet sehr lang. Jeder verläßt seinen Arbeitsplatz frühestens gegen elf. Morgens müssen sie sehr früh raus. Aber bevor sie nach Hause fahren, gehen sie noch was trinken. Mit Kollegen. Oder zu den kleinen Mädchen. Allein. Oder sie stehen auf, begeben sich vom Büroraum schnurstracks aufs Dach des Firmengebäudes und springen runter. Auch die Papis dieser Mädchen sind in diesen Firmen angestellt.

9 Es geht uns immer besser, meiner Tochter und mir. Waren den ganzen Sonntag draußen am See. Herrliches Wetter, nur baden, in der Sonne liegen, lesen. Die Luft über dem Wasser flirrend. Segel am Horizont, dahinter die Berge, der Geruch von Sonnenmilch, von Bratwürsten aus dem Kiosk hinter uns. Boote legen ab, legen an, gelegentlich, wenn der Dampfer vorübergleitet, klatschen Wellen an den Strand und Kinder stürzen sich johlend hinein.

Abends habe ich Luzie zum Essen ausgeführt. Schickes Restaurant, Gedeck mit drei Gläsern. Ich in Schlips und Kragen, und sie war auch schwer herausgeputzt. Hatten das alles ja auch von langer Hand geplant und vorbereitet, die Klamotten sorgsam im Kofferraum verstaut. Ihr fußlanges weinrotes Samtkleid, das wir für den Anlaß extra gekauft haben. Eng anliegend, Ärmel bis zu den Handgelenken, aber mit weitem Dekolleté und hinten tief ausgeschnitten. Die Ohrringe, ihre Perlenkette. Dazu das Haar hochgesteckt, oben irgendwie so toupiert, eine kastanienbraune Kaskade. Sie war richtig aufgeregt, die kleine Dame. Rührend. Das rötlich überglühte Gesicht im Schein der Tafelkerzen, Schattentupfen über der verkniffenen Oberlippe, unter den etwas zu stark geschminkten Augen, an den Grübchen. Ein ernstes Spiel.

Auf dem Heimweg dann, im Auto, begann sie aus heiterem Himmel zu flennen. Warum es nicht sein kann wie früher, warum wir nicht einfach wieder zusammenziehen, Mami und sie und ich.

Tja, Täubchen. Ich bin offen gestanden heilfroh, daß es nie, nie wieder so werden wird wie damals, daß deine

Mutter ganz, ganz weit weg ist aus meinem Leben. So weit es eben möglich ist, ohne daß ich den Kontakt verliere zu dir.

Das habe ich natürlich nicht gesagt, sondern irgendwas gefaselt von Schicksal, und dann das übliche, doofe Beispiel mit der Freundin gebracht, mit der man sich auf einmal nicht mehr versteht, immer nur Streit undsoweiter, daß sie das doch bestimmt auch schon erlebt hat. Mir zerriß ihr Jammer schließlich selber fast das Herz.

Schade, daß der Tag so enden mußte.

Zufällig rief zu allem Überfluß, kurz nachdem wir zurück waren, auch noch Petra an. Aus dem Urlaub. In Andalusien. Mit Günther Zahnarzt. Um sich zu erkundigen. Wie's denn so gehe.

Warum in aller Welt ich ihr unbedingt sofort die Schwierigkeiten an die Nase binden mußte, die meine Tochter und ich in den ersten Tagen miteinander hatten. Unbestritten, das war ein großer Fehler, natürlich. Ich hätte es besser wissen können.

Aber ich kann es dir schon erklären, denn das genau ist ja der Haken, ich meine, das ist der Haken schon immer gewesen. Ich hätte es jedesmal besser wissen können und habe jedesmal denselben Fehler gemacht. Mich ihr, ihrem Hagel von Vorhaltungen, wie soll ich sagen, mit vollem Bewußtsein auszuliefern. Sich völlig darüber im klaren sein, welche Reaktion mit welchem Verhalten man auslöst, und es trotzdem einfach nicht lassen können. Aus einem seltsamen Starrsinn, einem verschrobenen, geradezu masochistisch pervertierten Stolz heraus, grotesk.

Ein Satz aus ihrem Mund reicht dann, und schon fühle ich mich wie der perfekte Vollidiot. Als Versager, durch und durch. Es ist zum Aus-der-Haut-Fahren. Und ich schaffe es ums Verrecken nicht, dieses verdammte Gefühl abzustellen. Was habe ich nicht alles versucht. Herumgebrüllt habe ich, schweigend gelächelt, Goethe zitiert, irgendwelche Pädagogensprüche, alles umsonst. Ist die Mühle einmal angeworfen, läuft sie. Petra drängt mich immer tiefer in die mir so wunderbar vertraute Büßerecke hinein, mit ihren ständig sich steigernden Anschuldigungen. Und mein Rechtfertigungsblabla, so leid es mir tut, es wird immer haltloser, und ich immer weinerlicher. Zum Schluß hat jedenfalls grundsätzlich Petra das letzte Wort.

Natürlich war es auch gestern sie, die das Gespräch beendete. Sie knipste einfach ihr Handy aus. Nicht ohne mir vorher noch zu verstehen zu geben, daß das bestimmt so schnell nicht wieder vorkommt, dafür wird sie schon sorgen. Was meinst du damit, hakte ich noch schüchtern nach, längst restlos entgeistert. Da war die Leitung bereits unterbrochen, und ich allein mit meiner rasenden Wut.

Oh, keine Frage, sie wird dafür sorgen. Daß ich mit meiner Luzie keine einzige, keine miese kleine Woche am Stück mehr werde verbringen können. So wie sie ja auch in den vergangenen Jahren dafür gesorgt hat, daß meine negative Ausstrahlung, der angeblich schlechte Einfluß auf das, was sie penetrant als Familienharmonie bezeichnet, auf Luzies Erziehung, auf ihre sogenannten Schwingungen et cetera immer gründlicher eingedämmt wurde.

Dabei weiß ich, daß sie auf mich nicht weniger zwanghaft reagiert wie ich umgekehrt auf sie. Dabei weiß ich sogar, daß sie das selbst weiß. Daß sie genausowenig aufhören kann damit.

Aber trotzdem. Auch in diesem Punkt kann ich einfach nicht anders. Ich hasse sie.

10 Aus harmlosen Spielereien ergeben sich ja oft ganz unerwartete Effekte. Seit unserem kleinen Abenteuer im Nobelrestaurant betrachte ich Luzie jedenfalls mit anderen Augen. Das Bild der jungen Frau hat sich durchgesetzt gegenüber dem eines Kinds. Auf einmal finde ich, sie sieht gar nicht so übel aus in der schwarzen langen glatten Lederjacke, der engen glatten schwarzen Hose mit dem leichten Schlag. Wenn sie dann mit der ebenfalls schwarzen und glatten Umhängetasche so in der Tür steht und sich verabschiedet, zu einem Stadtbummel etwa, mit Julia, der Hausmeistertochter aus dem zweiten Stock. Also, ich muß schon sagen.

Paßt super zu deinem Typ, der Seitenscheitel, die Haare so quer rüber. Wow, du hast dich schon zum Frühstück geschminkt. Steht dir gut, das T-Shirt. Das mit dem Drachen drauf ist besser. Dabei ist der silberne Drache sowas von kitschig. Ich muß ja selber über mich lachen. Ist trotzdem schön, mit Luzie auf dieser, wie soll ich sagen, Ebene in Kontakt zu treten. Ich mache ihr Komplimente, sie genießt sie.

Luzie steigt sogar richtig darauf ein, bittet mich um Rat, wie ich diese oder jene Kombination finde, unterhält sich mit mir über Stylingfragen. Das heißt, sie erklärt mir genau, was angesagt ist, was gerade noch angesagt war und jetzt total peinlich wäre, undsofort. Und mich interessiert es aufrichtig. Ich meine nicht die Marken, natürlich nicht, die vergesse ich im gleichen Moment. Wie soll ich sagen, vielleicht weil sie mir, schlecht ausgedrückt, einen Blick zugesteht in eine Welt, aus der ich eigentlich verbannt bin.

Sie will, daß ich ihren Lidschatten begutachte. Sie fragt mich, welche Lackfarbe sie für ihre Fingernägel nehmen soll. Gestern mittag habe ich ihr sogar bei der Fußpflege assistiert. Zuerst die Nägel geschnitten, dann angemalt. Schwarz. Sie fläzte auf dem Sofa, ihre Sommerhits'98-CD dudelte im Hintergrund. Die Füße auf meinem Schoß, über den ich ein Frotteehandtuch gebreitet hatte, sie ließ sich von mir bedienen wie eine Diva. Es war ziemlich lustig. Ich meine, ich hatte das ja auch noch nie gemacht, also, hast etwa du in deinem Leben schon mal Nägel lackiert, es ist nämlich gar nicht so leicht, noch dazu wenn wieder einmal deine Augen verrückt spielen. Und obendrein wackelte Luzie ständig mit den Zehen. Ich würde sie angeblich kitzeln, ich sehe so komisch aus, wenn ich mich mit diesem angestrengten Gesichtsausdruck über ihre Beine beuge. Dann wieder wollte sie O-Saft. Einen Joghurt. Daß ich die Repeat-Taste drücke, damit sie den Be My Barbie Girl-Song noch einmal hören kann. Je stärker ich mich konzentrierte, je länger ich auf ihre Füße starrte, die den Körper, zu dem sie gehörten, noch gar nicht tragen zu müssen schienen, so rosig und weich waren sie. Je näher auch mein Kopf unwillkürlich an sie heranrückte, desto mehr wirbelten die Kleckse, desto heftiger sausten sie vom Zentrum des Sehfelds nach außen. Es sah aus, als regnete Asche auf die Scheibe eines fahrenden Autos, kleine Stücke verbrannten Zeitungspapiers. Es machte mich eigenartig euphorisch. Selbst der sich einstellende Schwindel war angenehm. Ein leichter Rausch.

Später, nach unserem Abstecher zu C & A, wo ich mir die Lederjacke hier gekauft habe, das heißt, im Grunde hat sie die ganz allein für mich ausgesucht, auf dem Weg ins »Lichtspielhaus«, hängte sie sich bei mir ein. Es regnete leicht, und wir schlenderten so dahin unter meinem

Schirm. Einmal lehnte sie sogar ihren Kopf kurz an meine Schulter. Das war, nun, das war einfach toll. Ohne Übertreibung, ich kann mich nicht erinnern, wann ich zuletzt so selig gewesen bin.

Wirklich hatte Luzie ja das letzte Kino der Stadt ausgekundschaftet, in dem immer noch »Titanic« gezeigt wird. Ihr neuer Lieblingsfilm, den müsse ich sehen, unbedingt, sie war natürlich bereits etliche Male drin. Leonardo DiCaprio und Kate Winslet statt Ronja und Björk. Sie will ihre Begeisterung mit mir teilen, dachte ich. Ich fühlte mich geschmeichelt.

Keine Ahnung, welcher Teufel mich geritten hat. Aber hinterher, ich gab Luzie einen Drink aus, in einer Cocktailbar, zog ich sie furchtbar auf damit. Ich konnte nicht anders, ihre Schwärmerei für dieses Milchgesicht ging mir nach einiger Zeit einfach auf den Wecker. Sie nuckelte an ihrem Strohhalm und konnte sich gar nicht mehr einkriegen. Sicher lag es mit am Alkohol, wahrscheinlich stieg ihr der vom Magen direkt ins Hirn. War auch eine Schnapsidee von mir, diese Einladung, ohne Frage. Einen Manhattan. Für eine Zwölfjährige.

Zuerst sagte ich nichts, grinste wohl etwas zu zweideutig vor mich hin. Bis sie mich darauf ansprach, was denn los, ob irgendwas komisch ist an ihr, bis ich mich nicht länger beherrschen konnte. Oh, in diesem Punkt bist du dir ja offenbar mit ein paar Hundertmillionen kleinen Mädels auf der Welt einig, spottete ich also, na dann viel Spaß beim Teilen. Ich glaube, es kam ziemlich aggressiv rüber. Mister Babyface, sagte ich nach einer kurzen Pause, in der ich mich vergeblich zu beruhigen versuchte, euer Gemeinschaftssäugling, das ist aber auch ein süßer Wonnebrocken. So ein Lausbub, das glaubst du nicht. Und was für ein Name, Prinzenname, Leonardo von Nuckelprinz. Dann lästerte ich noch über seine Lippen, nannte sie Nuckellippen, spitzte den Mund, machte Schmatzgeräusche, es bereitete mir tierisches Vergnügen.

Selbstverständlich fing Luzie, nachdem sie sich bald wieder einigermaßen gefaßt hatte, an, sich zu verteidigen. Daß es darum überhaupt nicht geht, daß ich wieder einmal nichts verstanden habe, der Film ist einfach schön. Aber ich lachte sie aus, ich weiß wirklich nicht, was in mich gefahren war, lachte schallend, als sie vom Recht redete, ihre eigenen Träume zu träumen, oder so ähnlich, lachte weiter, als sie sagte, daß es ihr egal ist, was ich denke, nur weil es ein Hollywoodfilm ist und ich ein blöder Lehrer, muß ich mich wie alle blöden Lehrer eben darüber aufregen. Ich konnte nicht einmal aufhören zu lachen, als sie mich bat, anflehte, beschimpfte, ich soll das bitte endlich lassen, sofort, wie ich nur so ekelhaft und gemein sein kann, wie sehr ich sie anwidere. Obwohl ihr am Ende Tränen aus den Augen kullerten.

Als wir draußen waren, ich Luzie mit einem Scherz den Arm um die Schultern legen und sie unter den Schirm ziehen wollte, um wieder so wie vorhin eng umschlungen durch die Fußgängerzone zu spazieren, riß sie sich los. Mittlerweile regnete es heftig, ich verlor sie im Passantenstrom sofort aus den Augen. Sie will, daß ich hinter ihr herlaufe, nach ihr rufe, dachte ich. Als sie nach einer Viertelstunde immer noch nicht wieder aufgetaucht war, lief und brüllte ich tatsächlich.

Luzie lehnte am S-Bahn-Einstieg, gänzlich durchnäßt. drückte gerade eine Zigarette aus. Du rauchst also heimlich, keuchte ich. Sie tat so, als existierte ich nicht, ich redete auf sie ein. Daß sie mir das doch hätte sagen können, undsoweiter. Sie bockte. Ich drängte sie, mitzukommen, der nächste Zug geht erst in über einer halben Stunde, sie bewegte sich nicht. Schließlich entschuldigte ich mich für alles, faßte zugleich vorsichtig ihren Oberarm, zog sie sanft in meine Richtung.

Ich war vollkommen baff, als sie plötzlich wie wild auf mich einschlug, das darfst du mir glauben. Dazu begann sie auch noch hysterisch zu kreischen. Ich tat mein Bestes, um sie zu besänftigen, muß instinktiv auch versucht haben, sie festzuhalten, da machte sie sich erneut los, rannte. Diesmal blieb ich ihr auf den Fersen, hielt jedoch einen Abstand von circa zwanzig Metern, denn natürlich schauten längst die Leute nach uns. Es war schrecklich, immer wieder tauchten diese Körper vor mir auf, junge Männer vor allem, die sprangen mir vor die Beine, hey Alter, laß das Mädchen in Ruhe, einer packte mich sogar am Kragen meiner nagelneuen Lederjacke.

Der Spießrutenlauf ging bis zur nächsten Station, dort stieg Luzie in den Wagen hinter mir. Warte, du hast keinen Schlüssel, rief ich und warf ihn ihr zu, als wir wieder draußen waren. Sie ging voran. Ich wartete ein paar Minuten, läutete, als ich ebenfalls zu Hause war. Sie drückte den Türöffner. Irgendwann in der Nacht muß sie dann rübergekommen sein und sich zu mir gekuschelt haben.

11 Lewinsky, Lewinsky, Lewinsky auf allen Kanälen, in allen Zeitungen, Monica und der Sexprotz, Monica und Sonderermittler Kenneth Starr, Monica und der Knick im Schwanz Slick Willies, Monica und der Fleck auf dem Kleid.

Foto: Bill Clintons Rücken, Nacken, Ohren, silbernes Haar, und über der Schulter breit, wulstig, einladend, satt, befriedigt lächelnd, anstößig, kirschrot Monicas Mund.

Deine Bildunterschrift: »Nun blasen die Groupies schon im Weißen Haus.«

Was sich dagegen unsereins zusammenphantasiert, ist mehr so ein pausbäckiges Highschool-Girl in Faltenrock und weißen Söckchen. Eben erst von den stolzen Eltern an der Pforte abgeliefert, schon bereit, jeden erdenklichen Beitrag zu leisten zum Wohl des Landes. Und auf den Vater dieses Landes wartet sie nun brav in dessen Hinterzimmer. Der ist mit den Gedanken zwar noch bei den Bomben, die er gerade auf Saddam Hussein werfen läßt, als sie ihn mit den feierlichen Worten begrüßt: Mister President, das Volk liebt Sie, und ich Sie auch. Aber weil sie, wie der Brauch es will, eh bereits auf den Knien liegt, und weil der Mann ohnehin just dabei ist, Visionen in die Tat umzusetzen, zaubert er flugs auch für diese Landestochter noch einen Job aus dem Ärmel respektive Hosenschlitz.

Nein, es ist kein Skandal und kein Abgrund und erst recht kein Beweis für die Verwerflichkeit deines Berufs. Daß du dich mit dem Bettgeflüster des amerikanischen Präsidenten und der Konsistenz seines Spermas beschäftigst, daß du gar nicht die Wahl hast, es nicht zu tun, ist keineswegs schlimm, sondern nur lustig. Möglicherweise zwar etwas niveaulos, ein wenig erbärmlich auch, doch was kannst du dafür. Der, wenn du so willst, Intimbereich sogenannter großer Menschen hat uns schließlich schon immer interessiert. Ob es die Knochen der Heiligen waren, die heute noch in den Kirchen zur Schau gestellt werden, ob die Exkremente Seiner Majestät Ludwigs XIV., vor dem der Hofstaat sich täglich nach dessen Morgenstuhlgang als Ergebnis eines ersten Staatsakts zu verbeugen hatte, ob es Albert Einsteins Hirn war, das klammheimlich in kleine Würfel geschnitten, eingelegt und vor der Verwesung bewahrt wurde. Die Zeiten ändern sich nun einmal und mit ihnen der Stellenwert der Körperteile oder Ausscheidungen der jeweiligen Zeitenbeherrscher. Was bleibt, ist unser durchaus legitimes Verlangen, uns daran zu ergötzen.

Der Unterschied besteht wahrscheinlich bloß darin, daß die Leute früher irgendwie mit mehr Respekt an die Sache rangingen. Ich weiß nicht, wie das Pendant zu den Silberbeschlägen der sakralen Skelette, dem güldenen Geschirr für den Kot des Sonnenkönigs heutzutage aussehen könnte. Vielleicht als ein von Jeff Koons pompös inszeniertes und weltweit übertragenes, öffentliches Oralamt.

Worauf ich hinaus will, was dem Ganzen fehlt, ist eine gewisse Würde. Bitte schön, es handelt sich hier um den mächtigsten Mann der Welt. Wenn nun dieser Mann, nicht anders als alle mächtigsten Männer vor ihm, in sublim gleichnishafter Verdichtung das zelebriert, was seine Macht metaphysisch erst stiftet, dann gebührt dem symbolischen Akt auch der entsprechende Rahmen. Statt dessen gibt man eine ganze Nation, die Bevölkerung eines halben Kontinents der Lächerlichkeit preis. Und wir können nichts dagegen tun, wir genießen die Schadenfreude darüber nicht weniger als du, das habe ich soeben wieder feststellen können.

Ich war im Zentrum, wo es derzeit von Touristen nur so wimmelt, und wartete auf meinen Anschlußzug. Neben mir ein junges französisches Paar, vor uns ein Trupp weißer US-Amerikaner mittleren Alters auf Europatrip. Man erkennt sie ja merkwürdigerweise auf den ersten Blick. Schwer zu sagen, woran. Vielleicht sind, obwohl ihre Kleidung mit der unsrigen naturgemäß fast identisch ist, die Kombinationen stets eine Spur geschmackloser als hierzulande. Außerdem wirken sie immer irgendwie aufgeblasen. Lauter, ordinärer als andere Menschen. Sie verdrehen, um Gefühle mimisch zu unterstreichen, die Augen stärker als wir, kauen Kaugummi oder verrenken ihre Münder, als würden sie Kaugummi kauen. Eindeutig auch haben die meisten von ihnen ein Pferdegebiß mit kräftigem, eckigem Lutschkiefer. Und alle sind sie sehnig, braungebrannt, durchtrainiert, zugleich dennoch seltsam drall.

Während ich sie also beobachtete und genau das über sie dachte, und während ich bemerkte, daß auch die beiden Franzosen sie beobachteten und schmunzelten, dachte ich natürlich gleichzeitig immerzu an Bill und Monica und daran, daß die Franzosen unfehlbar auch gleichzeitig an Bill und Monica dachten. Mir war klar, daß ich sie nur wegen Bill und Monica so sah, wie ich sie sah, wie mir bewußt war, daß die Franzosen, die unfehlbar nicht anders sahen als ich, sich ebenfalls darüber klar waren. Zwei der Frauen, sie dürften um die Fünfzig gewesen sein, standen direkt vor uns. Jäh sprangen sie mitten hinein in ein offenbar kurz zuvor unterbrochenes Gespräch über Lippeninjektionen, gingen sozusagen direkt in medias res, wie an ihren expliziten Gesten abzulesen war. Terrible, sagten sie, a horror, die eine zeigte der anderen Lady an ihrem aufgeschwollenen Mund die Stellen, wo exakt die Spritzen gesetzt werden, eine äußerst schmerzhafte Prozedur, allem Anschein nach.

Natürlich dachte ich sofort an jenen anderen Mund, natürlich konnte ich mich kaum zurückhalten. Im selben Moment begannen auch die beiden Franzosen leise zu kichern. Endlich stiegen die Amerikaner in die S-Bahn.

»Whole U.S.A.«, sagte die Französin.

»Monica Lewinsky«, erwiderte ich.

Dann prusteten wir zu dritt los. Die ganzen Vereinigten Staaten, tja. Und nach und nach wir auch.

12 Da die Ferien sich dem Ende zuneigen, noch viel zu erledigen ist, bevor sie wieder losgeht, die Tretmühle. Da sich auch Luzie zurückzieht, nur noch auf dem Bett lümmelt, liest, Musik hört, Schokolade frißt, Fruchtzwerge löffelt, in Gedanken vermutlich bereits die Heimkehr vorbereitet. Da zudem das Wetter schlecht ist, kalt, regnerisch, bin ich derzeit meist allein unterwegs. Auch hat sich unser Verhältnis merklich abgekühlt. Nicht daß wir uns aus dem Weg gehen. Nicht einmal die neu gewonnene Vertrautheit hat gelitten. Doch unstreitig herrscht zwischen uns seit einigen Tagen eine gewisse Vorsicht, der wohlwollenden Distanz eines alten Ehepaars nicht unähnlich, das wenig Zeit füreinander hat und grundverschiedene Interessen verfolgt.

So bin ich im Baumarkt gewesen, endlich die neue Duschvorhangstange besorgen, nachdem Luzie bei ihren täglichen Waschritualen regelmäßig das Badezimmer unter Wasser setzt. Außerdem eine Schachtel Sechser-Dübel, ein paar billige Aktenordner. Egal. Wovon ich nur berichten wollte, ist die Imbißbude auf dem Parkplatz dort. Warum, weil es, ohne daß ich das genauer erklären könnte, irgendwie hierher gehört. Weil es dabei um etwas geht, das du grundsätzlich übersiehst. Wahrscheinlich erscheint es dir langweilig. Gibt als Stoff doch nicht viel her, wirst du sagen, zumindest nichts, was sich lohnen würde. Ob du dich da mal nicht täuschst.

Sie schießen ja seit kurzem wie Pilze aus dem Boden. Imbißbuden, so weit das Auge reicht, an allen Ausfallstraßen, in jedem Gewerbegebiet, in der Nähe von Tankstellen, unter den großen roten McDrive-Reklameschildern, an Orten, wo man sich noch vor kurzem so etwas wie eine Imbißbude nicht einmal im Traum hätte vorstellen können.

Die beim Baumarkt heißt »Maria's«, mit Apostroph natürlich, »Maria's Würstelstube«. Und Maria, die mich gleich duzte, als ich ins Vorzelt trat, so daß mich auf der Stelle das schöne Gefühl überschwemmte, daß man mich offenkundig für einen Handwerker oder Lastwagenfahrer halten kann, begab sich sofort bedächtigen Schritts in den zu Küche und Theke umgebauten Wohnwagen, schlitzte Kreuze in meine Currywurst. Außer mir war ein älterer, mürrischer Herr in kariertem Hemd und Strickjacke anwesend, der sich um einen circa siebenjährigen, schreibend über ein Schulheft gebeugten Jungen kümmerte. Sie saßen an einem mit blau-weißer Rautentischdecke und Blumenvase geschmückten Tisch auf der privaten Seite des Zelts, das gemütlich beheizt war und erfüllt vom Prasseln des Regens. Auf der anderen Seite stand ein schmuckloser Biertisch mit Salzstreuern, Ketchup- und Maggiflaschen drauf. Dort war mein Platz.

Schnell kam ich mir vor, als wäre ich, ohne daß es die Bewohner störte, in ein fremdes Wohnzimmer eingedrungen. Ein Großvater übte mit seinem genervten Enkel Rechtschreibung fürs nächste Schuljahr. Im Hintergrund dudelte Radiomusik, die Mutter hinter der Durchreiche spülte. Ich fühlte mich an frühe Nachkriegsromane erinnert, die Provisorien nach der Zerstörung, zugleich an amerikanische Truckerfilme. Eine Atmosphäre, in der ich mich, während ich meine übrigens erstklassige Wurst aß, zwar unabänderlich als Fremdkörper, dennoch ausgesprochen behaglich, sogar aufgehoben fühlte. Ich dachte, könnte ein Hollywood-Regisseur überhaupt auf die Idee kommen, einen Film über das heutige Deutschland zu drehen, dann müßte er dafür zwangsläufig eine Imbißbude als Schauplatz wählen. Denn diese Regisseure, dachte ich, sind ja gezwungen, stets positiv zu denken, wie negativ ihr Stoff auch sein mag. Sie sind Berufsoptimisten, ihr Blick aus Erfolgsgründen immer einer bejahenswerten Zukunft zugewandt. Ihnen würde diese zeittypische Form einer Existenz, die aus dem normalen Arbeitsleben herausgefallen ist, aber trotzdem energisch und freudig die Ärmel hochkrempelt, um sich über Wasser zu halten, ein Füllhorn für Geschichten sein.

Später fragte ich mich noch, warum du dagegen blind für so etwas bist. Und? Fällt dir dazu was ein?

13 Das hier ist auch ein Zelt, das Meßzelt der Hilfs-
organisation World Vision in Uganda, Region
Gulu, Trauma-Zentrum. Das ist auch jetzt, Gegenwart,
der Junge im Vordergrund heißt Isaac, fünfzehn Jahre.
Sind alles Killerkinder gewesen, diese Jugendlichen, beide
Geschlechter. Da, auf dem anderen Foto, hocken sie auf
dem Lehmboden im Unterrichtsraum, lernen Lesen und
Schreiben statt Foltern und Morden, sieht harmlos aus, so
wie man sich Schule in Afrika eben vorstellt. Mit sechs in
den Busch verschleppt, mit spätestens neun an den Waf-
fen, Massakersozialisation, achttausend waren es in dieser
Gegend, allein in den letzten drei Jahren. »Kindersolda-
ten sind der Traum von Rebellenführern« in der Hölle
Zentralafrika, du mußt nicht fragen, warum. Jeder weiß
es, Kinder sind formbar wie Lehm, irgend etwas ist immer
da, das an ihnen mit gottgleichen Fingern herumknetet.
Nur die Art des Knetens wechselt. Und manchmal, wie in
unseren Breiten, verlieren wir den Überblick über die
Hände, so viele sind es, die einem Insektenschwarm
gleich über die Körper herfallen. So daß sich kaum mehr
entscheiden läßt, welche von ihnen die maßgeblichen
Griffe ausüben. Morgen werdet ihr Deutschland sein,
brüllte Hitler der Hitlerjugend zu. We are the world, we
are the children, sang vor einigen Jahren dieses gute Dutzend amerikanischer Popsänger.

In dieser Welt, bei diesen Kindern hier scheint die Lage
klar und simpel. Ihr Führer tritt wirklich als Gott vor sie
hin, beseelt vom Heiligen Geist, versehen mit der Gabe
des Gedankenlesens. Niemand, der seine Allmacht zu be-
zweifeln wagte. Glimmt doch ein Funken des Argwohns

auf, wird er umgehend ausgetreten. Von der aufgehetzten Kindermeute selber. Blutige Katharsis.

»Wenn sie dich mit der Machete verstümmeln, dauert es drei bis fünf Minuten, bis du krepierst. Zuerst werden die Arme abgehackt, danach die Füße, dann die Beine. Wenn sie den Brustkorb zertrümmern, bist du am Ende.« O-Ton Isaac.

Und zur Demonstration daneben dieses Foto da. Wie alt wird das Mädchen sein? Vier, fünf, sechs, sie stiert ins Leere. Die verwachsenen Armstümpfe vor die rosa Kittelschürze gepreßt, kneift sie so weit wie möglich die Lippen ein. Oder haben sie ihr die, was sie ja gerne tun, auch abgeschnitten? Die Haut um die Mundpartie herum wirkt so hell, so fleckig gegenüber dem glatten dunklen Teint des Gesichts.

Was ihr Führergott weiter von ihnen verlangt, ist ebenfalls einfach. Beim ersten Mal, wenn die Kollegen ein Opfer grölend zerhacken, empfinden sie noch Entsetzen. Danach fangen sie an, sich für unbezwingbar zu halten. Die Panzerfaust auf dem Rücken, das vom Hohepriester mit Sesamöl gezeichnete Kreuz auf der Stirn, zieht sie los, die »Widerstandsarmee des Herrn«. Der Tod, nichts, was sie schrecken könnte. Die Parole: »Jesus mußte sterben, weil er zu gutmütig war.« Inzwischen landen die wenigen, die es gefangenzunehmen gelingt, im neuen Rehabilitationszentrum. Für Kinderguerilleros. Dort quält sie dann Nacht für Nacht derselbe Alptraum, in dem sie ihrer eigenen Zerstückelung zusehen.

Die aufmerksamen, durchaus wißbegierigen Gesichter auf dem Klassenzimmerfoto. Wie es wohl ist, dort Lehrer zu sein? Gewöhnliche afrikanische Jungs und Mädels. Alles zigfache Mörder der brutalsten Sorte. Beim kleinsten Konflikt rasten sie aus, wollen töten, ratta, ratta. Was ich meine, ob man pausenlos Angst hätte vor ihnen, oder ob man für den einen oder die andere Sympathie, Zuneigung entwickeln, sogar zu so etwas wie Vertrauen gelangen könnte. Ob man in der Tat die Hoffnung hätte, diese Arbeit mache irgendeinen Sinn.

Isaac erlernt das Schreinerhandwerk, hobelt, hämmert, tischlert den ganzen Tag. Sollten die Rebellen ihn eines Tages entführen und wider Erwarten nicht auf der Stelle umbringen, sagt er, würde er ohne zu zögern weitermachen wie früher.

14 Weiß auch nicht, was genau los ist. In die Dateien kann sie schließlich nicht reingekommen sind, die sind mit Paßwort versehen, und von Nadja hat sie noch nie etwas gehört. Außer ich sollte ihren Namen im Schlaf ausgesprochen haben. Wahrscheinlich hat sie bloß in den Materialheften geblättert, wahrscheinlich reicht das schon aus. Luzie will jedenfalls die restlichen Tage bei meinen Eltern verbringen. Hat sie mir vorhin mitgeteilt, und das geht selbstverständlich in Ordnung, die werden sich freuen. Aber sie verhält sich seit drei Tagen so eigenartig mißtrauisch mir gegenüber, um nicht zu sagen verschreckt. Sperrt die Tür ab, wenn sie im Bad zugange ist, bricht jede Unterhaltung ab, legt sich um acht ins Bett, liest Zeitschriften, undsoweiter, kurzum, sie geht mir, soweit das möglich ist in dieser Zweizimmerwohnung, aus dem Weg. Auch jetzt jaulen von drüben wieder ihre ewigen Sommerhits herüber. Sie hört das Klappern des Keyboards, wenn sie aufs Klo geht, weiß, daß ich den Fernseher eingeschaltet und den Ton ausgedreht, die eine oder andere Mappe neben mir aufgeschlagen habe. Und fragt sich bestimmt schon die ganze Zeit über, was ich hier eigentlich mache.

Zweifellos wird sie eine übersteigerte Vorstellung davon haben. Immer geht es ausschließlich um Kinder, um Jugendliche in diesen Sammelheften, wird sie sich sagen, immer um Gewalt. Um Sex. Sie wird glauben, daß sie da ja nur eins und eins zusammenzählen braucht, um einsehen zu müssen, mein Papi ist ein Perverser, ein bedrohlicher Psychopath. Quatsch, jetzt geht aber die Phantasie nicht mit ihr, sondern mit mir durch. Etwas dunkel wird ihr die Sache, etwas unheimlich werde ich ihr aber natürlich schon vorkommen.

Und wen würde das wundern. Ich trage Puzzleteile zusammen und hoffe, daß sie irgendwie ineinandergreifen, ein Bild daraus entsteht. Aber je weiter ich komme, je plausibler sich alles für mich zu einem Ganzen rundet, desto mehr zeigt sich, wie wenig ich dadurch gewonnen habe. Gerade jetzt, wo ich mit den Amokläufen dieser Schulkinder in Mississippi, Kentucky, Daly City, Jonesboro einen Schlußstein setzen, den definitiven Abgang hinbringen, mich von dir sozusagen gestärkt verabschieden und endlich wieder würdigeren Dingen, dem, ha, mein Lieber, ich verwende das abgegriffene pathetische Wort bewußt, dem Leben zuwenden wollte, kommt mir das ganze Unternehmen nur noch lächerlich vor.

Absurd der Glaube, mein Verständnis von dem, was ist, was abläuft, was hinter den Abläufen steckt, durch solche, nennen wir's mal, Schürfungen vertiefen zu können. Aber es gibt ja gar nichts zu schürfen, liegt doch alles ständig offen zutage, ist für alle zugänglich, neben, zwischen dem anderen Schwachsinn, dem restlichen Datenmüll. Wie nicht vorhanden in dieser Fülle, auf deiner sich endlos ausdehnenden Plattform, mittendrin im Wust deiner Banalitäten. Natürlich. Aber deswegen noch lange nicht weniger banal. Zwar lassen sich, wie selbst du inzwischen zugeben wirst, noch immer Muster ausmachen, zwar legen die Leute, genau wie ich, immer noch Muster hinein in dieses Chaos, subjektive Muster, genau wie ich, die auf gespenstische Weise übereinstimmen, über die sie sich auf gespenstische Weise sogar miteinander verständigen können. Doch ihnen auf den Grund kommen zu wollen? Ein Witz. Sie haben keinen.

Denn, und darauf will ich mit meinem Gequassel bloß noch hinaus, was kann ich letztlich, nach all dem Auf-

wand, schon mehr und Genaueres und Triftigeres sagen
darüber, warum zum Beispiel dieser dreizehnjährige Mitchell Johnson und sein elfjähriger Kumpel Andrew Gol-
den sich eines Tages drei halbautomatische Gewehre, eine
großkalibrige Jagdbüchse und neun weitere, kleinere
Schußwaffen aus dem Großvaterkeller schnappen, in ihre
Tarnanzüge steigen, sich in einem hundert Meter vor der
Pforte ihrer Westside Middle School liegenden Wäldchen
verbarrikadieren und, nachdem sie zuvor Feueralarm ausgelöst haben, ihre Mitschülerinnen wie aufgescheuchte
Rebhühner abknallen? Kann ich es etwa besser verstehen?
Bin ich auch nur eine Spur näher herangekommen an das,
was sich da eigentlich abspielt in diesen Kinderköpfen?

Genaugenommen geht es mir doch auch nicht anders
als jedem amerikanischen Bürger, der weiße Trauerbänder
an seinen Briefkasten, seine Autoantenne bindet und ein
paar Dollar für die Angehörigen der Opfer spendet. Geht
es mir nicht anders als jenen kleinen weinenden Mädchen, die ihre Sparschweine für sie schlachten. Nicht anders als dir. Angst, Betroffenheit, Sensationsgier, Ratlosigkeit. Denn das Verrückte ist doch, diese Jugendlichen, die
ich nur aus deinen Nachrichten kenne, scheinen mir so
vertraut, als lebte ich mit ihnen. Sind mir gleichzeitig so
fern und fremd und unheimlich wie die, mit denen ich
wirklich lebe. Was sollte ich dazu also mehr sagen können, als auch der Präsident höchstpersönlich von Afrika
aus verlauten ließ, er sei tief schockiert, sein Herz gebrochen. Oder mich der Meinung eines Mitschülers von Mitchell anschließen:

»Er war ziemlich cool.«

Das ist vermutlich alles. Ein ziemlich cooler Vorgang
mit einem ziemlich coolen Ergebnis. Drei Tote und sieben Schwerverletzte in Mississippi, drei Tote und fünf
Überlebende in Kentucky, fünf Tote und neun Überle-

bende in Jonesboro. Und Mitchell und Andrew sitzen in den Einzelzellen der örtlichen Haftanstalt, und Andrew heult die ganze Zeit nach seiner Mama.

Und ich gehe jetzt Luzies Sachen packen.

Wer weiß, was in ihr vorgeht, wer weiß, wann wir das nächste Mal zusammensein werden, oh, ich habe Petras Drohungen durchaus noch im Ohr.

Kann auch sehr gut sein, daß ihre Mutter sie angerufen hat, und ich habe bloß nichts davon mitbekommen.

Was mich aber wirklich erstaunt, meine zuletzt zwar nur noch schwachen, aber ständigen Sehstörungen haben gerade jetzt von einem auf den anderen Tag aufgehört.

15 Fahrt aufs Land, Zeitreise in die eigene Kindheit und Jugend. Der ganze Ort geschrumpft, jedesmal derselbe Eindruck bei der Durchfahrt, irgendwie schäbig, aller Stadtsanierung zum Trotz. Und seltsam synchron zu meinem Widerwillen diese innige Vertrautheit. Als wäre ich in einen fremden Traum geraten, der früher auch der meine gewesen sein will. Als könnten Träume ausziehen, auf Wanderschaft gehen, sich anderswo ansiedeln.

Natürlich war ich es, der abgehauen ist, die Zelte hinter sich abgebrochen, alle Leitungen gekappt hat. Flucht aus erdrückender Enge, wie mir schien, damals, dem Stumpfsinn unzeitgemäßer, kleinlicher Konventionen entronnen. Um in noch schlimmerem Stumpfsinn zu enden.

Doch was heißt schon schlimmer. Die jeweils herrschende Trostlosigkeit ist immer die unerträglichste. Unüberbietbar. Und nur im unglücklichen Blick zurück können alte Fesseln dann plötzlich geradezu gemütlich erscheinen. Lindernd, gnädig. Eine Art Lebenshilfe, man schlägt sich vor den Kopf, wie man sie jemals hat abstreifen können. Was zweifellos unsinnig ist, eine Blendung.

Einverstanden, die Beharrlichkeit, um nicht zu sagen Ergebenheit meiner Eltern, mit der sie an dem Zustand, den sie ihr Leben nennen, immer hartnäckig festgehalten haben, kann für die paar Stunden im Jahr, in denen ich mich diesem Zustand aussetze, sogar guttun. Nichts verändert sich, der Steingarten vorm Haus mit der kleinen Sennhütte auf dem Gipfel, der rituelle Ablauf der Nachmittage mit Kaffee und Kuchen. Gang über den Obstanger, Begutachtung der Apfel- und Birnbäume, deren

Schnitt und Zucht und Veredelung sich mein Vater zum Hobby, das heißt zur Lebensaufgabe gemacht hat. Abendessen mit Wurstaufschnittplatte und Essiggurken, danach der obligatorische Nachtisch mit eingemachtem Kompott. Und zur freien Verfügung für die Enkel das stets mit Süßigkeiten und Salzletten vollgestopfte Fach im Wohnzimmerbüfett. Man weiß bis ins Kleinste, was einen erwartet, oft sogar bis in den exakten Wortlaut hinein.

Und vor allem Luzie scheint den unerschütterlichen Gleichklang und unerbittlichen Frieden dort zu genießen. Kinder brauchen ein Zuhause, eine Familie, einen Rahmen und einen festen Platz in der Welt. Und es ist eure Verantwortung und Pflicht, diesen Platz für sie zu schaffen. Alles andere, wie es euch geht, was ihr wollt, ist nebensächlich. Die Predigten Vaters, als meine Trennung von Petra langsam Gestalt annahm, sind mir selbstverständlich im Gedächtnis geblieben. Nicht weniger als das Dauerlächeln und betuliche Gesäusel von Mutter, ihr endlos wiederholtes Wird-schon-Werden. Tja, nichts ist geworden, nichts. Und nachdem ich bei ihnen gewesen bin, begreife ich auch wieder, warum. Wenn das der Preis ist, der zu zahlen ist, damit es wird. Daß es bleibt.

Die haben sich nichts zu sagen, solange ich zurückdenken kann. Haben dieses Haus gebaut, in den späten Sechzigern, als so etwas plötzlich möglich war für kleine Leute. Die Aufgaben, klar und klassisch verteilt. Einmal pro Jahr fahren sie an den Gardasee. In allem anderen gehen sie getrennte Wege, wenn man von Wegen überhaupt sprechen kann. Vaters Bäume, der Schachverein, Mutters Stickleidenschaft vor der Glotze, ihr Frauengymnastik-Mittwoch. Sie tragen Birkenstock-Sandalen in der Wohnung, laufen in Jogginganzügen herum, außer sonntags, zum Braten. Laufen in diesem Aufzug ihr Leben herunter, sitzen es aus, ab, in ihren selbstgeschaffenen vier Wänden, ihrem geschäftigen Schweigen. Warten auf die Besuche der Enkelkinder, beschenken sie hemmungslos mit dem letzten modischen Dreck. Ob süße, klumpfüßige Diddl-Mäuse für die Kleinste meiner Schwester, ob Inline-Skates der teuersten Marke samt Restoutfit für die beiden Größeren. Jetzt haben sie für Luzie zu sparen begonnen. Das Ziel, ein Auto mit achtzehn. Auch der Kontostand der Enkelsparbücher ist natürlich regelmäßig Thema. Und die Vorhaltungen, daß ich nicht richtig für Luzies Ausbildung vorsorge, sind ebenfalls unvermeidlich.

Es wird dich deshalb kaum überraschen, daß ich mich noch heute schwertue, daheim, wenn sich so sagen läßt, vorbeizuschauen. Und gar erst spontan, wozu Vater mich in seinem kurios künstlichen, saloppen Tonfall zum Abschied jedesmal auffordert. Du weißt, du bist hier jederzeit auch spontan willkommen, wörtlich immer dieser Spruch. Er ist wohl irgendwie zärtlich gemeint.

Und mittlerweile bin sogar ich ihnen gegenüber versöhnlich gestimmt. Spätestens seit ich mir eingestehen mußte, wie restlos ich auf die Schnauze gefallen bin mit dem, was nicht nur mir einmal als Ausbruch und neuer Lebensentwurf erscheinen konnte. Auf beiden Seiten Gescheiterte sozusagen, das erzeugt Nachsichtigkeit, Herzenswärme. Denn selbst so biedere, ungebildete Menschen wie meine Eltern beginnen irgendwann instinktiv, trotz des satten, trügerischen Gleichgewichts, in das sie sich eingegraben haben, ihr Dasein als Niederlage zu empfinden. Der nagende Seelenschmerz im Bewußtsein des nahendes Tods. Daß sich für das, was sie, wie sie sagen würden, im Schweiße ihres Angesichts aufgebaut haben, nicht einmal die eigenen Kinder mehr interessieren. Daß sie jedoch nichts anderes zu bieten haben. Und daß das wirklich alles gewesen ist.

Um so besser für sie wie für mich, daß Luzie sich so

wohl fühlt dort. Sie bekommt bei den Großeltern, was die Eltern ihr ums Verrecken nicht bieten können.

Ein Scheitern gleicht das andere aus. Eine Lebenskatastrophe hilft der nachfolgenden über das Schlimmste hinweg. Ein bißchen. Vielleicht.

Wie sie am Gartentor herumgehüpft ist beim Nachwinken, wie sie sich gefreut hat. So sehr Kind ist sie in all den Tagen bei mir kein einziges Mal gewesen.

Und ich bin endlich wieder allein. Oder leider. Oder wie es mir zukommt.

 HERBST
1998

1 Plötzlich steht sie da. Im Glasbau zwischen Schule und Turnhalle, beim Hintereingang, gleich am Ende des ersten Schultags. Lehnt an der Scheibe in diesem ungemütlichen, um diese Zeit kaum frequentierten Verbindungskanal, die Tasche im Arm. Wie wenn sie auf mich gewartet hätte, unglaublich, und ich halte direkt auf sie zu. Als hätte ich mit ihr gerechnet, als wäre das Ganze abgesprochen, kurios verschworener Moment, in dem wir uns in die Augen sehen. Und statt sie zu begrüßen, öffne ich stumm die Tür, schließt sie stumm sich mir an, treten wir ins Freie, spazieren hinten hinaus, über die Sportfelder, Richtung Parkplatz.

Ich war nämlich ausnahmsweise mit dem Auto gekommen und morgens prompt in einen Stau geraten. Nach meinem Sprint zum Schulgebäude noch völlig außer Atem, langte ich kurz vor Schulbeginn im Lehrerzimmer an. Und kaum hatte ich mein »Morgen« herausgepreßt, das übliche Paßwort, das wie üblich unerwidert blieb, war augenblicklich auch das furchtbar vertraute Gefühl der Lähmung, des Nichtdazugehörens wieder da. Nein, die Kollegen haben mich keineswegs geschnitten, kann mich auch nicht erinnern, daß sie es je getan hätten. Ich kam mir nur sofort vollständig fehl am Platz vor. Denn wirklich hatte ich, exakt von diesem ersten Schritt durch die Lehrerzimmertür an, dieselbe abgestandene, stickige, nach billigem Putzmittel und Linoleum riechende Schulluft in der Nase, die in mir auch im Sommer und im Frühjahr davor, im Winter, dem letzten Herbst und den vielen vorhergegangenen Sommern, Frühjahren, Wintern, Herbsten immer den gleichen Ekel verursacht hatte. Diese Ferien haben also wieder einmal gar nicht stattgefunden, sagte ich mir, während ich meinen Dufflecoat an den Haken hängte. Und bestimmt, dachte ich auch schon weiter, werden bald wieder sämtliche Geräusche, wird noch das winzigste Knistern zu schreien anfangen. Mich niederbrüllen. Daher versuchte ich es mit kräftigen, gleichmäßigen Atemzügen. Die Augen geschlossen, stand ich vor der Wand aus Mänteln. Sog die Lungen so voll es ging, bis in den Bauch hinunter, wie ich es vom Joggen her schätzen gelernt habe. Nahm mir bei der Gelegenheit vor, endlich wieder damit anzufangen. Drehte mich um, dem Raum, den Lärmattakken, meinem Schicksal quasi zu, und wußte, einen beschisseneren Einstieg als diesen hätte es gar nicht geben können.

Auf der Flucht, geradewegs am Abhauen bin ich also, als ich auf Nadja stoße. Von einem so immensen Bedürfnis getrieben, mich auf der Stelle zu verkriechen, mir die Ohren zu verstopfen, die Lider zu verkleben, daß mich die Heftigkeit des Impulses erst recht erschreckt. Die Aussicht auf ein neues, durch und durch fades, unsinniges Schuljahr herauszubrennen aus meinem Kopf, rennend, schlafend, fernsehschauend, egal, irgendwie. Diesem Dämon in Gestalt eines dummen grauen Betonmonsters mit gähnend aufgerissenem Maul, das jederzeit unvermittelt zuklappen kann, wenigstens für diesen Tag noch zu entkommen. Was für eine Erbärmlichkeit, was für eine Panik, was für ein Irrsinn.

Da muß doch Nadjas Anblick, ich meine, da muß doch allein schon die Tatsache ihres bloßen Daseins, daß es jemanden wie sie wirklich gibt, also, das muß ja jetzt die Rettung für mich bedeuten, das ist doch sonnenklar. Regelrecht eine Erlösung ist es in diesem Augenblick. Auf einmal ist sie da, schlicht und ergreifend Nadja sozusagen, wie eine längst verfügbare Antwort und Konsequenz.

Ich brauche die Antwort nur aufgreifen, die Konsequenz bloß ziehen. Muß Nadja bloß mitnehmen, sie mitkommen lassen, so simpel ist das.

Sie hat sich übrigens, erst vor wenigen Tagen offenbar, den Schädel rasieren lassen, der ist inzwischen wieder mit Stoppeln bedeckt, durch die weiß die Kopfhaut schimmert. Und da geht sie ja auch bereits neben mir her, als wäre es die normalste Sache der Welt, und ich muß ihr nun, bevor wir das Auto erreichen, unbedingt schnell über den Kopf streichen. Ganz leicht. Zuerst eigentlich nur andeutungsweise diese dünne Haardecke berühren, die fühlt sich wider Erwarten richtig flaumig an. Aber daß Nadja mir darauf mit ihrem typisch knappen Lächeln antwortet, so schräg von unten hoch, wozu sie verwundert die Braue mit dem Ring hochzieht, so, kannst du es dir vorstellen, dann den Hinterkopf in die Kuhle meiner Hand drückt, das ist jetzt natürlich nur wunderbar. Ein Haustier, das gekrault werden will, denke ich unwillkürlich. Oder, denke ich vielmehr, als würde uns eine uralte innige Freundschaft verbinden, die ohne Verzug dort weitermacht, wo sie vor langer Zeit unterbrochen wurde. Diese Art Freude ist das, und da steigen wir auch schon ein. Also ungelogen ohne daß wir bis dahin eine Silbe gesprochen haben, läßt Nadja sich auf den Beifahrersitz fallen, und spätestens zu diesem Zeitpunkt, ich drehe den Zündschlüssel um, kommt mir, daß ich nicht die leiseste Ahnung habe, wohin wir überhaupt fahren.

Schon wieder vergessen.

Magst du mich Frank nennen, spreche ich sie nämlich endlich an, als wir vor zur Ausfahrt rollen. Wo ich doch keinen einzigen Kurs in deinem Jahrgang habe, wo ich ja eigentlich nicht mehr dein Lehrer bin. Wo wir, zumindest im Unterricht, nichts miteinander zu tun haben. Was meinst du.

Und sie nickt dazu, das mußt du dir mal klarmachen, wie das jetzt reinhauen muß, in dieser Stimmung, Nadja nickt, nichts weiter, ohne Zögern. Und ja, ja, jubelt es sofort in meinen Verstand hinein, es geht ihr wie mir, genau wie mir. Sie hat wirklich auf mich gewartet. Was für ein Tag.

Nach so einem Einstieg, sage ich, als wir draußen auf der Straße sind, so ein Glück nach diesem Scheißstart. Daß gerade du da warst. Daß du auf mich gewartet hast, betone ich sogar. Und sie widerspricht nicht. Sie widerspricht nicht, hörst du, es ist also wahr, denke ich und bin auch schon nicht mehr zu bremsen. Ob sie sich vorstellen kann, was es heißt, wie es sich anfühlt, schüttet das los aus meinem Mund, für immer in diesen Bunker zu müssen. Täglich zu diesen Lehrern, in ihr Lehrerzimmer hinein. Lebenslänglich dieses Lehrerzimmer betreten und im selben Moment ein sogenannter Kollege zu werden. Ein Kollege von der Sorte. Ich sage, du hast ihn Gott sei Dank in zwei Jahren überstanden, den Klotz, den Bau, das Gefängnis. Im Augenwinkel ihr linker Arm, ihr linkes Bein. Ein Stück vom Schoß, auf dem die Schultasche liegt. Nadja trägt Jeans. Ich bin ja kein guter Fahrer, kann ihr meinen Blick nicht einmal für Sekunden zuwenden, hänge doch immer so vorne an der Scheibe dran, daß die Brust fast auf dem Lenkrad aufliegt.

Da vorne rechts, sagt sie, also ordne ich mich ein auf die richtige Spur, biege ab, während sich das Bild vom morgendlichen Lehrerzimmer immer grauenvoller in meinen Kopf hineinmalt, während ich sie sitzen sehe, jeden und jede, auf ihren angestammten Plätzen. Manche kommen angeblich schon vor sieben, stell dir das mal vor, Nadja, wie der alte Lembach.

Ich kann das nicht stoppen jetzt, ein ganz grauenhaft angestautes Mitteilungsbedürfnis hat mich erfaßt, und daran ist nicht zu rütteln. Trotz allem, trotz meiner permanenten Aufarbeitungsanstrengung, diesem Gespräch hier, haha. Pseudogespräch. Der Damm ist gebrochen. Jetzt also Redeschwall, ausgerechnet über Nadja flutet er hinweg, ich wundere mich ja selbst darüber, doch was ändert das. Der Druck ist so stark, er muß sich einfach entladen. Ohne Rücksicht auf irgendwen.

Lembach und die neue Referendarin, stürzt die Lawine auch schon weiter und begräbt uns beide unter sich, wie heißt sie gleich, Pagenschnitt, Latein und Religion. Die beiden sitzen immer abgesondert drüben am Konferenztisch, bereiten sich vor, korrigieren, was weiß ich, darauf fällt der erste Blick beim Reinkommen. Auf den kauzigen Physiker mit seinem strichdünnen Oberlippenbärtchen, dem Seidenhalstuch. Und auf diese blasse, superjunge, in ihren von vornherein zwecklosen Kampf um Verbeamtung verbissene Spitzmaus ihm gegenüber. Ich lästere, ja, fühlt sich gut an, wie beim Erbrechen, wenn die Übelkeit nachläßt. Lembach, spotte ich, wie er mit geschürzten Lippen laufend an den Arbeitsutensilien nestelt, die liegen ja immer nach einem geometrischen, offenbar fortwährend der Korrektur bedürftigen Muster geordnet vor ihm. Die Spitzmaus, wie sie ihn dafür alle zwei Minuten mit bösem Streberblick straft. Und wie er dann demütig zurücklächelt.

Lehrer, sage ich, und Nadja sagt, jetzt wieder rechts, ich sage es manchmal sogar leise vor mich hin. Auf dem Weg zur Kaffeemaschine sage ich oft laut das Wort Lehrer zu mir selbst, es ist wie ein Schlag ins Gesicht. So siehst du also aus, denke ich, während ich die Tasse zwischen den Gummibäumen, Yuccapalmen und den ebenfalls Kaffee trinkenden oder Joghurt löffelnden Kollegen hindurch Richtung Lehrerfächer balanciere. Lehrer, Lehrer, Lehrer, verstehst du, Nadja, sage ich, es ist zum Aus-der-

Haut-Fahren. Diese drei sogenannten, wie spontan zusammengeschobenen Teamarbeitsflächen, du kennst das ja, in Wahrheit Stammtische, was für eine Heuchelei. Und als erstes der größte, der Sportlerstammtisch, die Dirschka-Blase, o Gott, natürlich gleich neben der Kaffeetheke. Der bezaubernde Surfer, Drachenflieger, Spaßvogel und Obergockel Robert Dirschka mit seiner Hühnerschar, die seine ewigen schnoddrigen Anekdoten begackert. Diese One-Man-Show, an der ich mich als erstes vorbeizwängen muß.

Dabei habe ich gar nichts gegen diesen fidelen Haufen, stoße ich hervor, etwas überzogen hilflos wahrscheinlich. Inzwischen sind wir auf dem Ring angelangt, verlassen das Zentrum, Nadja wedelt mit einer Zigarette. Klar kannst du rauchen, sage ich, was soll man auch groß haben gegen so vitale, so harmlose Leute wie die. Die knackige Erdmann, topgebräunt zu jeder Jahreszeit, diese entzückende Neue da, wie war gleich ihr Name, Wirtschaft und Sport, Carola Wendt, genau. Im Ernst, die meisten lächeln mir ja grundsätzlich zu. Ausgesprochen einladend. Wie natürlich auch Freund Leander Lorenz. Ah, der hübsche, strohdumme Fachkollege. Bekennender Tolkien-Fan, nebenbei bemerkt, ach, habe ich dir schon mal erzählt. Ein Traum von Deutschlehrer, was. Der mir außerdem jeden Morgen den Weg versperrt, so weit schiebt er sich der langen Beine wegen immer mit dem Stuhl nach hinten in den Durchgang. Und der jedesmal so nett lächelt, wenn ich mich um ihn herumquetsche.

Was ich bloß sagen will, Nadja, und da, während die rote Ampel auf uns zukommt, wende ich mich ihr wirklich zu, trete dabei aus Versehen viel zu stark auf die Bremse, so daß es uns in die Gurte schleudert. Und Nadja scheint richtig zu erschrecken. Denn sie sucht jetzt mit weit aufgerissenen, ruckenden Augen in den meinen herum. Ein Ausdruck, den ich sonst gar nicht kenne an ihr. Angst, ausgeliefert sein, etwas in der Art, vermute ich, ich bitte sie natürlich sofort um Entschuldigung. Bin heute etwas nervös, rechtfertige ich mich, undsoweiter, beuge mich unterdessen linkisch hinüber auf ihre Seite. Fingere an Nadjas Beinen vorbei nach ihrer Schultasche, die ist ihr bei meiner ungeschickten Bremsaktion nämlich vom Schoß gerutscht. Turnschuhe hat sie an, jawohl, diese klassischen knöchelhohen Adidas-Dinger. Aber da zieht sie das Teil, es ist ein grasgrüner Rucksack, bereits selbst wieder herauf. Unsere Hände berühren sich leicht. Ein paar Tampons liegen am Boden verstreut, auch die sammelt Nadja noch hastig ein. Mangelnde Praxis, wiegle ich ab, als die Ampel umspringt, ich die Kupplung kommen lasse, viel zu schnell in meiner idiotischen Aufregung, so daß mir der Motor stirbt, und noch einmal, noch einmal, ich meinen kleinen Fiat erst im vierten Versuch wieder zum Laufen bringe. Das heißt, er hüpft mir ehrlich gesagt mehr so davon, mir und dem Hupkonzert im Nakken. Sogar die Reifen quietschen ein bißchen. Tut mir leid, brabble ich verlegen, bin nicht gerade ein begnadeter Fahrer.

Jetzt ist mir die ganze Situation plötzlich äußerst peinlich. Ich weiß nicht einmal, wie ich ihr ein Ende setzen könnte, wo mir doch selbst das Ziel dieser Autofahrt unbekannt ist. Ich kann das Mädchen schließlich nicht einfach vor die Tür setzen, das wäre ja noch peinlicher. Klar schäme ich mich, was denkst du denn. Aber da kennst du eben Nadja nicht, ich bin ja selber überrascht, fast erschüttert von so viel Taktgefühl. Bei einer Jugendlichen. Wenn es denn Taktgefühl gewesen ist und nicht Naivität oder Unbedarftheit oder Gleichgültigkeit, ich bin mir da längst nicht mehr so sicher, weißt du. In dem Moment erscheint mir ihre Reaktion jedenfalls geradezu souverän.

Die einzig richtige, um mir aus dem Schlamassel heraus-
zuhelfen. Und wahrhaftig, meine Befangenheit löst sich
sofort in nichts auf, weicht sogar einem noch mächtigeren
Hochgefühl als zuvor, als Nadja mir nun ohne Um-
schweife den Rest des Wegs beschreibt. Zu ihrer Wohnung, natürlich, das heißt, zu dem Platz, wo ich sie absetzen soll. Dazu zündet sie eine zweite Zigarette an, reicht
sie mir herüber.

Und dann, nach einer kurzen Pause, sagt sie noch,
was wolltest du sagen, Frank. Frank sagt sie, gerade jetzt
spricht sie mich mit Frank an, zum ersten Mal mit du, hüpft
mir mein Herz, alles, alles gut, alles immer besser. Sagt, interessiert mich wirklich sehr, das, sagt, los, erzähl weiter,
Frank.

Was dich daran interessieren sollte, Nadja, fange ich
also vorsichtig wieder an, denn das klingt ja trotz allem
und nicht nur für dich, Sportsfreund, reichlich seltsam.
Wie sie das formuliert. Interessiert mich wirklich sehr. So
ein wenig aufgesetzt und künstlich aus ihrem Mund, fast
therapiemäßig kommt das rüber, und ich will sie schließlich auch nicht langweilen, das versteht sich doch von
selbst. Darum sage ich, nichts, was denn daran interessant
sein soll. Ich meine, sage ich, gut mit den Kids können,
wie sie sich ausdrücken, klar, das bedeutet ihnen etwas,
das bedeutet ihnen genaugenommen sogar alles. Die Kids
dort abholen, wo sie sich aufhalten, das macht die Quali-
tät des Lehrers aus. Finden sie. Und wie gut es einer kann,
bestimmt eben die Höhe seines Rangs. Kein Thema also,
daß Dirschka ihr Leithengst ist. Zwangsläufig, automatisch. Mit seinen Leistungssportneigungsgruppen, als Stim-
mungskanone bei Klassenfeten und Snowboardfreak im
Skilager. Mit seinen Muckis, seinen Witzen, undsoweiter.
Die richtige Mischung aus Spaß und Ehrgeiz, so lautet
ihre Zauberformel. Und aus unerfindlichen Gründen

genieße ich bei denen ebenfalls diesen fragwürdigen Ruf eines Kidsleaders. Ich könnte mich jederzeit zu ihnen setzen, das ist mein voller Ernst, Nadja, die würden mich mit Handkuß aufnehmen in ihren Kreis. Kann ich leider nicht dienen damit, Leute. Klar, daß ich das nicht kann. Oder. Ich doch nicht.

Und erst recht nicht der zweiten, ungefähr halb so großen Blase, am nächsten Stammtisch. Der natürlich im Zentrum plaziert ist. Ich meine, dienen, mich beteiligen, was für eine absurde Vorstellung, ich komme auch schon wieder in Fahrt, gerate erneut in Wallung, schmeiße die kaum angerauchte Marlboro aus dem Fenster, sie schmeckt einfach zu widerlich. Mitmachen bei den von den anderen Lehrern so genannten Achtundsechzigern, schäumt und blubbert es weiter. Was ja nicht so sehr eine Generation, nicht einmal eine Ideologie, sondern eher so einen gewissen Habitus meint. Da gehört die Schoppe mit den berüchtigten Qi-Gong-Übungen zu Beginn ihrer Englisch- und Französischstunden, ihrem Hang zu Astrologie, Heilsteinen undsoweiter, die ist übrigens wirklich, du wirst es nicht glauben, erst zweiunddreißig, also die gehört da genauso dazu wie unser lieber Doktor Möcker.

Der linke Fritz, hach. Der nun ist zu Studentenzeiten in der Tat im Führungskader einer marxistischen Gruppe gesessen. Und hat, wie sollte es anders sein, natürlich auch hier das Sagen. Sein Lenin-Bart, der schulterlange Haarkranz um die Halbglatze herum. Stammt alles angeblich noch aus der Zeit. Kontinuität sozusagen. Grau inzwischen. Der wird euch im Leistungskurs, da gehe ich jede Wette ein, Hölderlin und »Iphigenie auf Tauris« um die Ohren hauen, bis euch schwarz vor Augen wird. Egal, auf alle Fälle, wenn ich bei denen vorbeigehe, ist es jedesmal, als hätte ich eine Art konspiratives Treffen gestört.

Das plötzliche Verstummen, dieser Ausdruck auf ihren Mienen, eine imposante Mischung aus Resignation und Trotz. Eigentlich lustig. Als würden sie gleich platzen vor Verschwörungseifer, scheint es im nächsten Moment wieder völlig unerheblich, daß jemand mithört. Auf mich wirkt es jedesmal so, als sollte ich plötzlich möglichst alles haarklein mitbekommen. Von ihren Schmähreden. Diesen aufgebrachten Haßtiraden gegen Konsumdenken, Fernsehen, Computerspiele, Markenterror undsoweiter.

Und selbst wenn eine wie die Schneider Christel versucht, die, wie sie sich unbeholfen ausdrückt, durch die Medien völlig veränderte Wirklichkeitsauffassung, die ganze veränderte Lebenswirklichkeit der Jugend ins Spiel zu bringen. Daß wir als Lehrer doch irgendwie darauf reagieren müßten. Mit gegeneinandergepreßten Fingerspitzen starrt sie dabei in ihr halbleeres Milchglas. Die dicke goldene Halskette vibriert, unter solcher Spannung steht der Kehlkopf. Der ganze sehnige Hals der sonst so ausgeglichenen Frau pocht, echt wahr, als wäre ihr das Herz in den Schlund hinaufgerutscht. Gerade ihr, dieser klugen, disziplinierten, sonst so kämpferischen Biologin mit dem strengen Dutt. Unserer allseits beliebten Vertrauenslehrerin. Und wer auch würde sie nicht lieben. Sie soll sogar mal ein Verhältnis mit Fritz gehabt haben. Ohne Scheiß, Nadja, eine Affäre mit dem schauerlichen Doktor Mökker. Sex auf dem Jägerstand, von Robert Dirschka höchstpersönlich beobachtet und im Kollegium verbreitet. Zu der Zeit, als sie ihre Ökologieprojekte lancierte. Mülltrennung an der Schule, Wald- und Wiesenexkursionen mit kleinen praktischen Aufgaben für die Kinder, du erinnerst dich.

Es scheint in diesem Verein jedenfalls eine echte Mutprobe zu bedeuten, bestimmte Gedanken auszusprechen. Über Themen, die ihrem Ex-Liebhaber aus welchen Gründen auch immer nicht in den Kram passen. Der holt nach solchen Vorstößen die Kollegen nämlich, wie er zu sagen pflegt, umgehend wieder auf den Boden der Tatsachen zurück. Referiert über das neoliberale Komplott, Versklavung, Gehirnwäsche, sexuelle Luststeuerung, Bedürfniserzeugungsindustrie, die Welt als Einkaufszentrum. Und der Rest schweigt andächtig.

Es ist zum Kotzen, das heißt, der Möcker hat andererseits ja nicht so ganz unrecht, was. Aber interessant, liebe Nadja, das ist doch alles nicht interessant, ist nichts. Nichts. Ist die pure Hilflosigkeit, gleich sind wir da, flicht Nadja etwa zu diesem Zeitpunkt ein. Feindschaft, verstehst du, die Schüler als Feinde, darauf läuft es doch letztlich hinaus. Erziehung als Steuerungszugriff. Und der ist ihnen vollständig entzogen, den Möckers dieser Welt. Den hat inzwischen, in ihren Augen, das Böse. Denen sitzt in den Klassenräumen keine Schülerschar gegenüber, sondern eine Armee von Klonen. Denn das ist ihre Sorte von Realitätsauffassung. Für die ist doch längst jede Unterrichtsstunde zu einem Kampf auf Leben und Tod geworden, aber hallo. Froh, wenn sie mit heiler Haut wieder rauskommen. Eine Genugtuung, wenn sie euch Terminatoren sozusagen kurzfristig ausschalten können. Mit Verweisen, schlechten Noten. Bevor ihr die Regenerationstaste drückt, wieder aufsteht, Zombies, die ihr seid. In deren Augen. Und zurückschlagt, wie es ihnen vorkommt. Sie, die sich für letzte Menschen halten, haben sich nach und nach selbst in den Typ von Kampfroboter verwandelt, den sie in allem zu erkennen glauben, so sieht es doch aus. Jederzeit schußbereit. Unverwundbar. Und Captain Möcker hat in dieser Schlacht eben den Rang eines obersten Programmierungscyborgs in Sachen Bildung. Ist es da verwunderlich, daß das Deutschabitur seiner Leistungskurse im Landesvergleich regelmäßig überdurchschnittlich gut ausfällt? Und wirklich, alle seine ehemaligen Rekruten danken es ihm. Bei Altschülertreffen etwa. Zwar haben sie ihn gehaßt, den autoritären Unterrichtsstil, seinen Zynismus, die unerbittliche Strenge. Aber, sagen sie, das war das beste Training für eine spätere Karriere.

»Langsam, Frank, da vorne kannst du mich rauslassen.«

Stimmt, wir sitzen ja im Auto. Nadjas Einwurf reißt mich wirklich aus einem anderen Film. Stolpere auch gleich erneut ungeschickt auf den Fußpedalen herum. Doch anscheinend hat sich Nadja bereits an meinen Fahrstil gewöhnt, so gelassen nimmt sie es diesmal hin, das plötzliche Bremsen und Rucken, das sie mehrmals hintereinander in den Gurt katapultiert. Wie sich überhaupt der Ton, in dem sie mich unterbrochen hat, auffallend lässig anhört, wie ich jetzt bemerke. Oder ist er gelangweilt? Genervt? Immerhin ist mir bewußt, daß meine Ausführungen nicht gerade umwerfend neu für sie gewesen sein können. Mein Gejammer. Trotzdem, in dem Augenblick bilde ich mir durchaus ein, aus dem Klang ihrer Stimme so etwas wie Zustimmung ableiten zu können. Solidarität gewissermaßen. Verrückt, nicht wahr. Vermutlich hast du recht. Aber daß sie dann, als wir am Randstein stehen, auch noch eine Weile sitzen bleibt, mir offenkundig die Chance gibt, zu Ende zu kommen mit meiner faden Suada, muß mich in meinem Wahn schlechterdings bestätigen. Ist das denn so schwer nachzuvollziehen? Da muß ich Nadja doch jetzt an die Schulter fassen. Mit der einen Hand. Daß ich ihr zusätzlich die andere, wenngleich sehr behutsam und sachte, auf den Nacken lege, zugegeben, das ist vielleicht schon etwas zu aufdringlich.

Oder glaubst du, frage ich sie also, kaum habe ich sie im Griff, daß ich im Grunde schon zu den Fast-Pensionisten zähle? Zur Altenriege, zum Waltraud-Wagner-Zirkel?

Vom Grad des inneren Verfalls her sozusagen? Vielleicht gehöre ich strenggenommen an diesen Tisch? Zu den Leuten mit Burn-Out-Syndrom? Das Gesicht ganz nah bei ihrem, kommt meine Stimme fast als Flüstern aus mir heraus.

Dagegen klingt Nadjas verblüfftes, lautes Auflachen nun eher wie das einer nachsichtigen älteren Schwester.

»In den Albright-Club? Das Leben als Militärparade?«

»Als Lachnummer, Nadja, als Lachnummer.«

»Jeden Tag mindestens einmal patrouilliert die Albright oben durch die Gänge, an den offenen Klassenzimmertüren vorbei. Ich weiß nicht, ob du das schon mal gesehen hast. Den fülligen, sagen wir mal, Oberkörper so vorgepreßt, das Kinn ungefähr hier oben. Feldwebelmäßig. Und schon die ganz Kleinen äffen sie nach. Werfen sich hinter ihrem Rücken ins Diplomatenhohlkreuz. Marschieren hinterdrein.«

Dazu gestikuliert Nadja jetzt wie wild. Hektisch. Aha, sie will meine Hände abschütteln, so fasse ich das natürlich auf. Sofort nehme ich sie weg. Wie beiläufig. Falle, quasi instinktiv, auch in einen spaßigen Tonfall. Nehme den Ball auf.

»Früher soll sie ja eine echte Autorität gewesen sein.«

Und sie wirft den Ball wieder zurück.

»Dieser tägliche Entenkükenmarsch mit der dicken Glucke voneweg. Wirklich zum Schreien, Frank. Erst recht, wenn sie was merkt, wenn sie sich schnaubend umdreht, zu brüllen anfängt, wenn sie ein paar von ihnen zu erwischen versucht. Flegel, Strolche, keucht sie. Ihr kleinen Verbrecher.«

»Drache der Schule. Hat mehrere Schuldirektoren überlebt, die sollen alle vor ihr gekuscht haben.«

»Gymnastikzeit für Al-bright, Schreckgespenst der Stein-zeit. – Das singen sie dann immer.«

»Uhl und Hecht scharwenzeln heute noch um sie herum. Kavaliere der alten Schule.«

»Nicht zu vergessen die aktuellen New York Times-Artikel zur amerikanischen Außenpolitik in jeder zweiten Englisch-Ex. Von daher hat sie schließlich den Spitznamen.«

»Oder was glaubst du, warum die sich immer so in Schale werfen. Uhls große gepunktete Fliegen. Unfaßbar. Jede Woche ein frischer Blumenstrauß fürs morgendliche Kaffeekränzchen. Und Hechts Pralinenschachteln, die er kauend jedem, auch mir, mit seinen Wurstfingern hinhält. Obwohl ich noch nie eine genommen habe. Man entkommt ihm ja nicht. Wie ein Zollbeamter hockt der neben den Lehrerfächern.«

»Sogar in den Mathestunden mampft er vor sich hin. Ist dir schon einmal aufgefallen, wie dabei die weißen Koteletten, diese enormen Haarbüschel in seinen Nasenlöchern wackeln? Dazu das dauernde Geblase, der komische Summton. Mmmm ... mm ... mmm. Kann er einfach nicht abstellen.«

»Bis er tot umfällt. Von einem Moment auf den andern. Demnächst. Gutmütig, versonnen lächelnd wie immer.«

»Ist ansonsten ja eigentlich ein freundlicher alter Opa.«

So geht das hin und her. Trotzdem werde ich einfach diese kindische Traurigkeit nicht los. Bis ich sie zuletzt, aufgekratzt, lachend, frage, ob so auch meine Zukunft aussieht, also, das Ende. Ob es das ist, was mir unweigerlich blüht. Und ich kann mich auch in dem Punkt täuschen, aber egal, was du denkst, ich fürchte, da hat sie jetzt tatsächlich etwas von meiner komisch gedrückten Stimmung erfaßt. Denn während sie bereits die Tür aufstößt, lehnt sie sich kurz entschlossen noch einmal herüber zu mir, streicht mir mit der Hand leicht über die Stirn.

Bis morgen dann, sagt Nadja. Und dann ist sie weg.

Bis morgen dann.

Klar, daß wir uns beide tags darauf und überhaupt eine Zeitlang aus dem Weg gegangen sind. Ich für mich kann sagen, daß ich auch weiß Gott nicht darauf erpicht war, ihr unter die Augen zu treten. Wie hätte ich denn mein Gesicht wahren, aus welchen Gründen hätte Nadja ein dermaßen verunglücktes Unterfangen fortsetzen sollen, mit jemandem wie mir zu kommunizieren? Zuerst habe ich sie vollgelabert, dann obendrein begrapscht. Grauenhaft. Und trotzdem sagt sie, bis morgen dann, exakt in dem Moment, als sie endlich erleichtert mein Auto verläßt, kannst du mir mal erklären, warum?

Nein. Du natürlich nicht.

Wieso ich dir das alles dann überhaupt erzähle?

Was heißt hier, dir erzählen. Ich erzähle es. Fertig. Und du spielst dabei nicht die geringste Rolle. So ist das. Nimm es als schlechte Angewohnheit, wenn ich dich manchmal noch versehentlich anspreche. Daß ich das hier einfach nicht lassen kann. Noch nicht. Eine harmlose kleine Sucht, wie die tägliche Flasche Rotwein vor dem Schlafen. Doch keine Angst, Erwartungen hege ich keine mehr. Wenigstens nicht, was dich angeht. Selbst der leichte Rausch, den ich von früher kenne, stellt sich kaum noch ein. Ich bin eher wahnsinnig nüchtern.

Warum? Stell dich nicht so an, die Gründe liegen schließlich auf der Hand. Daß mir diese alberne Hoffnung, über dich auch nur einen Hauch näher herankommen zu können an die Wahrheit, oder die Fakten, wenn dir das lieber ist, also daß die mir inzwischen gründlich ausgetrieben ist, das ist doch nun mehr als begreiflich.

Unbegreiflich dagegen, daß ich davon tatsächlich einmal ausgegangen bin. Daß das möglich sein könnte. Etwas erfahren über die Gegenwart. Durch dich. Hier, siehst du, diese Aufzeichnungen, was für ein Haufen Sätze, Seiten, was für ein abwegiges Projekt. Irre. Der Glaube, du wüßtest Bescheid, was Sache ist. Besser als irgendwer sonst. Die wirre Ansicht, man müsse dich nur von der richtigen Seite her nehmen, dann würde man den Dingen schon auf den Zahn fühlen. Der Einfall, du ließest dich in die Ecke drängen, zwingen, dich mir zu stellen. Herauszurücken mit allem, was du mutwillig, wie ich im Ernst angenommen habe, verschweigst. Um mich in Unkenntnis zu halten über alles Wesentliche, um mich, meine Unmündigkeit, auszuspielen gegen mich selbst.

Was in aller Welt du dir davon versprechen solltest? Ich weiß es nicht, ich habe es nie herausfinden können.

Nicht wirklich. Denn noch ist jeder Erklärungsversuch, jede Charakterstudie über dich, ins Leere gelaufen. Man meint, dich endlich festnageln zu können, ist im Begriff zuzuschlagen, schwingt bereits den Hammer, da löst du dich auch schon in Luft auf, erscheinst an ganz anderer Stelle. Hinter, über, neben einem. Verführung, Ausbeutung, Manipulation, Unterwerfung, Verblödung, Betäubung, Verarschung, Ablenkung, Blendung, alles vollkommen richtig, denkt man, und, zeitversetzt um den Bruchteil einer Sekunde, alles vollkommen falsch, alles vollkommen lächerlich. Richtig, falsch, falsch, richtig, ein irrer Tanz im Kopf, schwindlig wird einem davon. Vollkommen schwindlig.

Richtig allein, daß es uns so ergeht mit dir. Falsch dagegen, daß du es darauf angelegt hast. Richtig unsere Ohnmacht, falsch deine Macht.

Was nicht heißen soll, ich wollte plötzlich deine Bedeutung für unser Leben herunterspielen. Ganz im Gegenteil, du hast gewonnen, hörst du, ein für allemal gewonnen. Es gibt nichts mehr zu verteidigen vor dir, nichts, was dir abgetrotzt werden könnte. Du hast dich durchgesetzt, in deiner ganzen Größe und Effektivität. Ohne jedes Zugeständnis, dergleichen hattest du gar nicht nötig. Du bist der Sieger. Und wir haben endlich kapiert. Du kannst auf unsereinen absolut verzichten.

Und ich inzwischen auch auf dich. Du bist da und ich bin da, im selben Raum. Ich registriere dich, du hingegen hast niemals vorgehabt mich zu registrieren. Ich glaube, darum habe ich mich früher stets so beleidigt gefühlt von dir. Heute gehen mir deine, sagen wir mal, schlechten Manieren einfach am Arsch vorbei, du mir an meinem, ich dir an deinem. Tja. Tit for tat.

Wir können halt leider nichts miteinander anfangen, was. Aber deswegen mußt du dir keine grauen Haare wachsen lassen, Kumpel. Du machst dir dein Bild, ich mache mir meins. Da stehen sie nebeneinander, siehst du. Der Kampf ist aus. Und weißt du was, es fühlt sich großartig an. Ich atme auf, kümmere mich um meine Angelegenheiten. Um das, was du wahrzunehmen gar nicht imstande bist. Dieses Dasein zum Beispiel, mit, trotz dir. Du störst mich dabei nicht einmal mehr. Mach meinetwegen, was du willst.

Was du nicht lassen kannst.

Ich erzähle, nicht du lädst länger deinen Plunder hier ab. Ich rede, ein letztes Mal, du kannst die Ohren spitzen, wenn du willst. Zur Abwechslung vielleicht. Doch entschuldige, wenn ich das sage, es ist mir ehrlich gesagt egal, ob du es wirklich tust.

Ob du es überhaupt kannst.

Macht? Macht über Menschen? Die Wirklichkeit? Daß ich nicht lache. Nichts vermagst du, nichts. Allenfalls Leere erzeugen. Immer noch tust du so, als ob du uns die Welt vorführst. Vermutlich kannst du nicht anders. Jahrelang habe ich meine Kraft darauf verschwendet, daß ich sie zu begreifen versuchte, deine Dauervorführung. Selbst in deinen Gesten, dem Styling, deiner Physiognomie habe ich zu lesen versucht. Es ist mir nicht gelungen. Es ist wahrscheinlich unmöglich.

Jetzt bin ich am Zug, alter Besserwisser. Und du hast gefälligst das Maul zu halten. Jetzt erkläre ich dir mal, wovon du keine Ahnung hast, zum krönenden Abschluß. Laß mich faseln, stottern, herumtasten, in Ruhe sagen, was sich womöglich gar nicht erklären läßt, was mit Erklärungen im Grunde nichts zu tun hat. Nichts mit Statements, nichts mit Aussagen, nicht einmal mit Bildern, aber vielleicht, ja, mit Leben.

Mit Fragen zum Beispiel, mein Lieber. Zum Beispiel mit der Frage, warum Nadja bis morgen dann sagt, am nächsten Tag aber, schon als sie mich von weitem sieht, die Flucht ergreift, sich in irgendeinen Seitengang verdrückt, natürlich, ich weiß nicht wohin, bin ja selber abgehauen, in die andere Richtung, natürlich. Sich fragen, was eigentlich los ist, laut fragen, immerhin laut in den eigenen Verstand hinein, auf diesen Bildschirm drauf. Hier hast du Buchstaben, Wörter, ein schwarzes Muster. Kann man scrollen. Eine andere Art Film. Kann man auch ausdrucken. Seite um Seite. Papier. Da. Da.

Was also los ist, willst du endlich wissen?

Fragen sind los. Fragen, die man nicht sucht, aber unablässig findet. Sie fliegen einem als Knüppel zwischen die Beine, verlangen nach Antworten, die man dann sucht und nicht findet, die einen weitertreiben. Zur nächsten Frage, nur um erneut zu straucheln, weiterzustolpern, immer weiter. Eine endlose Zahl von Fragen, eine vergebliche Suche nach Antworten, das ist los. Eine Flut, ein Schweigen, Schwimmen und fast Ersaufen. Mit knapper Not schaffen wir die Köpfe über die Oberfläche. Um Atem zu schöpfen. Bevor es uns wieder hinunterzieht, hinein in die Drift. Luftschnappen ist angesagt. Fragen wie diese hier, hier auf diesen Seiten.

Die Frage zum Beispiel, warum ich so erleichtert bin, als Nadja trotz allem in der Theatergruppe auftaucht. Zum ersten Mal habe ich ihnen von Anfang an ein Stück vorgegeben. Shakespeares Sommernachtstraum, wie einfallslos, findest du, sei endlich still. Na und, das wird heuer einstudiert, habe ich gesagt. Ich mag nicht, mag nicht mehr so weitermachen, habe ich wirklich gesagt, will sie nicht mehr haben, diese Turnübungen wie in den letzten Jahren. Halte sie nicht mehr aus.

Und Nadja meldet sich prompt für eine Hauptrolle, das ist doch toll. Für den Puck, Unfuggeist und Gefühleverwirrer, der ist ja eigentlich männlich besetzt. Glücklich bin ich natürlich nicht mit dieser Wahl.

Aber ich brauche sie, es ist sonderbar, ich wüßte inzwischen gar nicht mehr zu sagen, wofür eigentlich, doch es ist so. Da kauert sie auf dem Boden im Probenkeller, während wir die ersten Szenen lesen, laut, mit verteilten Rollen. Sie ist so ungewöhnlich passiv seit neuestem, leise, schüchtern geradezu. Und verschwindet hinterher jedesmal sofort von der Bildfläche. Überhaupt, auch das Rauchermeeting nach der Stunde dünnt immer mehr aus. Dany zieht gleich nach seiner Freundin ab, das leuchtet ein. Und die anderen hält es auch kaum. Stehe ja selber bloß pro forma dabei. Meine restlichen Zigarillos habe ich in den Ferien weggeschmissen.

Um so mehr spüre ich, daß ich Nadja brauche. Das heißt, ich werde das Gefühl nicht los, mich schützen zu müssen davor, sie wirklich zu brauchen. Gehe ihr aus dem Weg, so gut ich eben kann.

Na? Ist auch alles, was ich herausbringe, als es plötzlich nicht zu umgehen ist, ein Wort miteinander zu wechseln.

Na? Erwidert sie, dort im Treppenhaus, wo wir aufeinanderstoßen, zufällig, beide um unsere Ecken herum direkt aufeinander. Und dann stehen wir da, sehen uns an, wissen nicht weiter. Nadja streicht sich verlegen über den Kopf. Irre, wie schnell die nachwachsen, die Haare, sage ich noch. Mhm, antwortet sie, und daß sie weiter muß, in den Chemiesaal.

Aber auch anderswo, auf dem Pausenhof zum Beispiel, ist nicht viel zu hören und zu sehen von ihr. Sie hängt meistens allein rum, hinten in der Raucherzone, in der Nähe des Grünzeugbottichs. Zwar nicht allzu weit weg von den andern, aber doch für sich. Soweit ich das beurteilen kann mit meinen wenigen Aufsichtstagen pro Monat plus der Spaziergänge zwischen den johlenden Schülern, die ich seit kurzem immer öfter freiwillig unternehme. Weil auch ich es kaum noch aushalte unter meinesgleichen. Natürlich gesellt sich gelegentlich ein Kollege zu mir. Herta mit dem Schulmilchstrohhalm an den Lippen oder Ralf Ott, den trifft man ja grundsätzlich nie im Lehrerzimmer an. Sogar dieser lästige Lorenz mit seinem seltsam auftrumpfenden Geschwafel über etwas, das er Popliteratur nennt. Oder ein Schwarm aufgedrehter Sechstkläßler, bei denen ich Klassenleiter bin dieses Jahr. So wie auch immer wieder jemand zu Nadja hinübergeht, Karin, Amelie, Marlon. Dany sowieso, das versteht sich von selbst, der kauert übrigens nur noch selten am Trogrand, der läuft statt dessen pausenlos auf und ab davor. Sogar sein Dauerlächeln scheint ihm nicht mehr recht zu behagen. Wie auch immer, nach ein paar Minuten schleichen sie sich wieder. Gehen von selbst oder werden von ihr weggeschickt, was weiß ich. Nadja verzieht sich sowieso jedesmal nach drinnen, wenn sie ihre Zigarette geraucht hat. Und Kevin, Kevin Meier, die stumme Glatze mit dem Skateboard, du erinnerst dich, die taucht gar nicht mehr auf da draußen. Vielleicht treffen sich die beiden ja irgendwo im Gebäude, bei den Garderobengestellen zum Beispiel, zwischen denen sich immer schon gerne die Liebespaare versteckt haben. Vielleicht ist das der Grund.

Einmal brüllt Nadja plötzlich los. Vor einer Woche war das sogar erst, verrückt, wie langsam und dann wieder furchtbar schnell manchmal die Zeit vergeht, einer von diesen letzten richtig warmen Tagen im Jahr, mit viel nackter Haut überall. Daß sie alle abhauen, daß sie sie endlich in Ruhe lassen sollen. Menschenskind, beinahe die ganze Clique hat sich da um sie herum versammelt, die reden zuerst wie angestochen ein auf sie und stehlen sich gleich danach ganz bedropst davon in der blauen flirrenden Hitze. Fast unwirklich hat das ausgesehen von weitem. So unbeherrscht, das kluge Mädchen, mit geballten Fäusten beobachtet sie den Rückzug der andern. Und gleich rennt sie selber über den Hof ins Haus hinein, barfuß, wie es ihre Art ist, die Sandalen baumeln am gekrümmten Zeigefinger. Sie trägt, natürlich, an so einem Tag, wieder ihr beiges Spaghettiträgerkleid. Schaut nicht links, nicht rechts, versucht ihr Weinen zu unterdrücken.

So kommt es mir wenigstens vor, als sie in vollem Tempo an mir vorbeiwischt. Ihr Gesicht ist verzerrt, um die Augenpartie herum angespannt, Lider extrem verengt, wie es eben aussieht, wenn jemand Tränen zurückhält. Und ich habe jetzt nichts Besseres zu tun, als mir Sorgen um sie zu machen. Als ihr hinterherzulaufen, sie zu suchen, auf der Stelle.

Was ich mir dabei gedacht habe, weiß ich selbst nicht, finde sie jedenfalls auf Anhieb. Wirklich bei den Garderoben, wirklich unter drei, vier schmusenden Pärchen in diesem stets schummrigen, muffigen Trakt im ersten Stock des Anbaus. Kein Kevin weit und breit. Nadja also ohne Begleiter, das Gesicht in den Händen verborgen. Ich setze mich wortlos zu ihr.

Wie ich reagiert hätte, wenn ich Nadja mit dem Kahlkopf angetroffen hätte, willst du wissen? Herrje, was interessiert das, was geht mich Kevin Meier an, was sein Verhältnis zu Nadja. Sie ist allein, und ich bin froh, daß es so ist. Neben ihr, aufgeschlagen mit den Seiten nach unten, liegt ein dickes Taschenbuch mit aufgebogenen Ecken, halb abgerissener, silberner Deckpappe, ich hebe es auf, Dostojewski, Schuld und Sühne. »Ich will nicht, daß Sie mich für ein Scheusal halten, um so weniger, als ich eine aufrichtige Neigung zu Ihnen gefaßt habe, ob Sie mir das nun glauben oder nicht«, lese ich. Und lege das Buch zurück. Nadja richtet sich auf. Ihre Augen sind in der Tat glasig, die Wangen aufgeschwollen, sieht hübsch damit aus, denkt sich das von selbst, gedrückt, unglücklich, dabei zugleich so liebenswert.

Wie es mir denn inzwischen geht, mit der Schule, meinem Beruf, fragt sie mich endlich mit etwas zittriger Stimme und lächelt dazu. Ob es immer noch so schrecklich ist. Neinnein, gebe ich halblaut zurück, alles wieder in Ordnung. Nur zwei untere Klassen, etwas 19. Jahrhundert und Mittelalter in drei höheren. Restauration, Kreuzzüge, Bismarck. Und zum Ausgleich in Deutsch etwas Büchner in der Zehnten derzeit. Über Schädelnerven, haha. Ich habe es mir ja, wie du dir denken kannst, wirklich so eingerichtet dieses Jahr, soweit das möglich war, die Stundenzahl heruntergeschraubt. Das sage ich ihr auch, das heißt, daß ich mir geschworen habe, heuer allem aus dem Weg zu gehen, was mich mehr als nötig belastet, das ist es wortwörtlich, was ich ihr sage. Und daß es sogar klappt damit. Zum Beispiel bekomme ich diesmal kaum etwas mit von euch, und das tut mir gut. Hilft mir, ein wenig Spannung abzubauen, verstehst du, Nadja, sage ich, ich bin eigentlich ganz ruhig dabei. Nicht weil ich nichts mehr von euch wissen wollte, ganz im Gegenteil. Aber etwas wissen wollen und dabei bloß die ganze Zeit gegen eine unsichtbare Wand laufen, das ist wahnsinnig anstrengend, reibt einen auf Dauer nun einmal auf. Und ermüdet natürlich, füge ich noch hinzu, klar, es ist ja auch so sinnlos.

Exakt da, ich gestehe das ohne Wenn und Aber ein, bricht aus Nadja plötzlich das Heulen geradezu hervor, schrankenlos sozusagen, es ist wirklich beängstigend. Zuerst sitzt sie ganz still und reglos da. Die Arme hängen so schlapp herab. Und die Augen, von denen das Wasser in zwei Bahnen jetzt ununterbrochen über die Wangen, die Lippen, das Kinn herunterläuft, um sich in der Kuhle zwischen den Schlüsselbeinen zu sammeln, bevor es weiterrinnt und unterm Kleid, zwischen den kleinen Brüsten versickert, diese Augen sind die ganze Zeit weit offen, fixieren irgendeinen Punkt hinter mir. Eine halbe Ewigkeit zieht sich das hin, und natürlich werde ich immer hilfloser. Schlimm. Bis sie endlich losschluchzt. So herzzerreißend hört es sich an, von so tief unten, förmlich aus den Eingeweiden kommt das herauf, daß ihr gleich wieder die Luft wegbleibt, bald nur noch ihr zarter Körper, ja, glaube mir, das ist hier tatsächlich das passende Wort, vor sich hin bebt. Und ich, Mensch, ich bringe jetzt doch auch bloß ein dünnes Komm, Nadja, ist ja gut, Nadja zustande, ich also, was soll ich denn tun, mache diese winzige Geste, allenfalls eine Andeutung, als ob ich sie, rein theoretisch nur, in die Arme nehmen könnte, mehr nicht. Und da liegt sie schon drin, den Kopf an meiner Brust, fast daß sie mir auf den Schoß kriecht.

Und während ich es nun wiege, dieses Häufchen Elend, das es schüttelt vor Schmerz. Ein Schmerz, der mittlerweile offenbar so heftig geworden ist, daß er alle Hemmschwellen außer Kraft setzt. Denn Nadjas Finger tasten mir jetzt übers Gesicht, ungeschickt über Augen, Nase, Mund, Ohren sogar, immer wieder. Während ich also, instinktiv gewissermaßen, fast schon summen möchte, um sie zu beruhigen. Tatsächlich wie bei einem Baby, das mitten in der Nacht aufschreckt, weil es schlecht geträumt hat oder krank ist oder von Blähungen geplagt wird. So wenig begreife ich, worin ihr Schmerz eigentlich besteht. Was er mit mir zu tun hat. Mit mir, herrje. Während ich sie also zu trösten versuche, mich immer mehr in eine Art von Kummer erfüllte Mutter verwandle, stößt sie diese Satzbrocken hervor. Unzusammenhängendes Zeug, etwas wie, ich schuld, unverzeihlich, tut mir so leid, und ähnliches. Bis es zum Pausenende gongt.

Du kriegst das auf die Reihe, rede ich ihr gut zu, als sie aufsteht. Wir sehen uns an. Nadja reißt sich wirklich mächtig zusammen. Wischt sich die Tränen von den Wangen, vom Hals, dreht sich sogar um, lächelt mir ein verquollenes Lächeln zu, als sie davongeht Richtung Kursräume.

Seither ist sie nicht mehr in der Schule gewesen. Entschuldigt wegen Krankheit, ich habe mich erkundigt.

Und ich quäle mich mit der Frage, warum. Ich meine, warum ich so etwas mache. Sie hockt da, völlig aufgelöst, aus welchem Grund auch immer, und ich habe nichts Besseres zu tun, als ihr mit meinen lächerlichen Problemen zu kommen. Sie auch damit noch zu belasten. Ihr indirekt sogar Vorwürfe zu machen. Wenn ich von irgendwelchen unsichtbaren Mauern rede zwischen uns, die sind schließlich von mir selber hochgezogen, in meinem Kopf. Ich bräuchte die ganze verfluchte Schule mit ihren total banalen und zugleich total rätselhaften Schülern drin ja bloß so zu nehmen, wie sie ist. Na und, wenn ich so gut wie nichts davon begreife. Als hätte irgendwer je mehr

begriffen von einer Welt, die nicht die seine ist. Als wäre
es nicht sogar die absolute Ausnahme, auch nur einen
Bruchteil von der eigenen zu begreifen. Wieso kann ich
nicht aufhören mit derlei Unfug, kann mir das einer sagen. Warum nicht sie und dieses mir so fremde Leben, das
sie führen, einfach hinnehmen? Mich zum Beispiel zu
Nadja setzen, für den Fall, daß ich sie unvermutet in
einem derartigen Zustand vorfinden würde, und dann der
nette, fürsorgliche, aber stets diese gewisse, zwingend not-
wendige Distanz wahrende Lehrer sein? Jemand, an den
sie sich wenden kann? Der sie aufrichtet? Statt sie in die
nächste, noch größere Misere zu stürzen?

Was will ich eigentlich von Nadja? Von ihnen allen?
Will ich überhaupt etwas von ihnen?

Zumindest, das kann mir doch niemand verübeln,
möchte ich nicht, daß Nadja meinetwegen leidet. Doch
wahrscheinlich ist auch das wieder nur eine neue, kranke
Idee von mir. Warum sollte sie denn ausgerechnet an mir
leiden? Wie komme ich darauf? Was ist das? Eitelkeit?
Wahn? Paranoia? Sie leidet. Punkt. An sich, an Liebeskummer, an irgendwas.

Zumindest möchte ich sichergehen, daß sie nicht gerade an mir leidet. Das ist der Grund dafür, daß ich in den
folgenden Tagen versucht habe herauszufinden, wie es ihr
geht, was los ist mit ihr. Mit ihr und der Clique. Nichts
weiter.

Oder das ist die Ausrede, die ich mir zurechtgelegt
habe, bevor ich es endlich wage, jemand von den Schülern anzusprechen. Karin Kirsch und Amelie Kleinknecht natürlich, wen sonst. Die kennen Nadja am besten, sind von allen am normalsten. Bei denen muß ich
am wenigsten fürchten, daß mein Interesse falsch interpretiert wird. Außerdem kann man mit Mädchen immer
leichter über sowas reden, habe ich etwa nicht recht, über

sowas Kompliziertes und Nervtötendes wie Gefühle, Beziehungen undsoweiter. Außerdem sieht es sowieso wie unbeabsichtigt aus, als ich vorgestern ins Gespräch mit ihnen komme. Drüben auf der anderen Straßenseite, schräg gegenüber dem Schulhoftor, vor dem Eingang des Café Brenner, wo die Schüler der höheren Klassen ihre Freistunden abfeiern. Rein zufällig muß ich an diesem Tag in die entgegengesetzte Richtung zur U-Bahn, am Café Brenner vorbei. Rein zufällig bleiben die beiden vor dem Café Brenner auf dem Gehsteig stehen, als sie mich von weitem daherspazieren sehen, und halten Maulaffen feil.

Die zwei sehen klasse aus, da vor dem großen getönten Caféfenster. Cool, die Lippen geschminkt, rauchend, klar. Man fühlt sich doch gleich selber attraktiver, irgendwie sogar ein bißchen sexy plötzlich, wenn man auf offener Straße von so schönen jungen Mädchen gegrüßt wird, was. Karin trägt kurze, cremefarbene Shorts, die Zehennägel sind passend zu den rosa Plateausandalen rosa lakkiert. Amelie steckt in einer dunkelgrünen Schlaghose aus Samt und dieser roten Indienseidenbluse mit eingewebten kleinen Spiegeln, die jetzt im Wind flattert. Teile, die sie auf dem Dachspeicher in den alten Klamottenkisten ihrer Mutter gefunden hat, wie ich vermute. Und nachdem wir ein neckisches Na gewechselt haben, scheinbar nur schnell so im Vorbeigehen, geraten wir doch gleich in eine lockere Unterhaltung hinein, hab doch glatt vergessen, worüber, stell dir vor. Und wie's der Zufall will, kommen wir auch auf Nadja zu sprechen. Jaja, krank, seltsam, keine Ahnung, undsoweiter, so geht das ein paar muntere Takte lang. Also lade ich sie ein, spontan wie ich bin, auf einen Cappuccino oder ein Eis. Oder was ihr wollt, ergänze ich, nachdem wir uns hingesetzt haben und die unfreundliche Kellnerin in diesem genauer besehen richtig superspießigen Café Brenner die Bestellung aufnimmt. Also ordert Amelie Tequila Sunrise, oder etwas in der Art, ich kenne mich ja nicht aus mit sowas, Karin irgend so einen Cuba-Cocktail.

Und sind im nächsten Moment eindeutig auch schon beschwipst, die Fräuleins. Weil sie jetzt mit dem Albern und Gibbeln gar nicht mehr aufhören können. Derweil ich stumm dabeisitze und zusehe, wie Karins Oberlippe, die schiebt sie ja prinzipiell so drollig vor und kräuselt sie, immer wenn sie Faxen macht, wie ihr also der Mund einfach nicht mehr zurückschnappen will in die Normalstellung. Und dazu schaukeln Amelies Dreadlocks, die sie sich vors Gesicht hat fallen lassen, um ab und zu aus ihnen hervorzulugen mit ihren kleinen wäßrigen Kugelaugen. Weil sie dauernd den Kopf schütteln muß über Karins reichlich freche Jokes. Was das für Scherze waren? Tut mir leid, auch das ist mir entfallen.

Woran ich mich aber genau erinnere, ist, daß Karin währenddessen dauernd ihr nacktes Bein, das sie über das andere geschlagen hat, so wippen läßt. Daß ich zwischendurch immer wieder den Gebäudekomplex der Schule hinter den zwei Mädels im Visier habe, die drei häßlichen, ins Anlagengrün geduckten grauen Quader, durch das Caféfenster hindurch. Und daß ich das Gefühl nicht los werde, die beiden Ladies legten es tatsächlich darauf an, mit mir zu flirten. Mich echt kirre zu machen. Zweifelsohne nämlich ist mein Blick gerade an Karins transparentem Nylonunterhemd hängengeblieben. Genauer gesagt an einem Tattoo über dem rechten Busen, das da hindurchscheint, nachdem sie es, ich bin absolut sicher, absichtlich, durch eine geschickte Oberkörperdrehung geschafft hat, die ärmellose, himmelblaue Bluse so weit verrutschen und gleichzeitig aufklaffen zu lassen, daß mir gar nichts anderes übrigbleibt als da hinzugaffen. Wie ein alter Esel glotze ich ihr also sozusagen in den Ausschnitt, und meine Grazien grinsen sich wohl heimlich einen dazu, während Karin weiter ihre Kalauer reißt. Ich kann nicht einmal das Motiv der Tätowierung erkennen, eine Blume, ein Insekt, ein Wort in unentzifferbar ineinander verschlungenen Buchstaben? Es ist mir auch einerlei, denke bloß darüber nach, wie ich endlich zur Sache kommen kann. Und am Ende platzt es einfach heraus, mitten in diese exaltierte Schäkerei hinein.

Was ist denn nun eigentlich wirklich los mit eurer Freundin, sagt doch mal, sage ich, nachdem ich mein Viertel Roten in einem Zug hinuntergekippt habe.

Und ich denke nicht, daß ich mir da etwas einbilde. Amelie reagiert sofort. Sie wirft plötzlich die Haare zurück, reckt das Kinn, gibt ein dermaßen genervtes Aah, Nadja von sich. Stinkwütend ist die, Mensch. Und nach einer Pause, in der sie aufsteht, den Stuhl heranrückt und sich kerzengerade, die Füße unter sich gezogen, die Ellenbogen aufgestützt, vor mir aufbaut, noch einmal ein langgezogenes, geradezu gehässiges Naaadjaa. Worauf sie mich demonstrativ anschweigt, mir einen Blick ins Gesicht bohrt, du liebe Zeit, als gäbe es kein verachtenswerteres Thema als dieses. Ja, als wäre daran irgendwie ich schuld. Was für eine Serie ist denn da am Laufen, denke ich, aber zum Glück, ich hätte diesem Blick nämlich nicht mehr lange standgehalten und die ganze Aktion hier bereits fast abgebrochen, das darfst du mir glauben. Zum Glück ist auch Karin noch da. Die wedelt jetzt mit den Schultern, damit ihr die Bluse wieder zurechtrutscht, so, verstehst du, cool und putzig zugleich wirkt das. Ist doch nur Spaß gewesen, soll das bedeuten. Eine Art Witz, dessen Pointe sich mir leider entzieht. Und während sie nun langsam und gleichmütig die Knöpfe schließt, in der Tat bis obenhin, was erst recht lächerlich aussieht, ein braver bonbonfarbener Hase in Hellblau und Pink, beginnt sie, ohne Überleitung, ohne von ihren fummelnden Fingern aufzusehen, zu reden.

Ihr kleiner Bruder, plaudert sie los und setzt dazu ihr Pilzgesicht auf, dabei ist Benedikt, den kenne ich schließlich selber, um einen halben Meter größer und nur ein Jahr jünger als sie, der liegt seit neuestem auch nur noch auf seinem Bett, hört irgendwelche düsteren Klassikplatten und starrt die Zimmerdecke an. Sie weiß auch nicht, was los ist. Karin singt jetzt geradezu. Vor kurzem noch war er ja kaum zu bremsen, hyperaktiv, wie Mama dauernd gejammert hat. Und jetzt macht er nur noch das. Ob es irgendwelche Probleme gibt, hat sie ihn gefragt. Da hat der Kleine nur den Kopf geschüttelt und weitergestarrt. Später ist er dann doch in Karins Zimmer rübergekommen. Hat ihr einen vorphilosophiert, oh je. Es war ziemlich lästig. Er hat sich ausgemalt, einmal ein Leben wie Mama führen zu müssen. Jeden Tag in die Bank, sinnlos Zahlen in den Computer tippen. Und dann heimkommen, völlig erledigt von dieser Idiotenarbeit. Zu nichts mehr Lust, nicht weggehen, keine Freunde. Nicht einmal Sport. Geschieden oder nicht, hat er gesagt, es ist doch überall dasselbe. Wissen, daß es unweigerlich darauf hinausläuft. Das war im Prinzip schon die ganze Philosophie, echt toll. Als er damit fertig war, haben sie gemeinsam noch ein bißchen stumm getrauert über die böse kaputte Welt, darüber, warum ausgerechnet sie in so eine beschissene Zeit hineingeboren sind. Aber weil ihr, Karin, dazu leider auch nie etwas einfällt, laufen die blöden Klassikplatten halt immer noch. Tja. So ähnlich ist das wohl auch mit der Nadja.

Ohne die angespannte Haltung aufzugeben oder in ihrem aggressiven Starren nachzulassen, hat sich Amelie

Karins Story bis zu Ende mit angehört. Jetzt springt sie auf, und zwar gleich dermaßen ungestüm, daß ihr Stuhl dabei umfällt.

Und wenn er nicht gestorben ist, dann hat er sich noch nicht umgebracht. Amelie keift, ihr Gesicht ist puterrot. Ach was, höhnt sie, während sie den Stuhl aufhebt, Nadja, während sie das Ding auf die Füße wuchtet, daß es kracht. Eingebildet ist die, total durchgeknallt. Was Nadja mit Dany treibt. Mit uns, mit allen. Dieselbe arrogante Tour, eine fiese Hinhaltetaktik, mit der sie Kevin schon seit Jahren fertigmacht. Oh, von einem Tag auf den andern ist man also nicht mehr interessant für sie. Diese Tussi. Aber Beck hat dies gesagt, Beck hat das gesagt.

Wie bitte, sage ich, was soll ich gesagt haben, sage ich, ich sage doch nichts.

Leckt mich doch, sagt sie, und fliegt dahin.

Ein zorniger, rotgrüner Hippieengel. Zur Tür hinaus. Wumms.

Wie zufällig öffnet Karin gerade wieder die oberen Knöpfe ihrer Bluse, als ich mich perplex ihr zuwende, und sieht mich dann mit großen Augen an. Die kann so süß doof schauen, das glaubst du nicht. Nur dürfte ich selber nicht weniger doof geschaut haben, wenn auch bestimmt alles andere als süß. Von dem Moment an ist mir jedenfalls klar gewesen, daß ich all das beenden muß, sofort. Daß sie mir den Buckel runterrutschen können, endgültig. Einfältige, pubertierende Kinder sind sie. Alle, ohne Ausnahme. Unfähig, sich an die einfachsten Regeln der Kommunikation zu halten. Aussichtslos, sich mit ihnen verständigen zu wollen.

Diese Erkenntnis ist geblieben seither. Immerhin schon den vierten Tag. Was für eine Gnade. Es aussprechen können und wissen, es bleibt dabei. Rutscht mir den Buckel runter. Ich brauche euch nicht. Keinen, keine.

Und dich erst recht nicht, und von jetzt an auch das hier nicht mehr. Aus. Ende. Vorbei. Es macht eh alles keinen Sinn.

2 Hallo. Ich bin's. Nadja. Wollte nur mal kurz guten Tag sagen. Ist ja abgefahren, das. Hab ein bißchen drin gelesen. Und dir, wer immer du bist und welche Rolle du hier eigentlich genau spielst, was so kompliziert auch wieder nicht ist, wie Frank glaubt. Also, dir wollte ich mal stecken, nur damit du Bescheid weißt, der Mann ist voll okay. Ich jedenfalls kenne keinen netteren, wahrscheinlich auch keinen besseren Lehrer. Mach dir das bitte irgendwie klar, wenn du dazu überhaupt imstande bist. Und ihm auch. Und außerdem soll er mit dem hier unbedingt weitermachen. Ich kann zwar nicht erklären warum, und schon gleich gar nicht wozu, aber ich bin sicher, es ist wichtig. Das war's.

Viele liebe Grüße!

P.S.: Mir geht es übrigens glänzend.

Das hat wirklich sie geschrieben. Ob du's glaubst oder nicht. Sie saß an meinem PC mit meiner Strickjacke um die Schultern, und ich mußte solange Richtung Fenster schauen.

Darfst du erst lesen, wenn ich mindestens eine halbe Stunde weg bin, hat sie befohlen. Und ich habe mich brav dran gehalten.

Natürlich entspreche ich auch ihrer zweiten Bitte. Es geht also weiter mit der Chose. Hast du gehört, Nadja?

Tja, was sagst du dazu. Da kommt doch gleich ein ganz fremder Ton ins Spiel, wie, das produziert sofort ein neues Gefühl. Nadja ansprechen, direkt, hallo, liebe Nadja, alles in Ordnung? Nicht mehr nur in diese Leere hineinquengeln, dein ewiges feistes Schweigen. Nun rückst du also endgültig in den Hintergrund. Du bist schon kaum mehr zu erkennen da hinten, in deiner Schmollecke. Beruhige dich, das war kein Lachen aus Schadenfreude. Siehst du, ich kümmere mich doch um dich.

Es herrscht eben einfach ein anderes Klima jetzt, daran wirst du dich gewöhnen müssen. Etwas zu heiß vielleicht für jemand wie dich, weshalb du wohl auch dort im Schatten sitzt. Aber ich fühle mich großartig hier vorne. Sozusagen in der blendenden Sonne. Die Fenster sperrangelweit offen, Licht flutet herein, ich bade förmlich darin. Wissen, daß sie von heute an in erster Linie für Nadja stattfinden, diese Versuche. Aus Überlebensgründen, um es mal ganz direkt, ganz ungeschützt, meinetwegen vielleicht auch etwas sehr pathetisch zu sagen. Nicht mehr vergebens für mich, diesen, wie ich endlich weiß, hoffnungslosen Fall, nehme ich die Anstrengung in Kauf. Sondern für einen Menschen, den ich auf gewisse Art und Weise liebe. Jawohl, liebe, das kann ruhig so stehenbleiben, deinen notorischen Fehldeutungen zum Trotz, die können mich nicht mehr einschüchtern. Nadja versteht das nämlich im Gegensatz zu dir vollkommen richtig. Außerdem, und das ist eigentlich das Schönste, bereitet es mir inzwischen so eine Genugtuung, vor dem Schirm hier zu sitzen. Ein weiterer Licht- und Wärmequell, Mensch. Den noch immer schmerzenden Fuß hochgelagert, die Fingerspitzen fliegen übers Keyboard, und ich explodiere, der Saft kocht mir über. Raus mit ihm.

Wie das war für mich, als sie plötzlich vor der Tür stand? Ich hatte gerade aufbrechen wollen zum Laufen, steckte bereits im Jogging-Dress. Und Nadja hatte Blumen dabei, einen riesigen Herbststrauß. Chrysanthemen, Astern, glaube ich, auch rote Rosen darunter, er wirkte auf jeden Fall sehr bunt. Um so mehr, als sie selbst, sozusagen als Bildhintergrund, einfarbig angezogen war. Dunkelblaue Kordhose, dunkelblaues weites Sweatshirt mit etwas hellerem Schriftzug. Bodytalk stand drauf, wenn ich mich recht erinnere. Mit den immer noch sehr kurzen Haaren sah sie darin wie ein, allerdings ausgesprochen hübscher Junge aus. Ob ich die von ihr annehmen würde, so ihre ersten Worte nach einer endlosen Minute verlegenen Schweigens, Räusperns, Hüstelns. Als Dank, doch, doch, für die Hilfe, ja, Hilfe, neulich, bevor sie ins Krankenhaus mußte, bitte, da. Und schon war sie vorbei an mir und drin in meiner heillos verwahrlosten Wohnung. Drehte eine Runde, schaute sich um, ich sah ihr von der Schwelle aus hinterher, sprachlos, die Blumen im Arm. Meine überall verstreute schmutzige Wäsche, das Dutzend leere Weinflaschen, oh Gott, benütztes Geschirr an allen Ecken und Enden und der mit Zeitungsausschnitten und Manuskriptblättern übersäte Schreibtisch. Krankenhaus, stammelte ich, was, wieso Krankenhaus, als auch ich wieder in der Lage war mich zu bewegen und ihr ins Zimmer folgte.

So lebst du also, Nadja zeigte auf das Papierchaos, kaum daß ich bei ihr war, wollte auch gleich wissen, was ich da mache. Schreibst du, ich meine, ernsthaft, Roman oder Geschichtsbuch oder so etwas. Um Himmels willen, erwiderte ich und ruderte mit der freien Hand in der Luft, Notizen, rein privat, eine Marotte, sie soll sich doch irgendwo hinsetzen.

Nadja wählte den Arbeitssessel, fegte Socken und Unterhosen kurzerhand von der Sitzfläche und ließ sich dann hineinplumpsen. Kippte auch sofort im Stuhlgelenk nach hinten, legte die Füße auf den niedrigen kleinen Beitisch, über die aufgeschlagenen Bücher, die Materialmappen aus bunter Pappe, die losen Notizblätter, herausgerissenen Zeitungsseiten. Tatsächlich exakt so, wie ich selbst oft dasitze. Sie lächelte, zog dazu wie immer leicht die

linke Augenbraue hoch. Wahnsinnsplatz, Blick nach draußen, Himmel, sagte sie. Und ich, der ich nach wie vor
ganz verdattert mit diesem enormen Blumenstrauß vor
ihr stand, bat sie nun in einem Atemzug, mir zu sagen,
was sie trinken möchte, aus welchem Grund sie hierher-
gekommen ist, woher sie eigentlich weiß, wo ich wohne.
Milchkaffee, wenn du hast, und, aus keinem bestimmten,
und, ist doch ganz einfach rauszufinden sowas, gab sie betont gelassen zurück. Schwang im Takt dazu sogar leicht
auf dem Drehsessel hin und her. Also riß ich schnell noch
die Fenster auf, verschwand fürs erste in die Küche.

Ich war mir natürlich im klaren darüber, daß sie sofort
beginnen würde, in den ausgedruckten Seiten herumzule-
sen, kaum hatte ich ihr den Rücken gekehrt. Hatte auch
kurz überlegt, ob ich sie beiseite räumen sollte. Meine Intimsphäre vor einer Schülerin zu schützen, wäre schließlich nur recht und billig gewesen. Doch insgeheim hoffte
ich sogar ein bißchen auf ihre jugendliche Neugierde. Aus
irgendeinem Grund überwog diese Hoffnung selbst die
keineswegs geringe Verlegenheit, die ich wegen der zum
Teil ja durchaus prekären Passagen darin, meine wirren
Empfindungen in bezug auf Nadja, natürlich ebenfalls
aufsteigen spürte.

Ich horchte also auf das leise Rascheln des Papiers im
Wohnzimmer, während ich nach und nach den Kaffee
aufgoß. Ich ließ mir Zeit. Soll sie sich nur in aller Ruhe ihr
Bild machen, dachte ich, soll sie getrost erfahren, wie es
um meine Gemütsverfassung steht in dieser ganzen Sache. Der Gedanke setzte sich immer deutlicher durch. Ich
weiß selbst nicht, woher plötzlich dieser Mut gekommen
war. Weil ich nichts zu verlieren hatte oder weil ich den
Knall regelrecht herbeisehnte, der zu einem definitiven
Bruch zwischen uns führen würde? Damit der Spuk vor-
beiging? Ein für allemal?

Als ich zuerst mit der größeren meiner zwei Vasen, die für Nadjas Strauß immer noch viel zu eng war, so daß ich den Rest auf zwei Bierkrüge verteilte, und dann mit dem Tablett zurückkam, auf dem das frisch gespülte Kaffeegeschirr klapperte, schnüffelte sie jedenfalls ungeniert weiter in meinen Aufzeichnungen herum. Was ist das denn, fragte sie, ihre Stimme klang erstaunt, aber keineswegs erschrocken.

Klar, meine Nerven waren etwas angespannt. Trotzdem und unabhängig davon verflüchtigte sich angesichts ihrer Unbefangenheit jetzt auch bei mir der letzte Anflug von Scham. Gar nichts war auf einmal noch peinlich, keine Sekunde dachte ich daran, Nadja könnte von irgend etwas in diesen Skizzen erschreckt, verletzt, abgestoßen sein. Das ist ja das Tolle gewesen, verstehst du. Ich hatte nicht die geringste Furcht, nicht vor ihrem Blick, als sie schließlich von den Blättern auf und mir ins Gesicht sah, vor nichts, was hinter diesem Blick hätte verborgen sein können. Statt dessen beherrschte mich auf einmal ein Gefühl intensivster Anwesenheit. Eine Art umfassender Gegenwärtigkeit. Jedenfalls dermaßen total, daß es gleichzeitig auch war, als würde ich aus aller Zeit herausfallen.

Und du, was ist mit dir, fragte ich zurück, und meine Stimme klang in meinen eigenen Ohren, wie soll ich das ausdrücken, fast wie aus einem Science-Fiction-Film. Was ich damit sagen will, mir erschien von nun an überhaupt alles in eine ganz abstruse, dabei alles andere als unangenehme Atmosphäre von irrealer Künstlichkeit getaucht. Ich bildete mir zum Beispiel plötzlich ein, Nadjas Gedanken lesen zu können. In der Tat. Etwa als sie aufstand, sich vor mich hinstellte und mich ausgiebig von oben bis unten musterte, da war es mir wirklich, als hätte ich ganz genau im voraus gewußt, daß sie das tun würde. Dazu ihr Lächeln, auf diese zugleich offene und beherrschte Nadja-Art, das ich ohne Zögern erwiderte. Es war wirklich wie ein Gespräch. Alles ausgesprochen, was in diesem Augenblick zu sagen, was andererseits durch Worte gar nicht auszudrücken war. Als ob wir auf eine höhere Verständigungsebene gehoben wären, kannst du mir folgen? Telepathisch, komplex. Im Ernst, genau so fühlte sich das an.

Hast du eine kurze Hose oder sowas für mich, sagte Nadja und stierte auf meinen Bauch, im großen und ganzen taugen meine Turnschuhe hier zum Joggen ganz gut.

Während ich nach einem passenden Kleidungsstück im Wandschrank kramte, zog sie sich aus. Stand in Slip und Unterhemd vor mir, als ich ihr eine meiner ausgewaschenen alten Shorts reichte. Nein, keine knisternde erotische Spannung oder dergleichen, da muß ich dich leider enttäuschen. Ich meine, was bin ich froh, daß ich dich in diesem Punkt jetzt enttäuschen kann. Das alles war mit überhaupt nichts aufgeladen. Ganz unbefangen sozusagen, stimmt's, Nadja?

Sie kann das nämlich bestätigen, richtig, die bestätigt es im Grunde schon allein dadurch, daß ich es hinschreibe. Ist das nicht phantastisch? Ha, sie ist ja meine permanente Zeugin ab jetzt, und du kannst sie jederzeit aufrufen. Hast du gehört, dahinten in deinem Schattenwinkel? Sie ist der Beweis, es gibt einen Menschen hier, die Rechtfertigungen haben ein Ende. Sag ihm, was er wissen will, Nadja, was er sonst offenbar nicht glaubt.

Andererseits, dieses Zutrauen von ihrer Seite berührte mich, das natürlich schon. Wo sie sich doch aus meinen Notizen zusammenreimen konnte, wie verworren mein Verhältnis zu ihr tatsächlich war. Und natürlich wühlte es mich auf, dieses beängstigend junge Mädchen, das mir ja trotz allem ganz und gar fremd war, plötzlich halb nackt in meiner Wohnung stehen zu sehen. Doch auch dies schien sich ihr glasklar, völlig selbst- und unmißverständlich mitzuteilen. Nichts blieb im verborgenen, ihr sozusagen die Natur meiner Erregung nicht, mir nicht ihr Wissen darum. Als ob sich zwei auf den Grund ihrer, lach du ruhig, ihrer Seelen durchsichtige Wesen gegenüberstehen würden. Zumindest zu diesem Zeitpunkt. Und Nadja billigte, was sie dort sah. Ich war, ich bin mir sicher. Ich weiß es.

Und dann liefen wir los.

Bevor ich weitererzählen kann, damit kein falscher Eindruck entsteht. Ich hatte es ja überhaupt erst vor kurzem geschafft, mich so weit zu disziplinieren, daß ich wenigstens mein tägliches Joggen wiederaufnahm. Außerdem sei in diesem Zusammenhang darauf hingewiesen, wie ohne jede Übertreibung dreckig es mir in den Wochen zuvor gegangen war. Nein, ich hatte nicht sterben wollen, ich hatte nicht einmal gelitten. Mir war einfach nur grundsätzlich jegliches Interesse abhanden gekommen. Ich hatte mit allem aufgehört, dem Saubermachen, dem Grübeln, dem Lesen. Nicht einmal in Zeitungen blätterte ich noch. Freilich hatte ich auch diese Schreiberei hier eingestellt, sie erschien mir nur noch albern. Ich war sogar drauf und dran gewesen, sämtliche Aufzeichnungen zu löschen. Statt dessen diese unbeschreibliche, nicht enden wollende Stumpfheit. Zu nichts war ich in der Lage, als halb betäubt zur S-Bahn, durchs Schulgebäude und wieder nach Hause zu trotten, nachdem ich meine Unterrichtsstunden heruntergerissen hatte, dort dann eines dieser Single-Menüs in die Mikrowelle zu schieben und vor dem Fernseher in mich hineinzuschlingen. Dabei zappte ich dann alle paar Minuten von einem Kanal zum nächsten, machte meistens auch hinterher noch stundenlang weiter damit, vom frühen Nachmittag oft bis weit in den späten Abend. Oder ich schlief ein. Oder starrte an die

Decke. Im Regal wuchs der Stapel mit den unkorrigierten Schularbeiten.

Kein einziges Gespräch. Nur meine Ex-Frau hatte mich einmal angerufen, um mir kundzutun, daß in den kommenden Monaten die Wochenenden mit Luzie leider ins Wasser fallen müßten. Angeblich aufgrund irgendwelcher Terminüberschneidungen, voraussichtlich werde ich sie nicht einmal in den Weihnachtsferien sehen. Ich widersprach nicht, ich wollte nicht einmal mit Luzie selber reden. Ich nahm es zur Kenntnis und sagte ja und amen zu allem. Fragte nicht einmal mehr mich selbst, welchen Anlaß Petra eigentlich genau hatte für die, wie es ihrer Art entsprach, schonungslosen Maßnahmen, die sie offenbar einzuleiten beabsichtigte. Sie will mich in Zukunft von meiner Tochter fernhalten, das hat die Kuh schließlich bereits im Sommer angedroht, dachte ich zwar erbittert. Doch darin erschöpfte sich schon mein ganzer Protest.

So hatte Nadja natürlich auch meinen Schreibtisch in exakt dem wüsten Zustand vorgefunden, in dem ich ihn nach dem Debakel mit Amelie und Karin im Café Brenner hinterlassen hatte. Eben von diesem Moment an waren mir, dem Ordnungsmenschen, ja erst das Durcheinander, der Staub und der Mief, die sich in meiner Wohnung zwar bereits seit längerem breitgemacht hatten, bisher aber immerhin noch widerlich gewesen waren, restlos egal geworden. Und es war eher eine Instinkthandlung denn ein Entschluß, als ich eines Nachmittags vom Bett aufstand, in die Joggingsachen schlüpfte und aus dem Haus rannte. Mein Körper forderte es, wenn du so willst, nicht mein Geist. Ich war allenfalls erstaunt, wieviel Stimme, wieviel Einfluß auf mich dieses Ding, diese Hülle noch besaß.

Mein einstündiger Lauf über die Felder, durch den Wald, aber war seither die einzige Aktivität geblieben, die ich im Tagesablauf aus mehr oder weniger eigenem Antrieb zustande gebracht hatte. Und unbestreitbar hatte diese motorische Routine auch angefangen, sich lindernd auf meine Gemütsverfassung auszuwirken. Einerseits nämlich kam mir zwar nach und nach mein Scheitern, dieses sich auf so fatale Weise jeder wirklich ernstzunehmenden Analyse entziehende Scheitern, wieder in seiner ganzen, mittlerweile noch deutlich gesteigerten Intensität zu Bewußtsein. Andererseits fühlte ich mich im selben Moment sonderbar getröstet. Zugegeben, ein noch sinnloseres Dasein als meines schien mir gar nicht vorstellbar. Doch hier rannte ich, atmete, schwitzte vor mich hin, und es ging mir ehrlich gesagt eigentlich gar nicht so schlecht dabei. Die hügelige Landschaft lag als Gemälde vor mir, das sich durch Zauberhand zum Raum weitete. Raum, der tatsächlich bereit war, mich aufzunehmen, in den ich Laufschritt um Laufschritt tiefer eindrang. Ich verlor mich in den Anblick der vom Herbst buntgefärbten Bäume, die als grüngelbe, rote, rostbraune Bälle den Rand des Nadelwaldes säumten, hörte auf das Rascheln des Laubs unter meinen Plastiksohlen. In meinem Kopf waren so wenige Gedanken wie vielleicht nie zuvor in meinem Leben. Ich hatte sogar begonnen, immer weiter und immer länger zu laufen, sehnte mich danach, während immer größerer Zeitabschnitte zu immer noch weniger Gedanken fähig zu sein.

Dies war der Zustand, in dem Nadja mich angetroffen hatte. Und nun lief sie in ihrem ärmellosen weißen Unterhemd und meinem Ungetüm von Shorts neben mir im goldenen Herbstlicht. Die Luft war lau für die Jahreszeit und roch nach frisch gepflügten Äckern. Bis auf ein paar beiläufige Sätze sprachen wir nichts. Darauf kam es auch nicht an. Wir bogen in den Hohlweg ein, passierten den Sirenenmast, hielten uns auf selber Höhe, solange die

breitere Fahrspur es zuließ, die als doppelter, tiefer, fast
schnurgerader Schnitt die welkenden Maisfelder zu beiden Seiten trennte. Als der Weg zwischen den Bäumen
enger wurde, hielt ich mich knapp vor Nadja, hörte ihr
lautes, doch gleichmäßiges Schnaufen hinter meinem
Rücken.

Ich kann es nicht anders sagen, aber je länger wir unterwegs waren, desto mehr erfüllte mich ein kurioser Stolz
auf dieses Gelände, diesen Wald, dieses Stück Natur. Als
wäre das sozusagen mein Land, mein ganzer Reichtum.
Als spiegelte sich mein Wesen darin, und ich könnte es
Nadja offenlegen, indem wir es gemeinsam durchquerten.
Wieder und wieder schaute ich mich um und konnte es
kaum fassen. Daß sie mit auf diesem Bild war, das bisher
nur für mich existiert hatte. Wunder, ein Wunder, war im
Grunde alles, was ich denken konnte.

Schließlich schlugen wir den Pfad ein, der inzwischen
zu meiner üblichen, gegenüber früher um einiges länge-
ren Route gehört und der zu jener freien Fläche mit dem
umgestürzten Baum führt, auf dem ich vor circa vier Monaten die Nacht zugebracht habe. Ungefähr dort, wo die
Lichtung erstmals in Sicht kommt, der Weg sich längst
verloren hat und der Boden mit unzähligen, halb aus der
Erde ragenden Wurzeln überzogen ist, geriet Nadja ins
Stolpern und hielt sich, nach vorne stürzend, an meinen
Schultern fest. Wie soll ich es beschreiben. Es war so ähnlich wie bei einem Déjà-vu. Oder besser gesagt, als würde
ich die beiden Teile einer ursprünglich durchgehenden
Sequenz, die später an zwei zeitlich weit auseinanderlie-
genden Punkten in einem Spielfilm auftauchen, in meinem Gedächtnis wieder an der richtigen Stelle aneinan-
derkleben. Als gehörten die Ereignisse von damals, als ich
mich verlaufen hatte, und dieser Moment, in dem ich
mich mit Nadja am selben Ort wiederfand, unmittelbar

zusammen. Diese Szene jetzt schien sich direkt aus der soviel früher stattgefundenen abzuleiten, so kam es mir zumindest vor. Als wäre sie, ohne daß ich hätte angeben können, warum, die überraschende Auflösung eines eigentlich schon längst vergessenen Rätsels.

Wie auch immer, ich fing Nadja auf. Ich stützte sie, sie keuchte. Daß sie nicht mehr kann, stieß sie hervor, daß sie sich irgendwo hinsetzen muß. Sie war tatsächlich völlig außer Atem. Löste sich von mir und steuerte geradewegs auf den Baumstamm zu. Und ich, Nadja, ja, ich fühlte mich in diesem Augenblick ganz einfach großartig, um nicht zu sagen, ich war geradezu glücklich.

Wie bitte? Auch du fängst allmählich an, dich großartig zu fühlen? So wie du jedenfalls dort im Dunkeln auf deinem Stuhl herumrutschst, an deiner Brille ruckelst, die Mundwinkel mehrmals hintereinander auseinanderreißt, hältst du dieses Geständnis offenbar für einen Schenkelklopfer, was. Gib es doch zu, du unterstellst, daß ich vor allem von mir selbst beeindruckt gewesen bin, und das auf Nadjas Kosten, habe ich recht? Frank Beck, was für ein toller Hecht. So fit und frisch, so eine irre Kondition. Kann es ohne weiteres noch mit einem kräftigen, gesunden, jungen Körper aufnehmen, ist denn das die Möglichkeit.

Und das ist alles, was du dazu beizutragen hast? Spar dir die Witze, du Spaßvogel, du ewiger Grimassenschneider. Verarschen kann ich mich nämlich selber. Oh, ich kann sogar locker noch einen draufsetzen. Rief ich doch, stell dir nur vor, Nadja schließlich sogar zu, ich würde noch eine kleine Schleife allein drehen, nicht lange, eine Viertelstunde vielleicht, höchstens eine halbe, sie soll sich doch einstweilen ausruhen. Und tatsächlich hopste ich los wie in Trance, mitten in den Wald hinein, in für mein Gewicht und Alter ziemlich großen Sprüngen, und stellte mir dabei vor, ein junger Hirsch oder Fuchs oder Trapper zu sein. Bis ich, eigentlich ganz unspektakulär, nach kaum ein paar hundert Metern, über diesem von Moos verdeckten, modrigen Stumpfrest ein wenig wegrutschte, beim Ausbalancieren auf dem glitschigen Waldboden mit dem linken Fuß umknickte und dann mit voller Wucht der Länge nach hinstürzte. Es tat scheußlich weh. Der Knöchel begann sofort mächtig anzuschwellen. Schwer hinkend machte ich mich auf den Weg zurück zur Lichtung.

Ah, wie du da gleich aufspringst in deiner Ecke, dir das Revers glattstreichst, dich in Stellung bringst. Dir gefällt das jetzt immer besser, liege ich richtig? Meine Miene hättest du sehen wollen? Ein echter Superbrüller, stimmt's? Du würdest am liebsten Beifall klatschen? Glaubst womöglich an ein baldiges Comeback? Mit Slapsticks, per Blödelshow, als versteckte Kamera? Freu dich nicht zu früh. Zum Glück weiß ich es besser, zum Glück kann ich mir inzwischen wieder aufmerksamere Beobachter vorstellen. Und selbst dir wird das Feixen noch irgendwann vergehen.

Ich humpelte also zu Nadja zurück. Selbstverständlich schämte ich mich, wagte jedoch, das ist die Wahrheit, vor allem deshalb nicht aufzublicken, weil ich fürchtete, die Tränen würden mir sonst sofort in die Augen schießen, so heftig waren die Schmerzen. Aus diesem Grund bemerkte ich auch erst, als ich unmittelbar vor ihr stand, daß sie mit entblößtem Oberkörper auf dem Stamm saß. Sie hatte das Unterhemd hochgeschoben und streckte, die Augen geschlossen, ihre Brust ins Sonnenlicht. Endgültig verwirrt drehte ich mich um, setzte mich ohne ein Wort zu sagen auf einen der Buckel aus welkem Gras, das in Büscheln umgesunken den Boden der Lichtung mit lauter gelben Polstern bedeckte.

»Es sticht«, sagte sie nach einer Weile, offenbar hatte sie mich erst jetzt bemerkt.

Ich reagierte nicht.

»Schau.«

Unendlich langsam wandte ich den Kopf, blickte über die Schulter zurück. Nadja umfaßte die rechte Brust mit beiden Händen.

»Brennt auch ein wenig«, fuhr sie fort, »wahrscheinlich wegen dem Schweiß, die Wunde ist noch nicht ganz verheilt.«

Nun entdeckte ich den dünnen, kurzen, roten Strich knapp über der Warze.

»Gutartig. Gestern kam der Laborbericht.«

Sie rutschte vom Baum herunter, bewegte sich auf mich zu.

»Du bist jetzt der einzige, der davon weiß«, ihr Ton war vollkommen ernst. Der leicht verkniffene Mund spiegelte einen leisen Kummer, gleichzeitig aber auch eine fast komisch wirkende, kämpferische Entschlossenheit.

»Außer meiner Mutter natürlich.«

Sie zog sich das Hemd herunter und ging in die Hocke, um meinen Knöchel zu begutachten.

Ich war ganz leer in dem Moment. Sie hätte sich auf meinen Schoß setzen, sie hätte mich ohrfeigen, mich erschlagen können, ohne daß ich begriffen hätte, was geschieht.

Nach einer Weile sah sie auf, die Stirn in Falten.

»Das dagegen sieht richtig böse aus.«

Und plötzlich, wie absurd das für deine Ohren auch klingen mag, mußten wir beide lachen.

Stockend zwar, doch, soweit die Umstände es zuließen, beinahe gelöst, machten wir uns schließlich auf den Rückweg. Ich diskret auf ihre Schultern gestützt, sie den Arm um meine Taille, schoben wir außerdem unterwegs immer wieder längere Pausen ein. Und Nadja redete und redete. Sie fing an zu reden, fuhr fort damit, nachdem wir in meiner Wohnung angelangt waren, während sie mir beim Verbinden meines Fußes half, als wir noch sitzen blieben bis spät in die Nacht. Sie machte weiter am nächsten Nachmittag und Abend und an den Nachmittagen und Abenden seither. Sie redet sozusagen immer noch.

Auch wenn ich mittlerweile ebenfalls häufiger zu Wort komme und Nadja an mich die eine oder andere Frage richtet. Über dich zum Beispiel, mit wem ich hier spreche und was ich von dir will. Dabei mußte sie natürlich bemerken, daß ich das eigentlich selbst nicht mehr weiß.

Viel war es ohnehin nie, was ich über dich sagen konnte. Daß ich dich mir jedesmal neu zusammenphantasiere aus allem, was mir so an Wirklichkeitsstoff begegnet, um mich wenigstens mit irgend jemanden darüber austauschen zu können, erklärte ich ihr etwa. Daß diese Wirklichkeit aber reichlich wenig mit dem Wirklichen zu tun hat. Daß du trotzdem schon lange mein einziger Zugang dazu bist und alle direkten Zugänge vermauert. Und daß ich immer davon ausgegangen bin, im Prinzip kann es keinem anders gehen. Alle finden sich vor demselben künstlichen Horizont wieder, auf den ich zulaufe, indem ich dich zur Rede zu stellen versuche. Um über diese unfreiwillige Umleitung doch noch an ein Ziel zu kommen. Undsoweiter, undsoweiter.

Aber das ist alles nicht so wichtig. Zumal ich gerade jetzt, im täglichen Umgang mit Nadja, nicht nur immer deutlicher erkennen muß, wie gewaltig ich mich getäuscht habe, sondern auch wie sehr du es darauf anlegst. Zu täuschen. Mich, alle. Darüber hinwegzutäuschen, was jenseits dieser Fata Morgana geschieht. Ich jedenfalls war dir glatt auf den Leim gegangen. Habe ich doch allen Ernstes bis zuletzt geglaubt, hinter deiner Zauberbude liegt nur endlose Brache, die reinste Joggingkulisse. Falsch. Dahinter fängt das Terrain erst an, auf dem das eigentliche Stück gespielt wird, und du verstellst bloß die Sicht darauf.

Also endlich Schluß damit, also Nadja.

Womit sie loslegte?

Ich habe es vergessen. Wie ich überhaupt im nachhinein nicht mehr auseinanderhalten kann, was sie wann erzählte. Nur daß es sehr viel war, eine Unmenge von Details, die für mich sowieso nur in Bruchstücken nachvollziehbar waren. Doch das stört hier nicht weiter. Nadjas Ausführungen verdichteten sich ohnehin allmählich von selbst zu einem ziemlich klaren Gesamtbild. Einem Bild von ihrem Freundeskreis meine ich, das mich in seiner Banalität und Wirrnis erleichterte und zugleich erschreckte. Erleichterte einerseits, weil die zum monströsen Phantom aufgeblasene Vorstellung, die ich mir von einem jugendlichen Leben in der Gegenwart gemacht hatte, sofort in sich zusammensackte, und statt dessen eine durch und durch naive, um nicht zu sagen rührend unschuldige Seite offenbarte. Erschreckte andererseits, weil mir das, was Nadja darüber berichtete, abenteuerlich erschien und bizarr. Alles mögliche hätte ich nach der Fülle an Material erwartet, die ich zu dem Thema zusammengetragen hatte, aber damit hatte ich nun wirklich nicht gerechnet.

Wie soll ich mich nur der Sache am besten annähern?

Sie sprach anfangs viel von ihrer Krankheit, fällt mir jetzt wieder ein, sie nannte es wirklich dauernd Krankheit, immer nur Krankheit, sprach davon, daß sie in all den Monaten mit keinem über ihre Krankheit hatte reden können. Sie hatte es einfach nicht geschafft, sich irgend jemandem anzuvertrauen, sagte sie, nicht ihren besten Freundinnen, nicht Dany, ihrem Lover. Nicht einmal Kevin, mit dem sie seit ihrer Kindheit doch immer alles geteilt und besprochen hatte. Auch jetzt befragte sie, indem sie mir davon erzählte, im Grunde nur die ganze Zeit sich selbst. Warum das so gewesen ist. Sie fühlte sich verlassen. Beklagte sich andererseits aber auch nicht darüber. Im Gegenteil, aus ihrem Mund klang das alles bereits seltsam abgeklärt. Überstanden, wenn du willst, so wie sie inzwischen auch ihre Krankheit überstanden hatte, und vor allem ihre, wie sie sagte, kindische Angst.

Etwas überstanden zu haben, das kennzeichnete übrigens von nun an ganz allgemein die Stimmung zwischen uns. Als wäre etwas wieder ins Lot gerückt, von dem ich zuvor nicht einmal gewußt hatte, daß es aus den Fugen gewesen war. Siehst du, ich genoß diese Schmerzen geradezu, meine anfangs ohne jede Übertreibung äußerst heftigen Schmerzen. Fast wünschte ich mir, daß sie blieben. Dieser Unfall war also nötig, damit ich bis hierher gelangt bin. Immer wieder dieser Gedanke in meinem Kopf. Ein sachlicher, ganz ruhiger Gedanke, der sogar so etwas wie einen Hauch von Optimismus verströmte, so schien es mir.

So scheint es mir im großen und ganzen immer noch.

Außerdem war ich mir sicher, daß Nadja ihre Besuche zumindest so lange fortsetzen würde, wie ich mich auf Krücken durch die Welt bewegte. Meine Vermutung hat sich bestätigt. Sie brachte jedesmal was zu essen mit. Und später tranken wir Cidre, oft bis weit in die Nacht hinein. Wir unterhielten uns. Ich auf dem Sofa, den bandagierten Fuß mit dem wieder zusammengenähten Band hochgelagert. Sie in meinem Arbeitssessel, den sie jedesmal heranrückte, um ihre Beine ebenfalls aufs Sofa auszustrecken.

Ein Idyll, von mir aus. Es war einfach schön, daß sie da war. Ich ging sogar noch weiter, nannte es heimlich mein kleines, wenn auch vergängliches Paradies. Und sehr wahrscheinlich ist es gerade jetzt im Begriff zu vergehen, nach allem, was ich inzwischen erfahren habe. Denn um endlich auf die wesentlicheren Dinge, die Kehrseite der Medaille sozusagen, zu sprechen zu kommen. Auf Nadjas Clique, oder vielmehr ehemalige Clique, auf die Regeln, die diffusen Zwänge, die in ihr herrschen. Die Lage um uns herum hat sich zugespitzt.

Natürlich brauchte ich einige Zeit, um diese Lage überhaupt zu begreifen, sie und den Wust meiner vorgefaßten Meinungen darüber auseinanderzuhalten, die ich nicht zuletzt hier, in der eremitenhaften Beschäftigung mit dir ausgebildet hatte. Anfangs etwa dominierte in meinem Kopf hauptsächlich die weitverbreitete Annahme, das Bild, das sich Heranwachsende zwischen fünfzehn und achtzehn von der Realität machen, sei eben grundsätzlich ein beliebiges, gleichsam aus einer Handvoll gar nicht zueinander passender Puzzleteile zusammengestoppelt. Lauter halbe Ansichten über das Leben, sagte ich mir wieder und wieder, während Nadja so vor sich hin erzählte, lauter putzige kleine Reime darauf. Nichts, was einen beunruhigen müßte. Dann steigerte ich mich vorübergehend doch in diese altvertraute, etwas schwermütige Erregung hinein. Das heißt, ich ließ mich zu einer kurzen, ziemlich abstrakten Phantasie hinreißen. In ihr irrte ein Heer bunter Halbwüchsiger unablässig durch eine Art Baumarkt für Lebenseinstellungen, der über und über mit Deutungs- und Sinnangeboten in poppigen kleinen Tüten vollgestopft war. Ständig griffen die jungen Männer und Frauen mehr oder weniger wahllos in die Regale. Sie füllten sich heimlich die Taschen und bastelten sich, zu Hause angekommen, aus den gestohlenen Einzelteilen private Glaubensbekenntnisse im Do-it-yourself-Verfahren.

Im Fall von Nadjas Clique jedenfalls setzte sich dieser Glaube zufällig aus einer vergleichsweise langlebigen und an sich absolut unbedenklichen Mischung trivialromantischer Vorstellungen zusammen. Nächstenliebe, Freundschaft und, sie selbst gebrauchte das Wort, Schicksalsergebenheit waren zentrale Begriffe darin. Woher diese Ideen genau stammten, spielt dabei im Grunde keine Rolle. Sie hatten, wenn ich richtig verstanden habe, irgend etwas mit den Rastafari Jamaikas, Malcolm X und dem Dalai Lama zu tun. Genausogut hätte ihnen jedoch die Lebenshaltung irgendwelcher Widerstandskämpfer, Sportler, religiöser Fundamentalisten, Komiker, faschistischer Gruppierungen oder der RAF zum Vorbild dienen können. Aber wie gesagt, das alles bewegte sich noch ganz im Rahmen des Geläufigen und war von mir als Befund längst ad acta gelegt. Ich war allenfalls erstaunt, wie genau sich Nadja dieses Zusammenhangs bewußt ist. Das zwanghafte Bedürfnis, irgendwelche Gebote aufzustellen, an die man sich dann kindisch hält, demütigt sie. Doch sie begreift es auch als eine ihrem Alter angemessene, existentielle Notwendigkeit. Sie verabscheut die Beliebigkeit dieses Vorgangs und verteidigt ihn zugleich. Weil es immer noch besser ist, aufgesetzte Pseudowerte zu vertreten, wie sie es irgendwann in den folgenden Wochen einmal selber formulierte, als die ganze Zeit mit dieser abgrundtiefen Ungewißheit zu leben. Das habe ich sogar noch wörtlich im Gedächtnis.

Was ich allerdings völlig falsch eingeschätzt hatte, war die Praxis, die sich daraus ableitete in diesem, ich weiß nicht, wie ich sagen soll, diesem luftleeren Raum vielleicht, in dem sie sich bewegten. Sie äußerte sich in einem ohnmächtigen, fast schon bewußtlosen Umsichschlagen, wie kurz vor dem Ersticken. Nichts hatte das zu tun mit der sogenannten Reizüberflutung, wie üblicherweise angenommen wird, oder damit, daß die Jugend angeblich materiell viel zu verwöhnt ist. Es gab keineswegs eine

Beschädigung ihrer Fähigkeit, mit anderen Menschen mitzufühlen. Vielmehr, inmitten einer vermeintlichen Überfülle an Alternativen, Anknüpfungspunkten, Kombinationsmöglichkeiten fehlte irgend etwas. Etwas Maßgebliches, Fixes, in gewissem Sinn durchaus Kompromißloses. Eine Erwachsenenwelt mit Konturen vor allem, die für eine Existenzform einstand. Erstarrt und unbeweglich genug, daß man ihr eine eigene Bewegung entgegensetzen, sich an ihr reiben, gegen sie anrennen oder sie sogar billigen konnte.

Gruppen haben natürlich grundsätzlich Zwangscharakter. Wenn sie sich abgrenzen, andere Gruppen oder Personen ablehnen, ist das vollkommen normal. Selbst dann noch, wenn sie zu verachten, zu hassen anfangen, manchmal sogar zum Mittel des brutalen Ausschlusses greifen, etwa um ein untragbar gewordenes Mitglied loszuwerden. Und zu erfahren, daß das auch in dieser Gruppe geschehen kann, wie Nadja es am Beispiel Kevins erlebt hat, ist deshalb noch längst keine Katastrophe. Wahrscheinlich gehört es sogar zu den unerläßlichen Enttäuschungen, die während des sogenannten Sozialisationsprozesses gemacht werden müssen, damit an dessen Ende halbwegs stabile Persönlichkeiten herauskommen. Ein derartiges Ereignis mag zwar ein Dämpfer sein für so hehre, infantile Ideale, wie sie hier verfolgt wurden, aber keinesfalls ein Grund, den Teufel an die Wand zu malen.

Jedoch wenn im gesamten äußeren Umfeld anscheinend keine allgemein verbindlichen Prinzipien mehr wahrgenommen werden können, die auch in der Gruppe bis zu einem gewissen Grad akzeptiert sind, und sei es bloß als Feindbild, wird die Eigendynamik total. Anders gesagt, unter Umständen können diese synthetischen Weltbilder dann zu geschlossenen, ungeheuer beklemmenden, dabei völlig undurchsichtigen Systemen werden, die sich nach und nach verselbständigen und zuletzt kippen. Bisher hatte ich geglaubt, daß die immer häufiger und über den ganzen Planeten verstreut auftretenden Explosionen von Gewalt unter Kindern aus einer großen Verzweiflung, aus einem tiefen Gefühl der Hoffnungslosigkeit heraus entstehen. Merkwürdig irrationale, in der Öffentlichkeit von Kopfschütteln, hysterischen Strafandrohungen und der Forderung nach schärferen Gesetzen begleiteten Phänomene eines kollektiven Sinnverlusts. Tatsächlich aber scheint mir ihr Ursprung nun dort zu liegen, wo man ihn am wenigsten vermutet. Nämlich im präzisen Gegenteil, in gängigen, sehr arglosen, auch durchaus verspielten, dennoch vor Sinn und Moral nur so strotzenden Wunschwelten, die sie zu leben träumen und die sich plötzlich zum Alptraum auswachsen.

So schlimm stand es in dem Fall freilich nicht. Alles absolut im grünen Bereich, um es mit Nadjas Worten zu sagen. Ihr Verhalten hatte in den letzten Monaten nur eine gewisse Konfusion und Aufregung unter allen Beteiligten ausgelöst. Eine Aufregung, die sich, wie du gleich sehen wirst, allerdings einigermaßen befremdlich ausnimmt und sich bisher auch alles andere als gelegt hat. Der Ausgangspunkt dafür war, daß Nadja sich von einem Tag auf den andern mehr oder weniger völlig aus dem Kreis zurückgezogen hatte.

Gut, dabei spielte die Sache mit Kevin, die man leider wohl kaum noch als harmlos wird einstufen können, natürlich eine Rolle, wenn auch nur im Vorfeld. Der Knabe war ja bereits seit längerer Zeit planmäßig von einigen in der Gruppe unter Beschuß genommen worden. Einmal hatte ihn Marlon auch verprügelt, während die anderen zuguckten, Schmiere standen. Das hatte ich vorher selbst nicht gewußt, ist allerdings ein Vorgang, der an Schulen ohnehin nur in den seltensten Fällen registriert wird.

Nadja stieß dazu, als Marlon gerade Kevins Kopf ins Piß-becken drückte und runterspülte. Sie sah es vom Gang aus, durch die offene Tür der Herrentoilette. Alle lachten. Wie sie immer lachten. Nicht höhnisch, mehr als wollten sie sich für das, was sie da taten, noch während sie es taten, entschuldigen. Wie immer war es, als wäre alles gar nicht so ernst gemeint, sagte Nadja. Sie ging schnell weiter.

Dazu kam, daß es Nadjas ausdrücklicher Wunsch ge-wesen war, Kevin Meier in die Gruppe aufzunehmen, der ihrer Meinung nach, und ich glaube das bestätigen zu kön-nen, von seinem ganzen Typ her das blanke Gegenteil ist zu den anderen, einsilbig, barsch und mit der Zeit immer starrköpfiger auf seine Ungeselligkeit pochend. Ihre Sand-kastenbeziehung war irgendwann unhaltbar geworden, klar. Eine Beziehung übrigens, die ursprünglich von ausgeprägt körperlicher, dabei völlig asexueller Nähe bestimmt gewe-sen sein soll. Doch gab es nach wie vor etwas, das Nadja an Kevin beeindruckte. Wie verschroben er auch sein mochte, sein Wesen schien ihr in gewisser Hinsicht unver-stellter, sie sagte, wahrer als das aller anderen. Sie hoffte, etwas davon könnte, indem er Teil des Zirkels würde, auf diesen überspringen.

In den gemeinsamen Jahren zuvor hatte allerdings ge-rade dieses angeblich Wahrhaftige, das Nadja in der no-torisch schlechten Laune Kevins erkennen wollte, bloß noch bedrückend auf sie gewirkt. Daher war sie in den Armen des hübschen, sanften Dany Todoric regelrecht aufgeblüht, wie sie es nannte, damals, als er an unsere Schule gewechselt war. Dany der Lächler ist exakt das ge-wesen, was sie zu diesem Zeitpunkt gebraucht hat, mein-te sie. Immer zärtlich, immer da, fand immer toll, was sie sagte, hörte immer zu. In Danys Schwärmerei, schwärmte sie, schwang trotz aller Sentimentalität etwas Zukünftiges mit. Ihre Phantasie konnte darauf zufliegen. Und aus diesem Flug heraus hatte auch die Clique Gestalt angenommen.

Tatsächlich aber war sie das ewige harmonische Getue bald leid geworden. Tatsächlich schwebte ihr eine Art Versöhnung vor. Dany und Kevin, Hoffnung und tiefe Skepsis, sie wollte beides haben. Und da Nadja fraglos als einzige in der Clique die Kraft hatte, nicht nur ihren Willen durchzusetzen, sondern auch überzeugend für ihn einzutreten, bemühten sich anfangs alle, sich mit Kevin abzufinden. Bewahrten vor allem die Ruhe, ließen seine unvorhersehbaren Schübe von Aggression, die Sachbeschädigungen lächelnd über sich ergehen. Der Kerl provozierte sie gnadenlos. Als er eines Tages auch noch Danys Schultasche anzündete, war das Maß voll.

Nadja hatte die Lage nicht mehr beruhigen können. Obwohl sie alle Verantwortung für dieses Desaster bei sich selbst und ihren, sie sagte, egoistischen Bedürfnissen suchte, hielt sie natürlich weiter an ihnen fest. Das heißt, jetzt eigentlich erst recht. Weil, wie sie sich ausdrückte, dieser ganze Scheiß auf ihrem Mist gewachsen war, sie ihn also auch wieder ins reine bringen mußte. Schließlich hätte sie wissen müssen, wozu Kevin unter Umständen fähig sein würde. Schicksal, nannte sie es, eine Prüfung des Schicksals.

Diese Geschichte liegt übrigens schon über ein Jahr zurück. Kein Mensch hat etwas davon in der Schule bemerkt, und die Szenen, die ich im Sommer beobachtet hatte, waren nur ein kurzfristiger Rückfall gewesen, Kevin der Rächer, und hatten außerdem bereits, du wirst es dir wohl schon denken, mit mir zu tun.

Dann plötzlich die Krankheit. Und Nadjas Angst. Todesangst natürlich, doch viel entscheidender die Angst vor den andern. Wenn sie es sich nur vorstellte, wie sie darauf reagierten, sagte sie. Diese typisch lächelnde Betroffenheit, die dann in diese typisch aufgesetzte Fröhlichkeit übergegangen wäre. Man war schließlich befreundet, auf die der Clique entsprechende Art immer nur wie im Spiel befreundet. Eine Einheit zwar, eine fast verschwörerische Einigkeit. Gegen diesen Einzelkampf, diese Gleichgültigkeit und Gemeinheit überall. Aber wie mit einschränkendem Achselzucken. Als könnte alles jederzeit von einem Moment auf den nächsten widerrufen werden. Ihre unerträgliche Freundlichkeit, sie wäre von da an eine wandelnde Leiche gewesen unter ihnen. Pausenlos hätten sie versucht, sie zu trösten, in den Arm zu nehmen, sie auf jede Party geschleppt, in jede Disco, sich dort noch mehr mit Drogen vollgestopft als sonst, um immer weiter lustig und nett sein zu können. Obwohl sie bloß die ganze Zeit Angst gehabt hätten. Angst, durch ihre Angst mit Nadjas kranker Angst infiziert zu werden. Sie begann sich zu ekeln. Vor ihrer Verlogenheit, sagte sie, aus Dummheit. Dieselbe Verlogenheit wie bei der Sache mit Kevin, nur andersherum.

Also schwieg sie, verstummte. Sie scherte sich den Kopf, vorweggenommenes Zeichen, Stigma, sie selbst verwendete den schwülstigen Ausdruck, der todgeweihten Kreatur. Damit sie es sehen konnte, wenn sie in den Spiegel schaute, fühlen, wenn sie sich über den Kopf strich. Verkroch sich in sich hinein, horchte auf die Gedanken, die da von selbst kamen. Darauf, wie sich zu ihrer Todesangst eine wilde Lebensangst gesellte, die sie völlig überraschte. Beide schaukelten sich gegenseitig hoch. Enorme Angstwellen, die über sie wegbrachen, unter denen sie wie in einer Höhle kauerte. Eingesperrt und geborgen zugleich. Dort, in diesem Zustand, entwickelte sie dann die Vorstellung, ich sei der einzige Mensch, der noch zu ihr durchdringen könne.

Sie erklärte es mir anhand unserer gemeinsamen Autofahrt an jenem ersten Schultag, du erinnerst dich. Diesen schrecklich peinlichen Auftritt, für den ich mich hinterher so geschämt habe. Nadja dagegen hatte mein Gebaren umgekehrt als Ermutigung empfunden. Sie fand sich dadurch bestätigt in ihrer fixen Idee, ich sei der Richtige, mir könne sie alles erzählen, und tatsächlich deshalb hatte sie ja auf mich gewartet. Sie war auch die ganze Fahrt über auf dem Sprung gewesen, es mir zu sagen. Es lag ihr auf der Zunge, ihr Kopf hatte die Order zu sprechen klipp und klar ausgegeben. Aber die Stimmbänder reagierten nicht. Als hätten sie diesen Befehl noch nie gehört, als müßten sie erst prüfen, ob sie ihn überhaupt ausführen dürften. Sie sagte, sie kam sich vor wie ein Fisch, der zu sprechen versucht. Zwar war sie sich sicher, daß es nur eine Frage der Zeit sein würde, bis ihr Laute über die Fischlippen gekommen wären. Darum, weißt du noch, blieb sie auch solange im Wagen sitzen. Doch sie hatte letztlich keine Ahnung, wie lange es dauern, sie befürchtete vielmehr, daß es viel zu lange dauern würde, womöglich stundenlang. Nadja gab es auf.

Meine Ratlosigkeit aber, meine Aufgebrachtheit, mein Gestammel, also, sie sagte, sie liebte mich dafür, sie sagte es exakt mit diesen Worten. Seltsamerweise nahm ihr mein ewiger Sermon einen Teil ihrer eigenen Angst. Daß so etwas überhaupt ging, daß es möglich war, solche um sich wütenden Gedanken auszusprechen. Sie sagte, bei dir im Auto, Frank, hat mir meine Angst plötzlich nicht zusätzlich Angst gemacht. Weil hier, in meinem Auto, die Angst sozusagen sowieso zu Hause war.

In dieser Zeit kurz vor dem Eingriff hatte Nadja jedenfalls angefangen, sich mit Sinnfragen zu quälen. Sie tut es auch jetzt noch, in meinem Beisein, und das klingt so, wie das eben klingen muß aus dem Mund einer Siebzehnjährigen. Platitüden, wie du sie in jede Daily Soap, jedes Mädchenmagazin, jeden Persönlichkeitstest einge- baut hast. Das Leben ein Geschenk. Genieße jeden Tag, als sei es dein letzter. Sorge dich nicht, lebe. Vor meinen Augen wird sie dann vollends zum kleinen Kind, und auch das wirkt besänftigend auf mich. Wenn Nadja in ihrem darum ja nicht weniger existentiellen Ringen von dessen Vergeblichkeit überwältigt wird und von mir ge- tröstet werden will, halte ich ihr die Hand oder streichle ihre Wangen, als wäre ich ihr Opa oder Hausarzt. Im üb- rigen scheint sie sich der Trivialität ihrer nachgeplapper- ten Phrasen selbst bewußt zu sein. Oft springt sie auf, läuft im Zimmer auf und ab, fuchtelt mit den Armen, kämpft um jeden Satz. Bringt am Ende aber doch nur neue Phrasen zustande, die sie dann bitter ironisch aus- stößt wie schlechte Kalauer, bevor sie sich wieder zu mir setzt, die Stirn an meine Schulter lehnt. Meine Anteil- nahme wird meine eigene Hilflosigkeit dann kaum ver- bergen. Denn unter dieser Oberfläche aus Kitsch und Blabla scheint natürlich eine zweite, dunkle, aufgewühlte Schicht auf, die einer elementaren Verstörung und Ein- samkeit, für die ihr die Worte fehlen. Und mir bekannt- lich nicht weniger.

Zuletzt, vorgestern, sagte sie folgendes:

»Als Kind habe ich geglaubt, Erwachsene kennen sich aus. Sie tun wenigstens so. Sie stehen im Leben, also dachte ich, sie können mir helfen, das Leben zu verstehen. Eigentlich habe ich immer nur nach jemandem gesucht, der dieses Versprechen einlöst. Ich meine, ich will ja gar nichts erklärt kriegen. Keine Betriebsanleitung, keine Be- schönigungen. Aber es muß doch einen Grund geben, sich das alles anzutun. Wenn ich so durch die Stadt laufe, in der U-Bahn sitze, picke ich mir immer Leute heraus und versuche mich in sie hineinzuversetzen. Ich stelle mir ihre

Wohnungen vor, ihre Jobs. Wie es wäre zu arbeiten, wie ich als Ärztin, Büroangestellte, Kellnerin, Rechtsanwältin, Putzfrau, Krankenschwester, Dolmetscherin, Verkäuferin undsoweiter meinen Feierabend verbringen würde, meine Freizeit. Wonach ich mich sehnen, worüber ich überhaupt nachdenken, wann ich glücklich sein würde. Kleines Mädchen, rede ich mich im Kopf dann manchmal selber an, diese verdammte Leere macht dich ganz verrückt, was. Du fragst dich also, ob das alles sein kann. Natürlich nicht, kleines Mädchen, da ist mehr. Was ich damit sagen will, ich kann mir in Wirklichkeit gar nichts vorstellen. Ich weiß nur, daß ich lieber auf der Stelle tot sein möchte, als später so zu werden, wie mir vorkommt, daß ich werden soll.«

Ich erwiderte, daß mein Leben auch leer, ein einziges Desaster ist. Daß meine Frau mich verlassen hat, das Verhältnis zu meiner Tochter gelinde gesagt gestört ist, mein Beruf mich ankotzt. Ich habe keinen einzigen Freund, sagte ich. Daran werde ich schon irgendwie selber schuld sein. Ich kann es aber nicht mehr ungeschehen machen. Auch ist man irgendwann vielleicht zu alt, um noch grundlegend etwas zu ändern.

»Es ist vielleicht deine Art, Frank. Du tust wenigstens nicht so, als ob du alles im Griff hast. Es ist dir aber auch nicht gleichgültig, daß es so ist. Ich finde die Vorstellung von einem Leben, wie du es führst, zwar nicht gerade rosig, aber ich kann sie immerhin aushalten. Das reicht schon fast, um nicht vorher aus dem Fenster zu springen.«

Es war ziemlich spät geworden an diesem Abend, weit über Mitternacht. Jetzt fragte ich sie, ob sie nicht nach Hause muß. Ihre Mutter wird sich doch sicher Sorgen machen.

»Meine Mutter macht sich keine Sorgen. Meine Mutter hat ein instinktives Vertrauen in die Jugend. Meine Mutter findet es toll, daß heute so ein Leben möglich ist. Meine Mutter beneidet mich darum.«

Und damit ging sie.

Und kommt voraussichtlich nicht wieder. Heute habe ich meine Krücken zurückgebracht, morgen fange ich wieder zu arbeiten an. Aber das ist nicht der Grund. Ihre Besuche könnten in der Tat problematisch werden. Für sie, uns beide. Ich habe Nadja sogar gebeten, sie in Zukunft zu unterlassen.

Denn nicht nur, daß ihre Ex-Freunde sie inzwischen ignorieren und wie eine Ausgestoßene behandeln. Nicht nur, daß sie mit übelsten Schimpfwörtern bedacht wird, wenn sie sich zum Beispiel mit ihrem Dostojewski in den Garderobentrakt zurückzieht. Es wurden auch unmißverständlich Drohungen ausgesprochen.

Sie wissen Bescheid, nicht über Nadjas Krankheit, aber über alles Weitere. Ja, sie haben ihr nachgestellt. Sie müssen unten im Hof gestanden sein, als wir uns kürzlich am Fenster umarmten. Sie sind überzeugt, daß zwischen uns das herrscht, was man ein sexuelles Verhältnis nennt. Wollen es an die große Glocke hängen, wenn Nadja keinen Schlußstrich zieht. Könnten auch zu drastischeren Mitteln greifen. Mitteln, wie sie ein Verrat dieser Schwere rechtfertigt. So nämlich lautet die Anklage.

Oh, Nadja wiegelt natürlich ab, die sture, eigensinnige junge Frau. Ihr Ausgeschlossensein, der Haß, der ihr jetzt entgegenschlägt, lassen sie reichlich kalt. Sie behauptet, ich könne nicht beurteilen, was in ihren Köpfen wirklich vor sich geht, würde die Situation deshalb falsch einschätzen. Nach allem, was sie mir berichtet hat, bin ich mir da nicht so sicher. Auch darüber haben wir noch einmal gesprochen an diesem letzten Abend. Ich sagte, es könnte doch auch sein, daß hier ein relativ unbeteiligter Blick von außen mehr erkennt als ein heillos in die Umstände verstrickter. Sie bestreitet das natürlich.

Fakt bleibt, daß sie mir die Mitschuld geben dafür, daß Nadja sie im Stich gelassen hat, das haben sie selber gesagt. Bereits in den Monaten davor, also zwischen der sogenannten Bestrafung Kevins und dem Augenblick, als Nadja jeden Kontakt zu ihnen abgebrochen hat, müssen sie eifersüchtig auf mich geworden sein. Allen voran natürlich der Lächler, der mittlerweile längst, wie das in dem Alter heißt, mit ihr Schluß gemacht hat. Zwar warben sie zur selben Zeit auch um meine Sympathien. Du darfst ja nicht vergessen, daß Nadja so etwas wie der Kopf der Gruppe gewesen ist. Ihre Begeisterung ist, sobald sie ein Ziel gefunden hatte, immer sofort auf die anderen übergesprungen. Und sie hat damals viel von mir geredet, meine Art zu unterrichten, überhaupt mit ihnen umzugehen angeblich sogar überschwenglich gepriesen. Aber gleichzeitig müssen sie mich zunehmend als Konkurrenten empfunden haben. Eine Entwicklung, die nach jenem Nachmittag in der Theatergilde, als sie mir ihre unter Nadjas Anleitung entstandene Improvisation präsentierten, einen ersten Höhepunkt erreichte. Hinterher, in der Kneipe, muß es zu heftigen Streitereien gekommen sein, zwischen ihr und der Kleinknecht vor allem, die sich als Anführerin einer Art Meuterei in Szene setzte. Hier fiel auch das Wort Verrat zum ersten Mal. Und als Nadja sich schließlich ganz von ihnen abkapselte, als sie auch noch zufällig mitbekamen, daß sie statt dessen meine Nähe suchte, sahen sie diesen Verrat als endgültig bewiesen an.

Du mußt außerdem bedenken, daß ihr Kreis, so provisorisch, verspielt und unverbindlich die Regeln in ihm auch sein mögen, trotzdem andeutungsweise eine kleine Gegenwelt zu derjenigen der Erwachsenen darstellt, der Schule sowieso. Gegen mich haben sie gar nichts, sie mochten mich wahrscheinlich sogar wirklich. Aber in ihren Augen muß diese Gegenwelt allein schon durch die Tatsache, daß Nadja in mir, im feindlichen Lager quasi, eine Bezugsperson gefunden hat, in Frage gestellt sein. Sie hebt sie aus den Angeln. Ich habe ihnen Nadja weggenommen, oder sie hat sich von ihnen entfernt. Egal. Jedenfalls sind sie allein zurückgeblieben mit diesem Gebilde, das hauptsächlich von Nadjas Esprit gelebt hat. Für diesen Moment aber haben sie nichts anderes als das. Noch nicht. Und dazu so etwas Ähnliches wie eine desertierte Herrscherin, einen weiblichen Judas. Das ist meine Sicht der Dinge. Nun, das wird nicht lange dauern. Doch bis dahin werden sie es nicht aushalten ohne Nadjas wenigstens imaginäre Präsenz. Sie werden sie erzwingen, und sei es dadurch, daß man sie beschattet, so wie sie es schon die ganze Zeit tun, alles in allem natürlich unbewußt. Auf diese Weise sind sie ja erst darauf gekommen, daß Nadja nach der Schule nicht den Bus nach Hause, sondern regelmäßig die S-Bahn in die entgegengesetzte Richtung nahm, in Richtung

Es ist jetzt Dienstag, das heißt Mittwoch, halb eins. Soeben ist meine Fensterscheibe eingeworfen worden. Mit einem Stein, Durchmesser circa fünf Zentimeter. Vom Balkon aus habe ich noch jemand davonlaufen sehen. Identifizieren konnte ich ihn nicht. Über den Stein war mit Gummis ein Zettel gespannt. Auf dem Zettel steht das Wort: Drecksau.

3 Wie sie sich eingräbt. Die Finger um den Zipfel des Kissens, den sie sich über die Stirn geknickt hat, immer noch so fest geschlossen, daß die Knöchel weiß hervortreten. Der angewinkelte Arm dient ihr als Kuhle, so daß vom Gesicht kaum etwas zu sehen ist, der äußerste Rand der rechten Braue, eine Ahnung der Augenhöhle. Darunter wölbt sich die Backe runder als sonst, die leicht geöffneten Lippen wirken voller. Nach oben geschoben durch den Druck, mit dem die eine Gesichtshälfte auf der Matratze liegt, sind sie zugleich aufgestülpt und in sich zusammengepreßt, die kleinen länglichen Schwellkörper stehen ganz prall nebeneinander. Ich muß beinahe lachen, wenn ich hinschaue, weil es im ersten Moment wirkt, als würde sie abschätzig, sogar arrogant den Mundwinkel hochziehen. Bis ich das schwache Zittern wahrnehme, das von der Oberlippe über die Wange wandert und vom Ausströmen der Luft herrührt. Sie atmet inzwischen langsam, gleichmäßig, mit leisem Ton durch den Mund, die Nase steckt ja in den Laken. Endlich ist ihr Schlaf ruhiger geworden. Der Ellbogen des Arms, der das Kissen hält, ragt über den Bettrand. Seine Spitze berührt fast mein Knie. Fast. Ich habe mich ans Kopfende gesetzt, genaugenommen ans Fußende, denn sie hat sich verkehrt herum hingelegt. Dorthin habe ich mir einen Stuhl und den Beitisch geschafft, auf dem jetzt das Notebook steht. Solange sie sich unruhig auf dem Bett hin und her drehte, habe ich allerdings nichts schreiben können.

Ich kann sowieso nicht schlafen. Ich will nicht, kann nicht, unmöglich. Immerhin, das Zimmer ist einigermaßen geräumig, gediegen mit dunklen Möbeln und einem

längst nicht geschmacklosen Teppichboden ausgestattet,
weiß und dunkelblau gemustert, lauter winzige Punkte.
Es ist auch alles andere als billig, was unter diesen Umständen selbstverständlich keine Rolle spielt. Ein Hotel-
kettenklassiker von der besseren Sorte, wie ich ihn selbst
zum ersten Mal benutze. Wenn ich aufsehe, über das
große Doppelbett hinweg, auf dem Nadja liegt, bäuch-
lings, nur bis zu den Hüften bedeckt mit dem cremefar-
benen Bettzeug, blicke ich auf das Lichtermeer der Stadt.
Es ist nahezu still, durch die Lärmschutzscheiben hindurch dringt nicht mehr als ein feines Summen, das sich
mit dem der Heizung, des Kühlschranks der Minibar vermischt. Gelegentlich läßt sich ein Martinshorn ausmachen. Und das Licht der Neonreklamen, des Weihnachts-
schmucks an den Fassaden, der Autoscheinwerfer und
roten Rückleuchten drüben, wo sich der Ring den kleinen Hügel hinaufzieht, fällt so gedämpft durch das ge-
tönte Glas, daß der Ausblick geradezu beschaulich ist.
Wir sind ziemlich hoch oben, neunzehnter Stock. Ganz
weit hinten, wo der Horizont von einer Anhöhe mit der
mäßig imposanten Skyline meiner Vorstadtsiedlung be-
grenzt wird, müßte bei Tageslicht auch mein Wohnblock
ausfindig zu machen sein. Von zu Hause aus kann ich den
braunen Glaskoloß ohne weiteres erkennen. Ein komi-
sches Gefühl, plötzlich die Gegenperspektive einzunehmen, gezwungenermaßen. Jedenfalls dürften wir außer Gefahr sein. Bis hierher, auf all den Umwegen, vom Auto auf
die U-Bahn, zuletzt noch auf ein Taxi wechselnd, konnte
uns bestimmt niemand folgen. Es ist unser erstes Zusammensein seit exakt siebzehn Tagen. Und mag der Auf-
wand auch übertrieben erscheinen, so werden wir zumindest für heute nacht unsere Ruhe gehabt haben. Eine letzte
Nacht vor den Winterferien, vor denen mir jetzt schon
graut.

Es ist ein eigenartiger Zustand, hier zu sitzen, dieses schlafende nackte Mädchen zu beobachten und zu wissen, daß es mir, meinen Augen wehrlos ausgeliefert ist. Diesen, was sonst, Augen eines Voyeurs, die natürlich den Linien der zarten Schulterblätter, der Wirbelsäule folgen, ihr in die Achselhöhle kriechen, die sie mir hinstreckt. Und es bleiben ja auch die dazugehörigen Phantasien nicht aus. Wie es sich anfühlen würde, die fahle kahle Mulde zu berühren, über die unsichtbaren Stoppeln dort zu streichen zum Beispiel. Mit den Fingerspitzen, den Lippen, der Zunge. Die Haut über ihrem Rücken ist so straff, so ebenmäßig. Becken und Rippen zeichnen sich darunter zwar ab. Doch ist sie so fest und feinporig und von einer hauchdünnen Fettschicht unterfüttert, daß meine Hand kaum die Knochen, dafür nichts als einen sanften Wellengang spüren würde, machte sie sich auf den Weg vom gebeugten, mit dichtem weißem Flaum bewachsenen Nacken bis dorthin, wo ihr Körper unter der Decke verschwindet. Der Faltenwurf des dünnen Bettuchs in der gedimmten Beleuchtung hier, mit seinem milden Spiel von Licht und Schatten, läßt mich an Gemälde alter Meister denken, und im Geist sehe ich auch die Mienen der geilen alten Männer, die mit auf diesen Bildern sind. Aber dann fängt sich mein Blick an ihrem ausgestreckten linken Arm, der erschlafft daliegt. Die Handfläche nach oben gekehrt, ihre Finger beschreiben unregelmäßige Bögen. Sie deuten eine Schale an, und schon bin ich unwillkürlich versucht, meine eigene Hand hineinzulegen. Oder einen der Äpfel, die wir mit ein paar Nüssen, zwei kleinen Schokoladenherzen und einer Flasche Apollinaris als kleine Aufmerksamkeit des Hauses neben dem Pay-TV-Programm vorfanden. Nein, dieser Arm, diese Hand lassen ihn auf Dauer nicht zu, meinen Hunger. Denn nun erscheint mir diese junge Frau auf ganz andere Weise

nackt, um vieles nackter sogar als zuvor. So nackt, daß ich
es kaum noch ertrage, die faltenlose Wölbung zu bewun-
dern, wo ihr Hintern sich gegen das Laken drückt. Die
Art, wie er durch ihr angezogenes linkes Bein ein wenig
angehoben wird, bringt mir andererseits Nadjas eigenes
Verlangen ins Bewußtsein zurück. Im Ernst, dieser Anblick gleicht meine allzu große Ehrfurcht vor Nadjas
gleichsam unbeschriebenem Körper sofort wieder aus.
Die Furcht, er könnte Schaden nehmen, der Wunsch, ihn
zu schützen, und sei es um den Preis meines eigenen Lebens, schwächt sich ab im Gedanken daran, daß er selbst
es ist, der die Gefährdung sucht. Daß er von sich aus beschrieben sein, beschrieben werden will.

Sie bewegt sich. Wirft die Decke ab, dreht sich auf den
Rücken. Nimmt beide Arme hoch, läßt sie hinter den
Kopf fallen. Auf dem Kissen kommen die Hände ineinander zu liegen. Eins der aufgestellten Beine gleitet zur
Seite. Und auf mich wirkt das jetzt wie ein Kommentar.
Siehst du, ich bin wirklich ganz weiß, scheint mir das antworten zu wollen. Nichts da, was gelesen werden könnte,
wenn ich mich ganz öffne. Ihr Teint ist tatsächlich auffallend bleich. Aus meinem Blickwinkel ruht der Fuß direkt
unter ihrem Geschlecht. Ich betrachte es. Deutlich zu erkennen die Schamlippen unter einer spärlichen dunklen
Behaarung, die sie offenbar mit der Schere kurz hält und
an den Seiten ganz, über dem Venushügel bis auf einen
schmalen Strich wegrasiert hat. Wie glatt das aussieht,
und vor allem, wie wahnsinnig jung. Überdies ist die Haut
in den Vertiefungen am Schambein etwas gerötet, dort
wo es schwierig sein muß mit der Klinge hinzukommen.
Um so heller und, ja, empfindlicher scheint der ganze
Oberkörper. Der Bauch, der Brustkorb, die kleinen Brüste
heben und senken sich. Von der Narbe ist unter dieser Beleuchtung, die noch die letzten, ohnehin kaum vorhan-

denen Unebenheiten weichzeichnet, gar nichts mehr zu sehen. Sie hat den Mund geschlossen. Die oberen Schneidezähne liegen leicht an der Unterlippe auf. Fast daß sie zu lächeln scheint.

Ich habe sie zugedeckt. Am Flattern der Lider kann ich die hin und her wandernden Augäpfel erkennen, die allmählich zur Ruhe kommen. Jetzt. Nur der Puls am Hals pocht unablässig weiter, hüpft auf und ab wie ein eingesperrtes, etwas erschöpftes, daumengroßes Tier.

Erschöpft sind wir beide. Denn so absurd und so lächerlich schablonenhaft diese anonymen Drohungen auch sind, die vor einiger Zeit, aus heiterem Himmel sozusagen, aufgetaucht sind und dann ständig zugenommen haben, ihre Wirkung haben sie nicht verfehlt. Dumme Briefchen, Sätze wie »freut euch nicht zu früh«, »bald seid ihr fällig« undsoweiter aus ausgeschnittenen, aufgeklebten Zeitungsbuchstaben. Nächtliche Telefonanrufe, dieses widerliche Stöhnen und irre Gelächter will mir gar nicht mehr aus dem Kopf. Dazu dauernd das Gefühl, beobachtet zu werden. Diese beim Umdrehen an irgendeiner S-Bahnstation hinter Pfeilern, in Aufgängen abtauchenden, um irgendwelche Ecken verschwindenden Gestalten, die wahrscheinlich gar nichts mit der Geschichte zu tun haben. Und Nadja erging es nicht anders, wie ich seit heute weiß. Auch sie hat die öffentlichen Verkehrsmittel nicht mehr benutzt, hat sich von ihrer Mutter zur Schule fahren lassen, um sich, genau wie ich, in der trügerischen Sicherheit zu wiegen, die man jeder Privatsphäre instinktiv und ohne jede Berechtigung zuspricht. Wie die in den Schnee auf meiner Motorhaube, die vereisten Fenster oder mit nassem Dreck auf die Heckscheibe geschriebenen Schmierereien mir fast täglich beweisen. Offenbar bleibt ihm, ihr, der Bande, wem auch immer, gar nichts verborgen.

Wem auch immer. Denn das ist längst nicht mehr ausgemacht, daß dahinter jemand aus der Clique steckt.

Dabei hatte sich zuerst alles ganz prima entwickelt. Ich meine, wir waren schließlich gewarnt, auf der Hut, keine Frage. Schnurstracks, den Stein mit dem Zettel noch in der Hand, hatte ich damals bei Nadja angerufen, wir waren uns schnell einig gewesen. Äußerste, absolut äußerste Gelassenheit war angesagt, das stand fest. Normalität wiederherstellen, locker bleiben. Wir vermieden es im Schulbereich Kontakt aufzunehmen, gingen uns jedoch auch nicht künstlich aus dem Weg. Daß wir unseren mutmaßlichen Feinden nicht mit übermäßiger, aber doch gebührender Höflichkeit begegnen würden, war ebenfalls klar. Deshalb war ich froh, Nadja schon in derselben Woche, in der ich den Unterricht wiederaufnahm, mehrmals im Kreis ihrer früheren Freunde unten in der Aula stehen zu sehen. Und zumindest aus der Ferne kam mir ihre Art miteinander zu reden schon fast wieder unbefangen vor.

Trotzdem glaubte ich natürlich überall höhnische bis gehässige Blicke zu bemerken. Hinterrücks geschnittene Grimassen von Schülern fast sämtlicher Jahrgangsstufen, sogar von solchen, die der Clique sonst offen ablehnend gegenübergetreten waren. Mir wurde aber bald bewußt, daß die Sache sich unmöglich bereits so weit herumgesprochen haben konnte, noch dazu in dieser Geschwindigkeit, und tat meinen Eindruck als reines Hirngespinst ab.

Allmählich stellte sich jedoch heraus, daß sich während meiner kurzen Abwesenheit das gesamte Klima an der Schule verändert hatte. Ein unterschwelliger, für mich oft kaum auszuhaltender, nervöser Überdruck hatte ja seit langem schon existiert. Bisher war er aber durch eine Art Schutzschild, der sich um einen aufbaute, sobald man das Schulgelände betrat, so weit heruntergedämpft worden, daß alles weiter seinen ruhigen Gang hatte gehen können. Mit anderen Worten, im Haus hatte immer eine derart übertrieben gute Laune geherrscht, daß ich mich davon regelrecht bedrängt gefühlt hatte. Natürlich, auch jetzt noch sprang sie mich an auf Schritt und Tritt. Doch durch die maskenhaft lächelnden Gesichter hindurch schimmerte neuerdings unverkennbar etwas Verquältes, das jeden Augenblick in offene Aggression umzuschlagen drohte. Offenbar, dachte ich, ist der Schild nun doch porös geworden. Etwas von der angestauten Spannung muß nach außen gedrungen sein, liegt jetzt als explosives Gasgemisch in der Luft, erzeugt diese Stimmung, die ich irrtümlich zuerst rein auf meine Person bezogen habe.

Auch im Lehrerzimmer meinte ich eine gereizte Unruhe wahrzunehmen. Die Stammtische ausgedünnt, alles viel stärker in Bewegung als sonst, ein ständiges Kommen und Gehen. Sogar Sportler-As Dirschka mit der dröhnenden Witzboldstimme fühlte sich offenbar unwohl und bellte morgens mehr, als daß er blödelte, pfiff jedesmal diesen Sommerhit vor sich hin, wenn er überstürzt Richtung Turnhallen abdampfte. Be my Barbie girl in a Barbie world. Der Text, so wie er mir irgendwann im Kopf hängengeblieben war, ergänzte sich automatisch. It's of plastic, it's so fantastic. In meinen Ohren klang es wie das Signal zur Attacke.

Natürlich versuchte ich umgehend herauszufinden, was eigentlich los war. Ob sich etwas ereignet hatte, das vielleicht auch ich wissen sollte. Man zuckte aber bloß die Schultern, maulte etwas von Prüfungsstau vor den Ferien, vom kalten Dauerregenwetter. Nur Ralf Ott grinste breit, als ich ihn darauf ansprach. Meine Zeit in diesem madhouse ist so gut wie abgelaufen, Mann, war alles, was er erwiderte, tippte sich dazu an die Stirn und ließ mich stehen. Kein Wunder, dachte ich, als ich ihm nachblickte, der hat sein Flugticket nach Los Angeles schließlich schon in der Tasche. Ende Februar, gleich nach dem Halbjahreszeugnis, wie er ja schon im Sommer verkündet hatte. Jetzt beneidete ich ihn darum. Einerseits.

Andererseits wirkte sich das alles auf meine eigene Stimmung merkwürdig entkrampfend aus. Nicht nur, daß die alte Überempfindlichkeit gegen Geräusche aller Art auf einmal wie weggeblasen war. Die leichte Panik, die mich nach dem Steinwurf erfaßt hatte, dehnte sich aus auf die Gesamtlage, wurde dadurch abgemildert, die persönliche Bedrohung rückte in den Hintergrund. Und auch wenn es sich im ersten Moment zynisch anhören mag, als es kurze Zeit später tatsächlich zu diesem relativ harmlosen Zwischenfall kam, bei dem Herta im Musiksaal von einem Elfjährigen am Kopf verletzt wurde, atmete ich geradezu auf.

Die Spannungen entluden sich dadurch zwar nicht wirklich, doch waren sie immerhin greifbar geworden. Dachte ich. Sogar mit Nadja sprach ich nun hauptsächlich über diese Geschichte. Wider besseren Wissens hatten wir nach der Sache mit der eingeworfenen Fensterscheibe unsere Treffen zunächst doch heimlich fortgesetzt. Nicht mehr in meiner Wohnung, versteht sich, sondern in irgendwelchen Cafés und dergleichen. Erleichtert, fast gutgelaunt sagten wir uns immer wieder, daß es im Grunde niemand anderes hatte erwischen können als die traurig rehsanfte Herta.

Dabei hatte es sich eigentlich mehr um einen Unfall, einen verunglückten Jux gehandelt. Während des Absingens eines Gospelsongs war dieser Knabe aus der Sechsten plötzlich aufgestanden, hatte feixend ein Geodreieck wie einen Bumerang auf seine arme Musiklehrerin geschleudert, ihr eine gehörig klaffende Wunde knapp über dem Auge beigebracht und obendrein die Bindehaut verletzt.

Kreischend, blutüberströmt, war Herta daraufhin die Gänge entlanggerannt. Auch daß ausgerechnet die sonst so bedächtige Christel Schneider, die als erstes am Tatort anlangte, in einem Anfall von Raserei über den Burschen hergefallen war, hatte uns keineswegs erstaunt. Sie schrie, schlug auf ihn ein, zerrte ihn an den Ohren, schubste ihn endlich zu Boden. Sie war drauf und dran, ihn an den Haaren durch den Saal zu schleifen. Sie hätte ihn durchs ganze Haus geschleift, wäre es nicht einigen Kollegen gelungen, sie festzuhalten und leidlich zu beruhigen.

Über Nacht war Gewalt zum Thema Nummer eins geworden. Es dominierte alle Gespräche im Kollegium, im Elternbeirat. Eine Art Krisenstab wurde gebildet, kurz entschlossen ein öffentlicher Informationsabend organisiert. Andere Schulen der Stadt folgten dem Beispiel spontan. Die allseitige Bestürzung nahm weiter zu, als nach und nach immer neue bedenkliche, bislang unentdeckt gebliebene Vorfälle ans Tageslicht kamen. Sie erreichte ihren Höhepunkt mit der Geschichte von dieser zwölfjährigen Realschülerin aus dem Norden der Stadt. Ich meine die berühmte Story von der Klassenfeier am Badeweiher, die überall durch die Presse gegangen ist, du weißt schon. Man hatte das Mädchen nackt an einen Baum gefesselt und sie später gezwungen, diverse sexuelle Handlungen zu vollziehen. Die Einzelheiten sind ja sattsam bekannt. Was die Kollegen, Eltern, die Öffentlichkeit aber weit mehr erschreckte, war die Tatsache, daß sie erst eineinhalb Jahre danach, durch die besorgten Nachfragen ihrer Eltern ermutigt, gewagt hatte, überhaupt darüber zu sprechen.

Und natürlich, daß die Zahl derartiger Geständnisse von Tag zu Tag wuchs. Plötzlich dominierte die Vorstellung, man wate als Lehrer durch einen Pfuhl der Verderbnis, von dem man zu allem Übel bisher noch nicht einmal das geringste geahnt hatte, und hinter jedem Schulkind lauere ein Abgrund der Verrohung. Immer mehr Horrorgeschichten machten die Runde, sie wurden mit der Zeit immer abenteuerlicher. Schließlich waren sie so haarsträubend, daß man an ihrer Glaubwürdigkeit zu zweifeln begann. Den Schlußpunkt setzte eine Siebtkläßlerin, die allen Ernstes behauptete, in ihrer Klasse werde jeden Montag vor Schulbeginn eine Thermosflasche mit einem Voodootrank aus Menschenblut herumgereicht, mit der sie die Lehrer dazu bringen wollten, bessere Noten zu vergeben. Jetzt machte sich Erleichterung breit. Sie brach förmlich durch. Zwar versuchten einige, allen voran Fritz Möcker, die Diskussion darüber, wieviel Schuld die Medien undsoweiter an derlei Entwicklungen trugen, künstlich am Leben zu erhalten. Doch mit demselben Ehrgeiz, mit dem man eben noch nach immer mehr Stoff und Details gelechzt hatte, blockte man nun schon im Vorfeld jede weitere Beschäftigung mit dem Thema ab. Die kurze Phase kollektiver Hysterie war vorbei. Das heißt, sie ging nahtlos über in die Phase der Weihnachtsvorbereitungen, obligatorischen Adventsfeiern, Sammelbestellungen und des Austauschs von Geschenkideen.

Zum Ausgleich, als läge dem eine innere Logik zugrunde, verschärfte sich für mich die Lage wieder.

Ich bilde mir immer noch ein, es bestünde da ein Zusammenhang. Solange die latenten Spannungen an die Oberfläche gedrungen waren, man sich mit ihnen auseinanderzusetzen gezwungen war, auch wenn das nur in Form geiler Betroffenheit geschah, fühlte ich mich verblüffend wohl. Kaum entspannte sich die Situation, kaum sank das Entsetzen in seine quasi vertrauten, trüben Tiefen zurück, kehrte meine alte Unruhe wieder. Als wäre der ganze absurde Wirbel, der mich vorübergehend entlastet hatte, letztlich nur darauf berechnet gewesen, meine

Verwirrung noch zu steigern. Das alles ist natürlich Unsinn und das Zusammentreffen einiger unerfreulicher Ereignisse zu genau diesem Zeitpunkt reiner Zufall. Als sie geschehen waren, ich mich damit abfinden mußte, daß sie geschehen waren, als dann auch noch dieser Terror losging, fühlte ich mich jedenfalls beschissen, was soll ich sagen, ich war mit den Nerven völlig herunter.

Jetzt, wenn ich Nadja betrachte, ich meine, dieses Stoppelfeld kurzer Haare, das als einziges von ihr unter der Bettdecke hervorlugt, wenn ich an den kurios wortkargen Abend denke, der hinter uns liegt, mir die groteske Friedlichkeit dieses Orts ins Bewußtsein rufe, muß ich darüber fast schon wieder den Kopf schütteln. Aber ich mache mir nichts vor. Dies ist und bleibt ein Abschied. Natürlich.

Wie gesagt, es hatte ausgesehen, als entwickelten sich die Dinge ganz prima. Auch die Theatersitzungen verliefen ja äußerst angenehm. Während über uns der Sturm der allgemeinen Entrüstung tobte, hockten wir unten im Keller, lasen mit verteilten Rollen den Sommernachtstraum. Ich konnte sogar spüren, wie der Druck mit jeder Stunde schwächer wurde. Von Probe zu Probe kehrten mehr Schüler in die ziemlich geschrumpfte Gilde zurück. Ich bin überzeugt, bald dachte keiner von den Eingeweihten noch an die hinter uns liegenden Mißverständnisse. Die Stimmung war im Gegenteil richtig gut. Wenn dann auch noch Marlons kauzige Art oder Karins trockener Witz auf den unfreiwillig komischen Leierton eines Mike Bentz oder das Gestammel von Kevin Meier traf, kriegten wir uns sogar oft vor Lachen gar nicht mehr ein.

Ja, du hast richtig gehört, Kevin ist jetzt auch dabei. Eines Tages, wenn du so willst, ging mitten in der Stunde die Tür auf und herein trat dieser Alptraum jedes Lehrers. Zuerst stellte sich jedesmal beklommenes Schweigen ein, wenn er an die Reihe kam. Es ist ja kaum auszuhalten, wie lange er braucht, um einen Ton herauszubringen. Und was für Töne das dann sind. Unglaublich hoch, piepsig, monoton. Die Haare läßt er sich übrigens jetzt wachsen. Er hat die kleine Nebenrolle eines eifersüchtigen Vaters. »Du hast Liebespfänder mit ihr getauscht, hast dich in ihre Träume eingeschlichen«, oder so ähnlich, das war die Stelle, als plötzlich irgendwer zu kichern anfing, »mit Boten, die zählen bei so unerfahrener Jugend«. Und daraufhin wandte sich Marlon mit seinem Dirty-Harry-Sound dem Mädchen zu, das die Rolle der Tochter hatte: »Dein Vater sollte für dich wie ein Gott sein, für den du bist wie eine Wachsfigur, der er Gestalt gab und in dessen Macht steht, sie zu erhalten oder zu vernichten.« Seine hektisch wandernden Albinoaugen waren riesig hinter den dicken Brillengläsern, alle prusteten los, wirklich, auch mir standen Tränen in den Augen. Sogar Kevin begann mitzulachen, oder vielleicht sollte ich besser sagen, er versuchte es. Wie er ja jetzt überhaupt in allem bemüht ist, sich zugänglich zu geben. Oft beobachtet ihn Nadja dann mit ihrem staunend durchdringenden Blick. Er tut, als würde er nichts bemerken. Zwei ehemalige Glatzen, zwei Welten, und ihre Sorte von Kommunikation. Ich bin sicher, Kevin genießt es.

Sein Auftauchen in der Gilde war die eine kleine Veränderung. Er kam dazu, Amelie und Nadjas Exfreund Dany blieben weg. Dabei ist Amelie die treibende Kraft in der Theatergruppe und neben Marlon die Talentierteste von allen gewesen. Laut Nadja hatte das nichts mit mir zu tun. Sie stellte sie ja alle zur Rede. Von dem Steinwurf will keiner etwas gewußt haben, das ist klar. Sie sollen auch furchtbar erschrocken sein, als sie davon erfahren haben. Ich glaube sogar, erst dieser Schreck und die allgemeine Gewalthysterie haben bewirkt, daß sie mir gegenüber dieses relativ entspannte, leicht ironische Verhältnis entwickeln konnten, das in den Proben jetzt herrschte. Umgekehrt ich zu ihnen natürlich auch. Es kam mir wirklich vor, als hätten wir mit dieser Ironie zum ersten Mal eine gemeinsame Verständigungsebene gefunden.

Bis auf Amelie und Dany. Die wollen sich bloß von der Clique absetzen, versicherte Nadja mir. Finden alles, was damit zusammenhing, jetzt uncool, falsch, kindisch. Außerdem sind die beiden inzwischen ein Paar. Kümmern sich um wichtigere Dinge. Ihr Szenedasein beispielsweise. Haben das Outfit gewechselt. Er die Haare kurz, nicht zu kurz, Koteletten, dünnes Techno-Bärtchen, tritt meistens in legeren Anzügen auf. Sie hat ihre Dreadlockmähne ebenfalls abgeschnitten, den verbliebenen Bubikopf wasserstoffblond gefärbt, mit Gel nach hinten gekämmt. Hippe Boutiqueteile, dazu abartige Plateauschuhe aus Plexiglas zum Beispiel. Ich hätte sie fast nicht wiedererkannt.

»Das waren meine besten Freunde. Wie sollen die denn sonst reagieren?«

Nadjas Segen also haben sie. Darum beschäftigte mich ihr Rückzug, ihre Verwandlung auch nicht weiter. Alles übrige ging doch so leicht, fast von selbst. Ich glaubte, durch Nadja soviel mehr zu begreifen. Als wäre auch für mich eine Tür aufgegangen, die unsichtbare Tür zu dem unsichtbaren Raum, in dem sie eingesperrt sind, so wie ich in meinen eingesperrt bin, und hindurch trat in diesem Fall, ja, ich.

Das ist es, was ich mir am meisten vorwerfe. Meine eitle Euphorie. Meine Blauäugigkeit. Damit hat es im Grunde angefangen. Sonst wäre doch mir nie eingefallen, Dany und Amelie zum Weitermachen zu überreden. Ich hätte auch den Mut nicht aufgebracht, meiner Ex-Frau gegenüber ein Telefongespräch mit Luzie durchzusetzen, sie dann auch noch mit allen Mitteln zu überreden, sich mit

mir zu treffen. Wenigstens für ein, zwei Stunden. Meinetwegen auch bei ihr, in dieser ekelhaften Kleinstadt, in der
früher auch ich gelebt habe.

Um zur Sache zu kommen, es war ein Mittwoch, ich
hatte etwas früher aus. Mit meiner Tochter war ich für
halb vier verabredet. Um den Mittagsstaus auf dem Ring
zu entgehen, wollte ich sofort los, an der Raststätte nach
dem Autobahnkreuz eine Pause einlegen. Zum Parkplatz
nahm ich den Weg hinten hinaus. Ich erkannte sie schon
von weitem. Die beiden lehnten rauchend an Amelies
blauem Golf, sie hatte seit ein paar Wochen den Führer-
schein. Dany hielt ein Handy am Ohr, reichte es der
Freundin, das Ding wanderte hin und her. Dabei schienen
sie mich zu beobachten.

Ich habe mir oft vorgestellt, was das wohl für einen
Eindruck auf sie gemacht hat, als ich da mit meinem nai-
ven Lächeln im Gesicht auf sie zusteuerte. Sicher ver-
stärkte das ihre Verachtung noch. Ihren Haß. Ich glaube,
ich habe ihnen sogar gewinkt. Und als ich mich dann mit
einem, wie es auf sie wirken mußte, anbiedernden Hi vor
ihnen aufbaute, war die Sache im Prinzip gelaufen. Wie
schwachsinnig ich mir im nachhinein vorkam, wie ich sie
zuschwallte in diesem Anfall von Pädagogenpenetranz. Daß
es so wichtig, so schön wäre, wenn sie. Ich darf gar nicht
daran denken. Die haben nicht einmal hingehört, also,
bei so viel abstoßendem Lehrergesülze dreht man doch
automatisch den Ton weg. Und gleich bei meiner ersten,
sozusagen interrogativen Atempause, spuckte mir Todoric
sowieso schon vor die Füße.

Im selben Moment begriff ich die Lage, Gott, ich
meine, ich erkannte nicht einfach nur die Peinlichkeit
meines Auftritts. Als ich bei ihnen stehengeblieben war,
hatte die Kleinknecht ihre Finger um irgendeinen kleinen
weichen Gegenstand geschlossen. Es war mir gar nicht

aufgefallen, ich muß es bemerkt, aber sofort wieder vergessen haben, denn das Bild war ja da. Weiß war das Ding gewesen, weiß wie ihre Finger, denke ich, wie mein Blick nun wie aus Versehen auf ihre Faust fällt, wo noch der Rand des Tütchens hervorspitzt, und seltsam, sofort wittere ich Gefahr. Eine dumpfe Ahnung, der nicht einmal Zeit bleibt, sich zu einem Gedanken zu formen, da reiße ich bereits reflexhaft den Arm hoch, wehre Todorics Schlag ab.

Es war in der Tat außerordentlich befremdlich. Der Kerl begann wie geistesgestört auf mich einzudreschen, mit den Fäusten, den Füßen. Zunächst wehrte ich nur ab. Doch während dies ablief, hatte ich die ganze Zeit den Eindruck, das alles wäre gar nicht wahr. Nein, ich stand nicht neben mir, ich schaute mir nicht zu wie einem Fremden. Es war auch nicht wie im Traum. Umgekehrt, alles wirkte jetzt sogar besonders real, gestochen scharf sozusagen, die verzerrten Gesichter der beiden vor allem, die Haut, die Farben, Schatten, winzigen Fältchen, Poren, ihre Münder bewegten sich, sie brüllten, ich weiß nicht was, ihre Stimmen schienen aus furchtbar großer Distanz zu kommen, sie mischten sich als Frequenzstörung in mein überlautes Keuchen, als schwaches Rauschen einer zwar tosenden, doch sehr fernen Brandung. Selbst das Brennen, der schwindende Schmerz danach, der zuletzt in ein Kribbeln überging, an jeder getroffenen Stelle, an den Armen, Schenkeln, mit denen ich den Rest des Körpers schützte. Ich spürte es überdeutlich, konnte es sozusagen nur nicht ernst nehmen. Es kam mir vor, als wollte sich mir eine äußerste Hülle von Wirklichkeit als Wirklichkeit aufdrängen, eine Art Oberflächenbeschichtung davon, luftdicht, korrosionsfest, unter der etwas völlig anderes sich abspielte.

Dann traf mich Todoric in den Bauch. Ich bekam kurz

keine Luft mehr, aber es tat nicht sehr weh. Ohne eine Sekunde zu zögern schlug ich mit voller Kraft zurück. Ich erwischte ihn am Kinn. Er verlor das Gleichgewicht. Taumelte mit dem Rücken gegen den Wagen. Einen Moment lang stand ihm der Mund offen, dieser Mund, den ich immer nur lächeln gesehen hatte. Dann sprang er mir an die Gurgel.

Abgesehen von spielerischen Raufereien als Kind hatte ich mich natürlich nie in meinem Leben geschlagen. Da war also von vornherein keine Chance für mich, zumal mir nun auch noch die Kleinknecht im Kreuz hing, in die Rippen stieß. Das heißt, ich wollte diese Chance gar nicht haben. Mein Kopf klemmte unter Todorics Arm, in meinen Ohren sirrte es, leuchtend rot wurde es unter den geschlossenen Lidern, etwas hieb mir in die Kniebeugen, und alles, was ich mir wünschte, war, diesem Rot beim Verlöschen zuzusehen und gleich darauf in einen dunklen warmen Schlaf zu fallen. Dann stürzte ich, rollte mich zur Seite, zog instinktiv die Beine an, hob schützend den Unterarm vors Gesicht. Darunter stierte ich auf Todorics Schuhe, glänzende lila Stiefel mit dicken Sohlen, aber sie traten mich nicht. Als sie sich entfernten, hörte ich den Schotter knirschen, ja, plötzlich hörte ich wieder laut und prägnant, keiner gesehen, sagte die Kleinknecht, weg. Mein Blick fiel jetzt auf den Vorderreifen des Golf, ich dachte, wie schwarz dieses Rad ist, im Ernst, das dachte ich, eine komische Ehrfurcht lag in diesem Gedanken, ein wütendes Einverständnis, ich weiß nicht, in meinen Tod vielleicht, kein Wort, hörte ich. Ich hörte es so klar.

»Hast du gehört?«

Ich spürte, daß mein Kopf sich bewegte.

Dann das Öffnen der Türen, das Anlassen des Motors, ich sah Steinchen unter dem Reifen wegspritzen. Dann rollten sie zur Ausfahrt vor, bogen ab. Dann nichts mehr.

Ich rappelte mich hoch. Natürlich war meine Hose versaut. Auch der Mantel, ich fand einige kleine Blutflecken darauf. Mein Fuß tat wieder weh, ich hinkte leicht. Außerdem stach es nun doch ganz ordentlich rechts unterhalb des Brustkorbs, mein rechtes Handgelenk pochte. Als ich die Hand aufs Lenkrad legte, sah ich, daß die Haut über den Knöcheln aufgeplatzt war.

Die Fahrt über dachte ich an nichts, jedenfalls nichts, woran ich mich erinnern könnte. In der Raststätte suchte ich gleich die Toilette auf. Hätte schlimmer sein können, sieht aber auch nicht gut aus, sagte ich laut zu meinem Spiegelbild, ich war zum Glück allein im Raum. Vor allem, wenn man vorhat, in Kürze seiner Tochter gegenüberzutreten und dabei eine besonders liebenswerte Figur zu machen. Die Schürfwunde an der Stirn hatte ich schon im Rückspiegel bemerkt. Sie war kreisrund, so groß wie ein Markstück. Was mich nun aber doch irritierte, war der Gesamteindruck, den ich auf mich machte. Von der Schläfe abwärts breitete sich ein Bluterguß aus, die ganze Wange war aufgeschwollen, wodurch mein Gesicht befremdlich verschoben aussah. Ich wusch mich vorsichtig, säuberte meine Kleider so gut es ging. An der Selbstbedienungstheke schaufelte ich mir Eiswürfel in einen Becher, nahm ihn mit zum Auto. Das Eis an der Backe, blieb ich eine Stunde dort sitzen, dachte weiterhin an nichts. Dann ging ich noch einmal zur Toilette. Viel geändert hatte sich nicht. Die Schwellung war etwas zurückgegangen, dafür der Bluterguß jetzt tief violett.

Wir waren am Brunnen im Stadtpark verabredet. Natürlich kam ich viel zu früh, Luzie hatte noch Klavierunterricht. Wie außerordentlich kalt es war an diesem Tag, fiel mir erst jetzt auf. Der Park nahezu menschenleer, darüber ein grauer Himmel. Rauhreif lag auf den Ästen, auf der Holzabdeckung des Brunnens, wo er die Maserungen nachzeichnete. Mich fror. Als sie mit den Noten unterm Arm auf mich zukam, stand ich auf und breitete die Arme aus. Sie trug einen neuen knielangen dunkelgrünen Mantel, der ihr sehr gut stand. Der schwarze Pelzkragen verschmolz mit ihrem schweren dunklen Haar zu einer Einheit, ich hatte den Eindruck, daß sie wieder etwas größer, etwas fraulicher geworden war.

Luzie muß mich zuerst wirklich nicht erkannt haben. Als sie nur noch drei Meter von mir entfernt war, erstarrte sie plötzlich und kehrte mir dann den Rücken zu. Sie sagte:

»Laß uns woanders hingehen.«

Ich bewegte mich auf sie zu, sie bewegte sich im selben Tempo von mir weg. Ich folgte ihr im Abstand von drei Metern, die Situation kam mir vertraut vor. Am Ende des Parks, wo er an die Böschung zum alten Stadtgraben stößt, steuerte Luzie eine Sitzbank an. Sie stand etwas abseits, auf einer kleiner ungepflegten Terrasse, von den mannshohen, reifverkleideten Sträuchern fast vollständig verdeckt. Als ich mich neben sie setzte, stand sie wieder auf.

»Ich hab nicht viel Zeit. Günther holt mich bald ab. Was willst du von mir?«

Sie stand, schaute über mich hinweg, die ganze Zeit schaute sie über mich hinweg in die Bäume hinauf. Ich sagte:

»Deine Mutter hat dir das gesagt, stimmt's? Du sollst dich so verhalten, so ist es doch.«

Sie schwieg. Ich fragte:

»Und du? Was willst du?«

Ich betrachtete sie, ich fand sie sehr schön. Obwohl ich mir eingestehen mußte, daß sie Petra immer ähnlicher sah. Die breite, ein wenig vulgäre Unterlippe, auf der sie jetzt herumbiß, während sie störrisch weiter schwieg, die

Nase mit der knolligen Spitze, die langen Furchen, die sich nun auch in Luzies Wangen einzugraben begannen, ihrem Gesicht einen Anflug von Männlichkeit verliehen. Sie rollte die Augen.

Ich schloß die meinen, sagte, mehr zu mir selbst:

»Ich wüßte zu gerne, was für Lügen sie dir erzählt hat.«

»Gar nichts hat sie mir erzählt. Ich habe es ihr erzählt, alles, da bin ich schon von selber draufgekommen.«

Zischend, so schnell wie möglich hatte sie das hervorgestoßen. Ich wußte sofort, was sie meinte. Und ich konnte mir auch sehr gut vorstellen, wie das abgelaufen war. Petras Art nachzufragen, immer noch einmal, freundlich, ruhig, insistierend, so daß bestimmte Details wie von selbst in den Vordergrund rücken. Und dann dieses komische Schuldgefühl, das nach und nach an einem zu nagen beginnt. Das man sich erst gar nicht eingestehen will, von dem man zunächst gar nicht weiß, woher es eigentlich rührt. Bis einem klar wird, worauf diese Frau hinaus will, und zugleich, wie blind man die ganze Zeit über gewesen ist. Sich selbst gegenüber. Ah, wie lächerlich, mickrig, dumm man sich grundsätzlich vorkommt vor ihrem alles durchschauenden Blick. Da unterwirft man sich doch gerne ihren Deutungen, von was, von wem auch immer. Ja, sie kennt einen besser als man selbst. Und ich, das habe ich nicht vergessen, ich war ihr auch noch dankbar dafür gewesen. Daß sie mich mir erklärte, mich sezierte, in meinen Eingeweiden las. Auch wenn mein Haß auf sie und ihre Verachtung für mich auf diese Weise von Jahr zu Jahr zunahm.

Und jetzt also Luzies Version der Sommerferien mit mir, die Geschichte vom Restaurantbesuch, dem Kleid, das ich ihr kaufte, wie ich ihr die Zehennägel angemalt habe. Nach jedem Gesichtsausdruck von mir in jeder einzelnen Situation wird Petra sich erkundigt haben, ich weiß es. Ich hätte es von vornherein wissen müssen. Luzie hat ihr alles haarklein berichtet, immer wieder und noch genauer. Danach brauchten Verhaltensregeln gar nicht mehr ausgeben werden.

»Kinderschänder. Oh, vielleicht nicht ganz, etwas übertrieben vielleicht. Aber ein paar Stufen davor, das ist es. Richtig?«

Ich öffnete meine Augen. Luzie schaute immer noch über mich hinweg. Ich erschrak, denn ich meinte ihr die furchtbare Anstrengung ansehen zu können, mit der sie jetzt die Fassung wahrte. Steinerne Wangen, dachte ich zitternd vor Kälte wortwörtlich, eine dunkle Erinnerung schwang darin mit. Erst jetzt wurde mir wieder bewußt, wie ich aussah. Ich schämte mich und war im nächsten Moment wütend, daß ich mich schämte. Ich dachte, sie haben ja recht. Maßloser Überdruß lag in diesem Gedanken.

»Dann ist es wohl das beste, wenn du wieder gehst.«

Als sie mich nun zum ersten und einzigen Mal ansah, bevor sie sich unendlich zaudernd und ohne ein Wort zu sagen davonmachte, war ich es, der den Blick abwenden mußte.

Sie war schon ein ziemliches Stück weit weg, da fiel mir doch noch etwas ein.

»Sag mal, was wünschst du dir denn zu Weihnachten?«

Rief ich ihr nach. Sie drehte sich um. Ich glaube, soweit ich das aus der Entfernung beurteilen konnte, jetzt war sogar ein wenig Freude in ihren Augen.

»Geld.«

Ich nickte.

Von da an war mein Kopf betäubt, von Stumpfsinn wie in Watte gepackt, ein mächtiges, gleichbleibendes Rauschen blieb darin zurück, dem ich beinahe andächtig zuhörte. Vielleicht hatte es wirklich etwas von einer Bewußtseinsstörung. Der Zustand hielt sich fast die ganze Heimfahrt über, im Gedächtnis blieb er mir als kurzer Moment. Ich befand mich schon innerhalb der Stadtgrenzen, als er langsam nachließ. Die erste Regung, die sich schwach, sehr diffus durch das Rauschen kämpfte, war jedoch nicht Kummer, sondern so etwas wie Mitgefühl, Mitgefühl mit Petra, meiner Ex-Frau. In der Tat zum allerersten Mal dämmerte mir, was auch ich ihr angetan haben mochte, empfand ich nach all den Jahren der Entzweiung fast eine Art traurige Sympathie für sie. Insgeheim wünschte ich ihr sogar Glück, dieser neuen Familie.

Zwei Tage später dann lag der erste Drohbrief im Briefkasten. Zwar gelang es mir, nach außen weiterhin Gelassenheit zu demonstrieren, aber um ehrlich zu sein, meine Nerven lagen bereits vollkommen blank. In der Schule faselte ich etwas von einem Putzunfall, im Unterricht überspielte ich mein Aussehen durch betonte Milde. Ich wollte es mir einfach selbst nicht eingestehen, überraschte mich mehrmals, wie ich völlig weggetreten im Klassenzimmer auf und ab marschierte und dabei in Gedanken ein Horrorszenario nach dem andern durchspielte. Ich stellte mir zum Beispiel vor, auf irgendeinem U-Bahnhof plötzlich aus der Menge heraus erschossen zu werden, versuchte mir auszumalen, wie das wäre zu verbluten, das zerfetzte Herz undsoweiter, welche Art Schmerz.

Nadja war sonderbar reserviert am Telefon, als ich sie anrief, um mich mit ihr für den folgenden Nachmittag zu verabreden. Sie hatte den gleichen Brief erhalten. Selbstverständlich deutete ich ihr ungefähr an, was inzwischen passiert war. Wir waren uns ja noch nicht wieder begegnet. Auch Dany und Amelie waren seither vom Unterricht ferngeblieben. Ich warnte sie also vor, was meine äußere Verfassung betraf, machte ein paar erste Andeutungen, wer hinter der Sache stecken könnte. Nadja sagte zu all dem gar nichts.

Wir trafen uns im Burger King am Hauptbahnhof. Ausgerechnet hier, inmitten dieses hektischen Geschiebes, den quietschenden Kindern, abgewrackten Arbeitslosen, Reisenden mit Gepäck in der einen, Tabletts in der anderen Hand, koreanischen Studentinnen, Afrikanern, coolen Jungs mit Bomberjacken, Arabern, Weißrussen, fühlte ich mich unerwartet sicher. Der ideale Ort, stilles Auge im Orkan, genau das dachte ich.

Ich fing auch sofort an. Nadja schwieg. Sie beobachtete mich nur, keine Ahnung wie, seltsam ungewohnt jedenfalls. Ich weiß noch, daß ich es auf mein Äußeres schob, sieht doch schon gar nicht mehr so übel aus, mein Gesicht, dachte ich. Was ich zu sagen hatte, erschien mir aber viel zu wichtig, als daß ich mich mit Nebensächlichkeiten hätte aufhalten können. Natürlich wollte ich ihr alles, was mir zugestoßen war, genau berichten, nicht die kleinste Einzelheit auslassen. Aber das war nicht das Entscheidende. Schließlich hatte ich Zeit gehabt, drei Tage hatte ich im Prinzip ja nichts anderes getan, als diese Einzelheiten immer wieder Punkt für Punkt durchzugehen, so lange, bis sie sich quasi von selbst neu zusammensetzten und so miteinander verbanden, daß sie einen Sinn ergaben. Endlich glaubte ich ihn gefunden zu haben, danach stand es für mich fest.

Ich sagte, nur Dany Todoric kommt als Täter in Frage. Von ihm stammten die Briefe, er ist es auch gewesen, der den Stein geworfen hat. Ich war noch ganz ruhig dabei.

Bei Dany paßte einfach alles ins Bild, keiner konnte mehr sein Feind sein als ich. Der Lehrer, bei dem nichts zu lernen, der eingebildete Nebenbuhler, dessen bizarre Anziehungskraft so schleierhaft wie bedrohlich war. Hier lag der Schlüssel, davon war ich wirklich überzeugt.

Aber man hat euch ja alle verraten und verkauft, unterbrach ich mich auch schon selbst, das heißt, es war eigentlich keine Unterbrechung, ich nahm nur das Ende meiner Schlußfolgerungen vorweg. Bildete ich mir jedenfalls ein. Man ist dabei euch auszuschalten, sagte ich also, und das in einer Form, die beispiellos ist in der Geschichte. Und ihr merkt es nicht, das heißt, ihr könnt es gar nicht mehr merken, darin besteht gerade die Niedertracht. Was habt ihr denn für Perspektiven, keine, was für eine Zukunft liegt denn vor euch, die allerbeschissenste, aber das ist ja dasselbe. Perspektive, Zukunft. Ich verlor die Beherrschung. Ich sagte, ihr wißt ja gar nichts mehr mit solchen Wörtern anzufangen. Europa, Unternehmen, ein Unterhaltungsformat, so etwas hat Zukunft, da steht es obendrauf. Es gibt sogar Perspektiven, zum Beispiel für Umsatzmaximierungen. Aber für euch gibt es überhaupt nichts. Nicht einmal eure Körper gehören euch selbst, höchstens daß da noch so ein dumpfes Rumoren existiert, das euch gehört, vielleicht gehört, weiß Gott nicht jedem, wahrscheinlich den allerwenigsten. Im Gegenteil, nie dürfte eine Jugend so nett, so lustig, so sorglos und so gelangweilt gewesen sein. Wenn aber was schiefläuft, ins Schlingern gerät. Oder wenn die kleinen Wünsche platzen oder größere, abstraktere am Horizont auftauchen, die sich aber nicht entschlüsseln lassen, weil dafür im Hirn keine Stelle mehr vorgesehen ist. So jemand will sich dann halt wehren, er weiß leider nicht, gegen was, nicht, gegen wen. Ein Ziel wird sich schon finden, irgendein Feindbild wird er schon aufschnappen, Ausländer, Mitschüler, Punks, Schwule, Obdachlose, Lehrer, mich, egal. Weil doch jeder irgendwo dazugehören muß. Weil doch sowieso schon alles egal ist, ich meine, mir fehlen die Worte genauso. Keine Sprache da für das, was läuft. Jetzt. Globalisierung oder wie, Kriminalität,

Schule, Völkerwanderung oder was, der Osten und der Westen, der Norden und der Süden. Es läßt sich nicht fassen, der Kopf ist zu klein dafür, es ist so lächerlich, was aus ihm herauskommt, wenn er es trotzdem versucht. Man weiß nur die ganze Zeit, alles ist noch viel schlimmer und man kann nichts dagegen tun, nichts.

»Da war ein Anruf, kurz bevor ich herkam«, sagte Nadja. »Na, gehst du gleich wieder zu deinem Perversen.«

»Als hätte er auch das schon wieder gewußt.«

»Paß auf, von uns kriegst du auch noch deinen Fick.«

Was für ein mieser Film, dachte ich, wie kindisch. Zwischen zwei feisten, verpickelten Kerlen mit Nike-Kappen hindurch, die gegenüber an der Stehtheke lehnten und mit verschmierten Mündern an ihren Riesenburgern kauten, fiel mein Blick auf die Klofrau. Eine junge, sehr dunkelhäutige Afrikanerin von außergewöhnlicher Schönheit, sie trug eine Art Turban aus samtigem moosgrünem Stoff, rosa Gummihandschuhe. Die Leute stießen sie an, drückten sich an ihr vorbei auf dem engen Gang zur Toilette. Sie saß auf ihrem Schemel, stoisch, mit einem Ausdruck von Stolz und zugleich absoluter Leere. Ein Saubermann mit roter Kappe, dunklem Teint, Pakistani wahrscheinlich, kam vorbei, sammelte Tabletts und Müll auf, wischte Ketchup von den Tischen. Er sah mir so ungeniert wie unbeteiligt ins Gesicht. Nadja sagte:

»Wir müssen damit aufhören. Keine solchen Treffen mehr. Ich halte das nicht mehr aus.«

Ich beruhigte mich allmählich wieder.

»Du täuschst dich übrigens, Frank Beck. Es ist nicht Dany. Ich weiß es, frag mich nicht woher. Das am Telefon war außerdem eine Frauenstimme.«

»Dann war das eben Amelie, spätestens jetzt ist sie seine Komplizin. Oder ein anderes Mädchen, das ihm hilft. Die hatten Kokain, Amelie hat es in der Faust versteckt.«

»Quatsch.«

»Todorics Vater ist Kroate, hat seine deutsche Frau mit dem Baby im Stich gelassen, ist nach Zagreb zurück. Hast du mir selber erzählt. Denk nur an die Sache mit Kevin. Danys Dauerlächeln. Wenn das unter Druck gerät. Denk an das Messer damals. Der Kerl ist ausgeflippt auf dem Parkplatz, du hättest es sehen müssen. Dealer ist er offenbar auch.«

»Und wenn. Du machst es dir zu leicht, viel zu leicht.«

»Nicht leicht, falsch, ich habe viel falsch gemacht, das ist mir klargeworden, spätestens seit ich meine Tochter getroffen habe, ist mir das klargeworden. Einen solchen Vater oder Lehrer, ich meine, einen Erwachsenen, der solche Fehler macht, kann man offenbar auf Dauer nur hassen. Du fängst ja auch schon an.«

Nadja stand auf, stemmte die Arme auf den Tisch, lehnte sich leicht zu mir herüber, doch so, daß es eher aussah, als wäre sie im Begriff, sich nach hinten abzustoßen.

»Ich auch, ich habe mich offenbar auch getäuscht. Du hast gar nichts begriffen.«

Sie wirkte sehr müde.

»Ich weiß gar nicht, was ich sagen, wo ich anfangen soll. Du denkst immer über ganz falsche Dinge nach. Deutschlehrer, entschuldige, du siehst es genau so, wie man sich vorstellt, daß Deutschlehrer es sehen. Personen, die irgendwie miteinander verwickelt sind, eine Geschichte haben, eine Persönlichkeit, in irgendwelche Konflikte geraten. Dramen, Tragödien, Psychologie undsoweiter. Das ist doch total unwichtig, das spielt doch keine Rolle, ich meine, nicht ernsthaft, nicht wirklich. Ist doch egal, wer es ist, ist doch reiner Zufall. Das kann doch jeden erwischen, das braucht doch bloß irgendeinen Auslöser. Für egal welchen Irrsinn. Ich dachte, du weißt das. Du hast es im Prinzip doch gerade selber gesagt. Trotzdem fängst du wieder damit an. Du bist auch nicht besser als die andern. Warum gehst du eigentlich nicht zur Polizei?«

Ich erschrak.

»Aber das ist doch verrückt. Das ist doch unmöglich.«

»Warum denn? Wegen deinem Scheißjob? Was fürchtest du denn? Es gibt doch nichts zu verheimlichen, Frank. Oder doch? Vielleicht willst du ja gar nicht, daß es aufhört. Vielleicht bist du es ja selber. Ich meine, wer sagt mir denn, daß nicht du hinter dem ganzen Blödsinn steckst? Na, was hältst du davon? Durchgeknallt genug wärst du, also, wenn ich ehrlich bin, Frank, du bist mit Abstand der durchgeknallteste Typ, den ich kenne. Und weltfremd genug wäre es auch. Drohbriefchen, Telefonterror. Wie in einem schlechten Krimi. Nimm nur deine sogenannten Aufzeichnungen. Was machst du da überhaupt? Warum? Mit wem redest du? Dieses ›du‹, das du dir in deinem durchgeknallten Kopf da zusammengeschustert hast, wer soll das bitte sein? Dein Fernseher? Die Realität oder was? Wenn das nicht irre ist. Mit was reden, das einem nicht antworten kann. Du willst auf diese Art rauskriegen, wie die Leute ticken? Ich kann dir nur sagen, du hast dich verrannt, völlig, und wenn du nicht aufpaßt, wirst du bald echt verrückt. Nichts kriegst du raus, ablenken läßt du dich, in genau die falsche Richtung, das ist alles, was sich rauskriegen läßt, nur dazu ist es da.«

Ich muß Nadja zuletzt furchtbar entgeistert angestarrt haben, so wie sie mich jetzt musterte, und ich war ja auch wirklich wie vor den Kopf gestoßen. Strenggenommen hatte ich gar nichts verstanden von dem, was sie gesagt hatte, doch offenbar genügend Signale empfangen, um zu ahnen, wie tief ihre Angriffe mich treffen würden, hätte ich sie erst in vollem Umfang begriffen.

Nadja richtete sich auf, wandte sich zum Gehen. Ich

glaube, sie hatte Mitleid. Mich dagegen beherrschte eine ohnmächtige Wut. Nach wie vor starrte ich sie an und wünschte, mein Gott, ja, in diesem Augenblick hätte ich mit ihr schlafen wollen. Hier. Sofort. Mitten in diesem idiotischen Burger King. Sie sagte:

»Komm jetzt. Gehen wir.«

Wir gingen. Vor dem Bildschirm in der Bahnhofshalle blieben wir stehen, n-tv zeigte ein Interview mit Gerhard Schröder, dem neuen Kanzler, dürfen wir auch nicht verdrängen, daß Regieren durchaus auch Spaß machen darf, sagte er gerade, Nadja reichte mir zum Abschied die Hand.

»Laß es gut sein. Unser Leben wirst du nie kapieren.«

Dann trennten wir uns.

Daß wir von da ab tatsächlich jede Verbindung abbrachen, damit hätte ich mich durchaus noch abgefunden. Zwar ging nun das dumme Spiel mit den Briefen, den Anrufen erst richtig los, und ich, allein mit meiner Paranoia, war knapp davor, vollends den Kopf zu verlieren. Ich versuchte mir zum Beispiel Nadjas Ansicht zu eigen zu machen, es käme nicht darauf an, wer uns bedrohte, ich erhoffte mir davon eine Art Trost. Es ist was dran, jeder kann es sein, aus einer bestimmten Perspektive betrachtet ist es sogar wirklich jeder, sagte ich mir vor. Man muß sich arrangieren damit, muß einfach aushalten, was sich nicht ändern läßt. Die Folge war jedoch, daß der Gegner bloß immer abstrakter, gespenstischer wurde. Und manchmal, in den schlimmsten Momenten, schien mir schon, die ganze Welt hätte es auf mich abgesehen.

Was für eine Hölle diese letzten Wochen aber auch waren. Mit ihren dunklen Spätnachmittagen, den täglichen Spießrutenläufen unter den Lichtergirlanden, zwischen den Autoschlangen hindurch, auf deren Lack sich die Glühbirnen als Sterne spiegelten. Diese Schaufenster, Lautsprecher über den Kaufhauseingängen mit ihrem Merry-Christmas-Dreck. Und dazu dauernd das Gefühl, beschattet zu werden. Dann die entsetzlichen Autofahrten mitten in der Nacht, weil ich es zu Hause nicht mehr aushielt, in keiner Bar, nirgends. Wie Menschen mich irr machten. Ich fuhr aus der Stadt hinaus, auf die Autobahn, dann auf irgendeine Landstraße. Hielt am Straßenrand, lehnte mich ans Steuer, schlief ein. Für ein, zwei Stunden, bis die Kälte mich weckte, ich wieder heimfuhr auf möglichst umständlichen, langwierigen Routen.

Andererseits stimmte ich diesem Wahnsinn in gewisser Weise beinahe zu. Denn was mich am meisten verbitterte, war, daß ich Nadjas Vorwürfe, die ich mir mühsam aus dem Gedächtnis rekonstruierte, ums Verrecken nicht begriff. Im Grunde beschäftigte mich nichts anderes. Ich dachte, sie legt mir den Finger in die Wunde, sie bohrt ihn hinein, wühlt darin herum, ein klaffendes rotes Loch. Ich war im Begriff etwas unwiderruflich zu verlieren, etwas, das meinem Leben bisher immer noch einen letzten Halt gegeben hatte. Doch ich konnte nicht denken, was genau das war, ich kann es bis jetzt noch nicht. Ja, exakt so habe ich es verdient, dachte ich statt dessen, eine bemerkenswert klare Einsicht. Es ekelte mich, wie klar sie war.

Ob es Nadja ähnlich gegangen ist, ich glaube nicht. Zwar stammte die aberwitzige Idee mit der Hotelnacht von ihr. Auch war sie es, die das selbstauferlegte Verbot gebrochen und mich gestern an der Schule in einem Seitengang abgepaßt hat. Doch ihre Beweggründe waren sicher etwas ganz anderes, als bei mir Schutz und Hilfe zu suchen. Ich vermute, sie fühlte sich mir gegenüber irgendwie schuldig.

Ich dagegen hatte mich eigentlich schon mit allem abgefunden, streckte bereits, wenn auch mit spöttischer Verachtung, meinen mysteriösen Verfolgern quasi freiwillig den Hals hin. Davon kann jetzt, nach dieser Nacht, keine Rede mehr sein. Zwar weiß ich noch nicht wie, aber von heute an setze ich mich zur Wehr. Mit dieser Opferstarre ist es endgültig vorbei. Zumindest das. Und ich werde die Sache ohne Nadja zu Ende bringen. Ja, das werde ich. Denn auch damit hatte sie recht. Ich will wirklich nicht, daß es aufhört, wenigstens noch nicht jetzt, nicht bevor ich das Ende kenne.

Es ist jetzt fünf. In einer Stunde kommt der Weckruf. Nadja hat den Rest der Nacht durchgeschlafen, relativ ruhig und, wie es aussieht, auch relativ befreit. Obwohl aus unserer spärlichen Abendunterhaltung auf den ersten Anschein das Gegenteil hervorgeht. Wir saßen in der Hotelbar, Nadja trank etliche Gläser zuviel. Irgendwann fing sie an sich einzureden, in mich verliebt zu sein, das muß man sich mal vorstellen. Im Grunde ist das aber nicht so erstaunlich. Ich glaube, es ist umgekehrt ein Zeichen dafür, daß sie dabei ist, sich ein für allemal von mir zu lösen. Und das ist gut so, ist genau das, was ich bezwecke.

Sie wollte mich sogar überreden, ihre Mutter kennenzulernen. Als ich sie diskret daran erinnerte, daß sie ihre Mutter doch blöd findet, erwiderte sie, daß das erstens keine Rolle spiele und ich sie zweitens ganz sicher mögen werde. Das wäre die richtige Frau für dich, sagte sie.

Nichts als besoffener Unsinn also. Morgen, spätestens im Lauf der Ferien, wird sie ihn vergessen haben. Im Fahrstuhl lallte sie ohnehin nur mehr, und oben im Zimmer angelangt, zog sie sich sofort aus, warf sich nackt aufs Bett. Als ich von der Toilette kam, war sie eingeschlafen. Kurz darauf schreckte sie noch einmal auf, ging ins Bad und übergab sich. Danach wälzte sie sich eine Zeitlang hin und her, stöhnte ab und zu, bis ihr Schlaf schließlich tiefer wurde.

Auch ich bin jetzt ganz ruhig. Eigentlich habe ich die ganze Zeit nur versucht ihr das Gefühl zu geben, daß mit mir alles soweit in Ordnung ist, es mir den Umständen nach geradezu hervorragend geht. Das wäre ja auch noch schöner, wenn sich junge Mädchen jetzt schon Sorgen machten um alte Säcke wie unsereinen, was.

Nadja. Sie dreht sich auf den Rücken.

Nein, in Wahrheit bin ich natürlich nur furchtbar gerührt. Das Vertrauen, das sie mir trotz allem noch immer entgegenbringt. Mir fehlen die Worte. Um so mehr werde ich alles tun, um dieses Vertrauen zu rechtfertigen.

Deshalb gleich, heute, letzter Schultag, dann Weihnachten, dann Silvester, und ich immerzu allein in meiner Wohnung, es wird der Horror, aber ich rühre mich nicht mehr vom Fleck. Ich werde dasitzen und schreiben, richtig schreiben, nein, nichts mehr von dir. Du kommst ja jetzt schon so gut wie nicht mehr vor. Ist dir gar nicht aufgefallen, habe ich recht? Kann sein, ich verstehe langsam wirklich, was das bedeutet. Realität. Daß da immer noch Menschen sind, auch wenn man überall nur dir zu begegnen scheint, daß sogar ich selbst es bin, obwohl ich längst nicht mehr sagen könnte inwiefern. Ja, ich werde schreiben, über Menschen. Ich werde Ich sagen, so wie es ausgesprochen wird, wenn man wirklich schreibt, wie es nur schreibend noch ausgesprochen werden kann. Ohne Persönlichkeit, wie Nadja gesagt hat, und ohne Geschichte, aber als Menschen.

Und vor allem ohne dich. Von nun an lösche ich dich aus. Stattdessen werden Menschen sichtbar. Die Sprache schlüpft hinein in diese Unbegreiflichkeit, sie ertastet sie, von innen heraus. Ja, ich werde Ich sagen, wo sich ein Ich längst nicht mehr denken läßt. Ich werde mir anmaßen, was uns als letzte Anmaßung geblieben ist. Nicht Dostojewski hat Schuld und Sühne verfaßt, es war Raskolnikow, der Mörder. Ich lösche dich aus. Unsere letzte Würde, ein letzter Stolz. Dort, wo eben noch nur du gewesen bist, tauchen wir auf, schemenhaft vielleicht, durchsichtig, aber wirklich. Jetzt weiß ich, was das heißt. Schreiben. Ich werde es tun. Ich versuche es.

Wenn man mit der Fingerkuppe über Nadjas Narbe streicht, spürt man sie noch ein wenig.

Und jetzt wecke ich sie auf.

IV WEIHNACHTSFERIEN
1998/1999

Ja, ich werde Ich sagen

So dress sexy, be decadent, enjoy the sexy DJs, sexy models and party. Move yourself with native sounds, house-expressions, funky friday night grooves. Rhythm machine. Fashion. Stilecht daneben, outfit to die for. Angel bizarre. No naked.

Bizarrer Engel. Erhob sich mit dem ersten Licht der Dämmerung, sich kräuselnde Schleier über der sich kräuselnden Wasseroberfläche des Flusses. Breitete die Schwingen aus, stieg auf, die Flügel wuchsen, bis sie an meine Fenster stießen. Ich habe mir vorgestellt, ich könnte sein Gesicht sehen. Ich sah das lange durchsichtige Haar, es wehte, wellte sich, strich unendlich langsam über die Scheiben.

Die geilen Frisuren, die geilen Brillen, die geilen nabelfreien Tops. Geile Piercings. Die geilen Hosen und Schuhe.

Nicht gerade geil die »Abi – was dann?«-Broschüren, die sie uns permanent in die Hand drückten, wo man dann so dämliche Fragebögen auszufüllen hatte. »Studium oder Ausbildung?« Und das alles ging mich dann gar nichts an. Weil es irgendwie nicht mich betraf. Du kriegst eh keinen Job, hieß das nur so ungefähr, und wenn, dann mußt du schon über Connections reinrutschen.

Wir hatten massenweise Verbindungen, wenn wir in die Stadt wollten am Wochenende. Dort gingen wir überall da hin, wo sie die Musik spielten und wo dann jedesmal auch eine eigene Kultur war, alle gleich tanzten, alle gleich angezogen waren. Es war immer das große Erlebnis. Die Hiphopper, die bloß rumstanden. Schwarze. Mädels mit Turban. Sandalen. Barfuß.

Durch messerscharfes Elefantengras. Ich hatte gelernt meine Haut zu schützen. Drüben lag das Dorf. Mittag und Hitze und Fliegen, und da waren jetzt auch die Bilder wieder. Dieser Geruch. Ich wußte, was mich erwartete. Konys Messen waren gut, Bibellesungen und Gebet. Der Gesang war das Beste. Wir tanzten, dann zogen wir los. Jeden Freitag auch Kniefälle gen Mekka. Allah-o-akbar. Daran dachte ich, wie jedesmal. Davon gingen die Bilder weg.

Ich hasse Mädchen. Wenn ich nur an sie dachte, mir vorstellte, wie sie aussahen, wurde mir schon schlecht. Alle Leute, die mich verstoßen haben, hasse ich. Vor allem Mädchen.

Also gingen wir da rein, wieviel waren wir, vier, fünf, ich zückte die Platinkarte. Da gab es nämlich diesen VIP-Raum, eine Art Galerie, von der man so auf die Tanzfläche runterschaut. Unten ging es wirklich ab, echt coole Frauen dabei, wir tanzten sozusagen von oben her mit. Klar, daß die uns bald bemerkten. Ich winkte sie herauf.

Es gab natürlich auch andere gemeinsame Unternehmungen. Im Sommer am Strand liegen oder Sachen, die sonst nie in der Gruppe passieren. Aber ich wußte nie, was ich mit denen reden sollte, und umgekehrt, glaube ich, war es genauso. Alles hing davon ab, wieviel der eine getrunken, wieviel der andere gezahlt hatte. Wer gut aussah. Und dann waren da immer diese Moden für zwei Wochen. Die mußte man draufhaben. Damals war rechtsextrem gerade in. Sprüche wie: »Trink wie ein Arier.« Mir blieb ja nichts übrig, als mit denen gut auszukommen, ich meine, auch wenn mir einiges nicht paßte, da mußte man eben irgendwie drüberstehen. Ich ging dann so auf diese

Ebene, wo geplänkelt wurde, wo es trotzdem ganz lustig sein konnte. Also soff ich mich meistens zu, sonst ging es sowieso nicht. Wenn sie aber zum Beispiel das mit dem Arier brachten, bekam ich trotzdem jedesmal ne Gänsehaut. Ich konnte aber nie wirklich etwas sagen. Ich seh auch jetzt noch keinen Sinn drin. Das heißt, einmal habe ich ein paar von denen sogar gefragt. Was das soll, und ob sie wirklich so denken. »Ah, ist doch lustig!«

Haut die Glatzen, bis sie platzen, haut die Glatzen, bis sie platzen, haut die Glatzen, bis sie platzen.

Bis zum Exitus. Zum Beispiel Garagentod. Gasvergiftung. Einatmen von Kohlenoxid. Eine Konzentration von 1000–2000 ppm (0,1–0,2 Vol.-%) in der Atemluft führt nach etwa einer halben Stunde, noch höhere Konzentrationen in wenigen Minuten zum Tod.

Wo doch eine einzige, halbwegs konzentrierte Aktion reichte, daß alles nach Plan lief. Scheiße, ein falscher Feueralarm und schon liefen sie. Diese Lemminge. Sie kamen, und wir hatten alles im Griff. Andrew, sagte ich, siehst du, es ist genau, wie ich gesagt habe. Brittany, Paige, Stephanie. Lemminge. Fehlte bloß noch der Abgrund. Konnten sie haben. War unser Part. Ich hatte sie genau auf der Pfanne. Entfernung circa hundert Meter. Ein geiler Hinterhalt, die paar Bäume direkt vor dem Tor wie extra für uns hingestellt. Fast identische Ausgangsposition wie im Trainingscamp letztes Jahr. Nur Candace tauchte nicht auf. Endlich kam sie, lachte, echt, die lachte. Wird dir noch vergehen, dein Lachen, Caddie, dachte ich. Ich dachte, nicht cool, hast du gesagt, ist nicht mehr cool, hast du gesagt. Wirst gleich sehen, wie cool das ist. Bald, Baby, seid ihr ein Haufen aufgescheuchter Hühner.

Spaß. Spaß am Mittag, am Nachmittag und am Abend. Der Spaß der Kneipen, auf den Straßen, in den Autos. Spaß der Kinos. Spaß der Bilder, Spaß der Wörter. Der

Spaß dieser leeren Bierdose, die über den Kiesweg scheppert. Spaß der Nacht. Viel Spaß an einem Picknickstrand unten am Fluß im Morgengrauen Ende August.

Jetzt fing Moon an zu fiepen. Ich ließ ihn nach vorne, er legte die Pfoten in meinen Schoß und darauf seinen Kopf. Schaute auf zu mir mit seinen reinen blauen Augen wie Wasser. Wie die Ewigkeit. Ich sprach mit ihm in Gedanken. Hör auf die Musik, Moon, sagte ich lautlos, er konnte es verstehen, meine Hand, die seinen Nacken kraulte, war so ruhig, als ich sang. Death makes angels of us all, and gives us wings for we have shoulders.

Kann ich zwar nicht so gut verstehen deutsch, aber ich will schon nicht zurück nach Tschechien, echt. Was soll ich machen da, gibt es nicht Arbeit und was ich soll lernen Beruf also. Deutschland ist schönes Land. Habe ich gekauft Schuhe bei Quelle ganz billig. Sind gelb, so hoch, weißt du, echt super. Deutschland ist besser schon.

Wie üblich servierte der Kellner hier oben alles auf Silbertellern. Wir tanzten. Das war es eigentlich. Aber dann wollten immer mehr Leute auf die Galerie. Ich lehnte also an der Brüstung, winkte lässig ab, und die Frauen, die hatten immerhin selber erst vor ein paar Minuten raufkommen dürfen, lehnten neben mir, machten einen auf lässig. Ich meine, die wußten, wie die Nummer zu laufen hatte. Und genau dazu waren sie ja hier. Waren eben wirklich cool, die Frauen.

Denn in der Stunde der Schlacht bist du stets bei mir, blickte ich auf zum Himmel. Ich betete. Allah-o-akbar, erst wenn deine breite krumme Sichel über mir steht, wird es auch für mich kein Entkommen mehr geben. Ich weiß, eines Tages werde ich meinem Tod zusehen mit eigenen Augen. Jede Nacht sehe ich mich sterben. Doch solange meine Träume mich töten, werde ich unverwundbar sein, ich weiß es. Allah-o-akbar, da liegt mein Fuß abgehauen

neben mir. Ich betete. Sie befördern ihn in die Büsche mit
einem Tritt. Dann den anderen, die Hände, die Unter-
schenkel, Unterarme, meine Zunge. In kleine Portionen
zerhackt, werden sie mich ins Gelände streuen, dem großen Tier zur Besänftigung, das vom Himmel steigt. Meine
geliebten Hände, die getötet haben tausendfach, meine
Lippen, die dich gepriesen haben tausendfach, Allah-
o-akbar. Ich betete. Deine grüne Erde wird rot, zuletzt der
Himmel schwarz sein. Ich sah es. Und jedesmal, wenn ich
nach dem Gebet meinen Blick wieder senkte, wußte ich,
ich würde wirklich nicht sterben. Nicht heute. Der Hei-
lige Geist hatte mich berührt. Das große Tier kam über
die Menschen, ich aber würde unverwundbar sein.

Aber das war doch nur ein beliebiges Dorf sonstwo auf
der Welt. Und in dem stand ein einziger Fernseher. Sams-
tagabend schauten sich alle die westliche Welt an, in der
ich lebte, sowieso längst verloren, und waren auch verloren. Ich war verloren, ich meine, ich. Ich war mir auch
klar darüber, daß das nicht aufzuhalten war. Nie war ich
überrascht, wenn ich etwas Neues hörte. Jederzeit konnte
ich mir vorstellen, daß es knallte. Irgendwo. Plötzlich.
Manche Neuigkeiten blieben dann für kurze Zeit hängen
und waren etwas später wieder vergessen. Alles war kurz-
lebig. Man bekam zufällig etwas mit, und dann existierte
es. Zwei Wochen darauf existierte zufällig etwas anderes.
Ich verfolgte die Dinge nicht mehr. Ab und zu berührte
mich noch etwas, so daß es mich ein paar Tage lang beschäftigte. Doch genauso schnell war es auch wieder völlig uninteressant geworden.

Wir schneiden dem Kanack den Schwanz ab und den
Sack, wir schneiden dem Kanack den Schwanz ab und
den Sack.

Diese geilen alten Säcke. Wenn sie die Straße hochka-
men, auf dich zu in dem funzeligen Neonlicht. Sahen

doch echt alle gleich aus. Papis. Alle im selben Alter. So um die Fünfzig. Feucht glänzende Manga-Gucker im Kopf. Du hättest glauben können, die brechen sofort in Tränen aus, wenn du ihnen erlaubst deine Stiefel zu lekken. Mir machte das natürlich nichts aus. Geschäft ist Geschäft. Oft war es sogar ganz witzig. Manche flennten später wirklich.

Benommenheit, Schwindel, Übelkeit, Kopfschmerzen, Ohrensausen, Augenflimmern, Erbrechen, Atemnot. Auch Krämpfe. Symptome für Hypoxämie. Sauerstoffverarmung des Blutes infolge der gegenüber Sauerstoff 200- bis 300fach stärkeren Bindungsneigung des Gases an das Hämoglobin des Blutkörperchens. Zuerst Steigerung der Puls- und Atemfrequenz, dann Bewußtlosigkeit.

Als der Engel sich mir endlich zuwandte, schloß ich die Augen. Auch die seinen waren geschlossen. Schwebend erschien er doch so schwer, ich wußte, fallend würde er mich erschlagen. Dabei strahlte er einen Ernst aus, der zu lächeln schien. Diese äußerste Gleichgültigkeit, smooth as raven claws. Sie übertrug sich auf mich.

Bock. Einfach Bock. Bock zu saufen, Weiber aufzureißen, Geld auszugeben. Die wollten das, die zogen sich doch schon so an. Was heißt da brutal, rücksichtslos, kalt. Ich hatte schließlich Augen im Kopf.

Mädchen waren immer das schlimmste gewesen. Keine Ahnung. Weil sie Mädchen waren.

Es war jedenfalls immer schön bei Opa, ich weiß nicht, so gemütlich eben. Mein kleines Mädchen, sagte er meistens zu mir. Und immer wenn ich ihm sagte, wie schön es bei ihm ist, fragte er, ob es denn sonst nicht so schön ist für mich, und daß er das nur schwer ertragen könnte, wenn das wirklich so wäre. Und dann nahm er mich mit in den Garten und zeigte mir seine Bäume, die Vogelkästen und Blumen. Opa erklärte mir immer alles. Ich mochte es so gern, wie er redete. Langsam, ein bißchen traurig, aber eben gemütlich. Im Haus lief täglich alles gleich ab. Ganz ruhig. Ich mußte mich natürlich auch an ziemlich viele Sachen halten. Immer beim Aufräumen helfen zum Beispiel. Oder ganz leise sein, wenn Omi ihr Mittagsschläfchen hielt. Manchmal waren sie sogar richtig streng mit mir. Opa sagte oft, wie wichtig es ist, daß alles seine Ordnung hat. Oft sagte er auch, daß kluge kleine Mädchen wie ich natürlich studieren und Arzt werden müssen oder Schauspieler. Aber bevor er mich zur Strafe zum Beispiel in den Keller zum Holz holen schickte, sagte er jedesmal: »Es kann nicht überall die Ordnung eines altes Mannes herrschen, aber eine Ordnung muß sein.«

Haut die Glatzen, haut die Glatzen, haut die Glatzen, haut die Glatzen.

Eines Tages saß dann einer von denen mit so einer Armbinde in der Klasse, Runen drauf, irgendein Dienstgrad oder sowas. Und der Lehrer reagierte prompt. Daß er das ganz schlecht sehen kann, bei ihm da schlimme Gefühle hochkommen, undsoweiter. Der ließ eben seine typischen Ich-Botschaften ab. Machen bestimmte Lehrer ja überhaupt gern. Dabei sollte das ein Scherz sein. Die hatten das in der Theaterrequisite gefunden, na ja. Lehrer, sogenannte Autoritätspersonen. Wir gingen mit denen echt anders um. Ganz oft passierte es mir, daß ich sie duzte: »Du, Herr Soundso.« Sie erzählten uns schließlich alles, ihren Liebeskummer, einfach wirklich alles. Vor allem die Jüngeren natürlich. Die waren ja auch genauso poppig wie wir, nur eben ein bißchen älter, hatten halt diesen Beruf. Der Deutsch-Leistungskurs zum Beispiel war eine einzige Horrorshow. Alle, wirklich alle stellten sich dort so dermaßen dämlich an. Und dann war auch noch der Lehrer doof. Es war der Hammer. Der schlechteste Kurs, den man sich überhaupt vorstellen konnte. Egal, was gesagt wurde, keiner checkte irgendwas. »Kafka, das mag ich nicht lesen, das ist irgendwie so komisch, krankes Zeug, will ich mir nicht reinziehen.« Bei denen war alles krank, keiner konnte sich in etwas anderes reinversetzen als in seinen ewigen Comedy- und Hollywood-Trash.

Coole Filme mit coolen Typen. Ein cooler Tag am Strand mit coolen CDs und einer coole Sonne, die sich cool auf meiner Sonnenbrille spiegelte.

Dann waren die Bilder weg, und dafür dieser strahlende Glanz und ein wunderbar mächtiges Rauschen hinter der Stirn. O Herr. Der Feind Museveni. Mein Herz fing an zu rasen, trommelte den Hals hinauf. Afrika. Die roten Bäume, das schwarze Land. Ich küßte mein Buschmesser, sprach ein letztes Gebet. Jesus Christus, flüsterte ich, gib mir die Kraft, wie du so oft sie gegeben mir, deinem Diener. Wir sind deine Armee, dein Widerstand, deine Rache, o Herr. Und dann, weil ich mit fünfzehn der Älteste war, gab ich das Zeichen. Ein kurzer gehauchter Pfiff, dreimal hintereinander. So.

Wir schneiden, ja wir schneiden, ja wir schneiden, ja wir schneiden.

In den Ferien hatte ich gelegentlich mitbekommen, wie das dort war, in solchen Ländern, vor allem für die Mädchen. Was sie vom Elternhaus aus alles nicht machen durften, womit wir nicht die geringsten Probleme hatten. Weggehen, trinken, Sex, undsoweiter. Aber je besser ich mir vorstellen konnte, wie es für mich wäre an ihrer Stelle, desto mehr dachte ich, daß es diese Mädchen doch irgendwie einfacher haben. Die wissen, was auf sie zukommt, haben ihren Lebensplan, werden heiraten, als Hausfrauen, Mütter enden, als Großmütter. Ich dagegen, dachte ich, bin überschüttet mit Möglichkeiten und habe keine Ahnung, was ich will. Wenn ich dann allerdings wieder nach Hause kam, wußte ich die positiven Seiten meiner Sorte von Leben schnell wieder zu schätzen. Ich brauchte mich um nichts zu kümmern, kriegte alles in den Arsch geschoben und war damit eigentlich auch zufrieden.

Wir zogen überall mit, wir gehörten immer dazu. Wir gehörten nirgends dazu. Im Schrank hatte ich die Garderobe und die Garderobe. Wir hatten gar nichts.

Ich hatte zum Glück die Jagdbüchse mit, doch wo war das gottverdammte Miststück plötzlich hingeraten. Komm raus aus dem Haufen, Caddie, brüllte es in meinem Kopf, verkriech dich nicht, kannst dich nicht verstecken hinter denen, die fallen doch auch gleich um. Und sie gehorchte. Braves Mädchen, dachte ich. Candace zuerst, sie mußte unbedingt die erste sein. Danach jeder andere in dem Gebäude. Es war ein Volltreffer, und die Hühner flatterten, rannten blöd durcheinander, ich dachte, Idioten. Nichts unter Kontrolle. Mädchen. Krüppel im Kopf. Schafe, Lemminge, kleine Schweine. Quiek, quiek. Auch der zweite Schuß traf mitten ins Schwarze. Wirklich wie bei den Pappviechern im Camp. Caddie erledigt, die beschissene Mrs. Wright erledigt. Ich machte leer, es war zum Schießen, sie klappten nach hinten weg wie nichts. Fadenkreuz auf Pünktchenbluse, habe ich immer gehaßt, Pünktchenblusen, seh ich automatisch ne Schießscheibe drauf. Ich lud nach. Und die standen tatsächlich nicht mehr auf.

Aufgrund der Eigenfarbe des Kohlenoxidhämoglobins weisen Haut und Schleimhäute der Toten eine charakteristisch hellrote Färbung auf.

Dick Puder und Rouge auf der viel zu farbigen Haut. Jeder setzt das Kapital ein, das er hat, ich begann mein Kundengespräch immer erst, nachdem ich ihm die Ketten angelegt, den Knebel reingesteckt hatte. Das ist es doch,

Papi, was ich von dir gelernt habe. Mehr draus machen. Raus auf die Straßen von Godzilla-City. Dann zeigte ich ihm die Peitsche, er mußte sie küssen, damit er seine Lektion bekam. Dann schlug ich zu. Ich sagte, warum bist du nicht dagewesen für dein süßes kleines Mädchen. Warum mußte es erst davonlaufen und ein großes Mädchen werden und alles andere als süß. Ich schlug ihn fester. Aber, sagte ich, ist es nicht schön, Papi, daß wir uns nun doch noch getroffen haben, daß du jetzt deine verdiente Strafe bekommst, damit wir endlich wieder eine Familie werden. Das wünschst du dir doch, nicht wahr.

Ja, mein größter Wunsch war wirklich, eine Familie zu gründen. Ich wollte exakt dieses Easy Going – Leben aus den Vorabendserien. Mit Fernseher und Mikrowelle, mit Teilzeitjob, super Mann und super Wohnung und Kindern als Aufgabe und Horizont. Ein bißchen Intellekt dazu, einmal im Monat ins Theater und am Sonntag zum Zoo. Ich dachte, es gibt blöde Hausfrauen, die glücklich sind. Also lieber mitlaufen, mitspulen, einfach alt werden, als Großmutter sterben, ich konnte mir nichts Besseres mehr vorstellen. Entweder mußte ich ganz verschwinden, also wirklich alles hinter mir lassen und ein Leben auf primitivster Ebene führen oder eben auf primitivster Ebene das Leben hier. Denn ich wußte, daß jemand wie ich in der Zukunft auf jeden Fall die Arschkarte ziehen, daß alles, was ich mir sonst noch wünschte, sowieso nie in Erfüllung gehen würde. Und weil ich das wußte, war es mir auch egal, daß nichts sich erfüllen würde. Ich würde zwar versuchen, meinen Weg zu gehen, dachte ich. Aber ich würde mir von vornherein ziemlich sicher sein, ihn nicht durchziehen zu können, würde jederzeit damit rechnen, daß etwas dazwischenkäme. Ich hoffte es vielleicht sogar. Die Leute sind eben zu fünfundneunzig Prozent Dumpfbacken, sagte ich mir. Und sozusagen zur

Elite gehören zu wollen, das würde so dermaßen anstrengend werden, würde so viel kosten, so wenig bringen. Woher sollte man außerdem wissen, was richtig war? Alles wiederholt sich, dachte ich, und im Endeffekt bringt gar nichts was. Da konnte man sich doch gleich mitverdummen lassen.

Dann das darauffolgende Wochenende. Wir tranken was mit denen, laberten dumm daher. Später fuhren wir zu ihnen, saßen in ihrer Küche rum. Weiber. Niemand hatte was zu sagen. Ich holte meine CDs aus dem Auto, machte ein bißchen Partystimmung. Nach zwei, drei Stunden, als alle stockbesoffen waren, ging's dann einigermaßen. Flaschendrehen und so 'n Scheiß halt.

Brettspiele machten wir jeden Nachmittag. Oder wir spielten Canasta. Und nach den Hausaufgaben gab es immer Kaffee und Kuchen. Zur Stärkung, sagte Omi, zur Belohnung, sagte Opa. Und Frau Strunz aus dem Nachbarhaus kam auch immer herüber. Frau Strunz und Omi redeten über Boris und Babs, Königin Silvias Kinder und Backrezepte, ich löste Kreuzworträtsel oder bastelte was. Oft halfen sie mir dabei. Es war wirklich nicht viel los bei Opa und Omi. Eigentlich gar nichts. Aber irgendwie ist es trotzdem jedesmal so schön dort. Am liebsten wäre ich für immer bei ihnen geblieben.

Ist in Osten keine Zukunft für mich, habe ich nicht andere Möglichkeit, bin ich nicht gekommen nach Deutschland legal. Arbeite mit Visum ich schwarz jetzt. Vierhundert Mark für eine Monat. Ist Scheiße, muß ich arbeiten viel und kann ich nicht sagen nein. Dauernd Kontrolle von Polizei auch, hab ich schon Angst. Ist nicht gut, muß ich lügen viel. Aber ich will schon nicht zurück. Echt.

Dann noch so ein Wochenende. Wir tranken mit denen und laberten eben irgendwas daher. Dann besuchten sie uns, hockten in unserer Küche rum. Niemand hatte was zu sagen. Einer holte seine CDs aus dem Auto, wir machten ein bißchen Partystimmung. Nach zwei, drei Stunden, als alle angetrunken waren, ging's einigermaßen. Später kam ich mal ins Zimmer von einem rein, da hingen dann lauter nackte Frauen, Autos. Und alles ganz exklusiv ausstaffiert mit Video und Fernseher undsoweiter.

Sex im Kopf und Sex im Bauch. Sexreklame, Sexratgeber, Sexläden. On-The-Road-Sex, Zimmerservicesex, sexy Teeniesex. Super Supersex zwischen Regalen, im Fernsehen, auf Flughafentoiletten, in gekachelten Räumen. Sex der Zukunft. Sex im Internet und unter Brücken. Der Geruch nach Sex in deinem fabrikneuen Cabriolet, während du an Sex denkst. Die Hand auf dem Steuerknüppel. Die Hand an deinem Geschlecht. Volle Ladung Sex in der Sexkabine. Sechs Filme gleichzeitig. Links Aschenbecher, rechts Geldschlitz, Programmleiste oben, Papiertuchstapel unten. Da kannst du Sex aber mal sauber loswerden, da kommst du jetzt jedenfalls nicht raus, ohne mit Sex fertig geworden zu sein.

Schreien, nicht aufhören zu schreien. Schreien, so laut und lange wie möglich schreien. Nie wieder aufhören damit. Das große rote Tier war gekommen, es war da, ich hörte es brüllen, um mich herum, in mir, überall. Es brüllte, und durch sein Gebrüll drang allmählich das Brausen des brennenden Holzes. Hütten. Das Knacken ihrer schwarzen Skelette zwischen den roten Zähnen, bevor ihre Seelen auffuhren gen Himmel, weiß und geläutert. Rauchopfer, dargebracht dir, o Herr auf dem goldenen Thron.

Sofortmaßnahmen. Künstliche Beatmung, Sauerstoffüberdruckbehandlung, Frottieren der Glieder, Schutz vor Wärmeverlust.

Wenn ich dann nach den Ferien wieder in die Schule mußte, ging es mir zuerst jedesmal sauschlecht. Ich

brauchte ewig, bis ich mich wieder in diesen Trott rein-
fand, bis ich nur noch mitlief, alles automatisch wurde.
Bis ich endlich an gar nichts mehr dachte. Ich fühlte mich
nur einsam. Seit Jahren suchte ich nun schon nach einem
Gegenüber, das ein wirkliches Gegenüber war. Statt dessen stieß ich auf Männer, und die waren sowieso immer
komisch.

Deutsche Männer sind große Schweine. Hab ich gehört
viel von meine Freunde, fahren an Grenze, machen Geschäft, weißt schon. Auch in Deutschland überall Männer,
sprechen an mich auf Straße, egal wo. Warum immer wissen, daß ich komme von Osten. Aber einer war netter
Mann jetzt, machen Fotos von mich. Sagt er, kann ich
werden Model vielleicht. Nur Probe, muß ich unterschrei-
ben nichts, immer Bikini. Kann ich auch kriegen Fotos
alle, wenn nicht will ich, weißt du. Keine Ahnung, Firma
heißen Eros-Fix, aber netter Mann. Find ich echt super,
wann vielleicht ich kann werden Model. Ist schon schwierig bleiben in Deutschland. Aber ich will schon nicht zurück nach Tschechien.

Das einzige, was ich wirklich gern machte, war wegfah-
ren. Das schönste war rauskommen aus dem hier, andere
Sachen kennenlernen. In Deutschland war es mir auch
immer vom Kopf her so unangenehm. Eigentlich wollte
ich am liebsten immerzu nur aufbrechen. Das hatte kein
Ziel oder so, es war das Weggehen selber. Nach Afrika
zum Beispiel. Nach Afrika auswandern und wirklich Afrikanerin werden. Es würde bestimmt sehr schwer werden,
dachte ich, aber ich würde auf keinen Fall zurückwollen.
Ich würde einigermaßen Geld haben, mir zum Beispiel
eine Kunstsammlung aufbauen können, in Afrika würde
ich die Möglichkeit haben. Und wenn ich das Bedürfnis
nach etwas anderem haben würde, dann würde ich auf
den Markt gehen und Fisch kaufen bei den dicken

Mamis. Ich würde nichts machen müssen, alles abschalten können, eine Haushälterin haben, einen Gärtner. Ja, ich wollte eine fette Bonzensau in Afrika sein.

Buschland. Rote Wand unter schwarzem Himmel. In Schwaden stieg der Rauch, wirbelte auf, kreiselte ein letztes Mal, bevor er sich in die Finsternis verlor, sie mehrte. Finsternis, hinter der die Sonne verschwand. Das Tier war satt, es kehrte zurück. Die Stille der Flammen. Die Sonne fraß Asche und erstrahlte in neuem Glanz. Die Knochen der Menschen, noch waren sie geborgen in ihren Hüllen, bald würden sie einstürzen wie die Gerippe der Hütten. Ihr Krachen brach den Frieden Gottes nur, um ihn tiefer zu machen. Die Hütten gingen zuerst. Sie gingen ihren Bewohnern voran. Sie gingen mir nur voraus. Mein Gott, laß mich mit ihnen ziehen. Ich betete. Ich steige mit auf zu dir, siehst du mich kommen. Ich bin auf dem Weg, auf daß du auch mich verwandelst in die strahlende Herrlichkeit deines Lichts. Aber ich wußte, er würde mich zurückschicken. Fort von sich. Dein Licht kehrt zurück, deine Stimme dringt zu mir jetzt, Allah-o-akbar, dein Wille geschehe. Ich betete. Das Älteste deiner Kinder zieht weiter, es wird das Blut von dem Schwert wischen, das du ihm in die Hände gelegt. Mir, deinem unverwundbaren Krieger, der deine Schar zurückführt ins Lager. Denn siehe, neue Soldaten habe ich dir geworben zu deinem Ruhm. Ich gab das Zeichen zum Rückmarsch. Noch weinten sie, die Kleinen. Doch würden sie lernen dem Herrn zu dienen, wie ich gelernt hatte, ihm zu dienen von ganzem Herzen.

Opa sagte immer, daß hier eben jeder weiß, was er zu tun hat. Jeder weiß, wo er hingehört, sagte er. Ich ging auch wirklich gerne in die Kirche mit ihm. Das Singen war schön. Aber am schönsten war Fernsehen mit Omi am Abend. Sie saß neben mir und strickte, ich knackte

Haselnüsse aus dem Garten und füllte sie in die Nußdose. Bald war sie voll. Einmal erzählte Opa mir mit ganz trauriger Stimme, daß es mit Omi und ihm nicht immer so gewesen ist in ihrem Leben. Ich konnte es mir gar nicht vorstellen. Wir haben viele Fehler gemacht, sagte er, aber wir haben immer gewußt, daß wir uns brauchen und aneinander festhalten müssen. Ihren Frieden hatten nun sie aber schon lange gefunden. Ich wünsche mir, daß ich später auch einmal so einen Frieden finden kann.

Eben irgendwie glücklich sein, glücklich werden. An die große Liebe zu glauben war zwar saublöd, aber wer glaubte irgendwie nicht daran. Die Hoffnung, da könnte irgendwo irgendein Mensch sein. Genaugenommen glaubte ich auch gar nicht, daß ich das irgendwann mal erfahren würde. Wenn ich einmal nur wenigstens richtig verliebt gewesen wäre. Andererseits, die ganzen Sachen, die von den letzten Generationen verworfen worden waren, waren inzwischen ja auch nicht mehr nur negativ. Hauptsache, daß man glücklich dabei war. Aber das war eben das Problem. Ich wollte immer noch beides haben. Familie und mich selbst verwirklichen. Und ich konnte mir nie vorstellen, wie ich das unter einen Hut kriegen sollte. So mit allem Drum und Dran. Freizeit, Freunden, anderen Hobbys und dann auch noch Beruf und den ganzen Familienkram. Wenn ich ein Mann wäre, dachte ich, würde ich sofort sagen, vergiß den ganzen Unsinn, damit kannst du nie ne Familie ernähren. Ich hätte ja auch als Mann eine Familie haben wollen. Und da wäre ich dann eben noch viel verzweifelter gewesen, wenn ich gewußt hätte, daß ich soviel Geld verdienen muß. Als Frau, dachte ich, kannst du ja mal was anderes ausprobieren, es wird vielleicht Spaß machen, und wenn's nicht klappt, ist es auch kein Beinbruch. Ich war schon sehr altmodisch, aber ich fand das nicht so schlimm.

Ein paar Tage später lud ich dieses Mädchen sogar ein, mich daheim zu besuchen. Die stand dann aber nur in meinem Zimmer rum und guckte mit großen Augen die Poster an. Also wirklich, ich dachte, was ist denn das jetzt für ne Tour. Kommt mich besuchen, schmusen wir eben ein bißchen. Natürlich, davon mußte ich doch ausgehen, beim Flaschendrehen neulich hatte sie sich ja auch nicht geziert. Aber sie guckte und verschwand wieder. Mann.

Alle Leute verstießen mich. Mädchen verstießen mich. Alle Leute verstießen mich. Mädchen waren alle gleich.

War ja auch wirklich immer dasselbe sonst. Aber das hier war heiß. Echt abgefahren, echt geil, echt was los, die Leute echt gut drauf, cool, echt ohne Scheiß. War ja sonst nichts los. Echt.

Nein, ich fühlte mich nicht einsam. Auch wenn die Leute nicht das total Wahre waren, aber die einen Leute gaben mir das und die anderen das. Irgendwie konnte ich es mir immer zusammensuchen. Ich wäre wahrscheinlich auch toteinsam gewesen, hätte ich nur die Schule und Leute gehabt, mit denen ich überhaupt nicht konnte. Aber ich hatte noch andere Möglichkeiten, und so ging es mir irgendwie besser als den meisten. Es war zwar schwierig, sich damit abzufinden immer flexibel sein zu müssen, aber nachdem ich das einmal geschafft hatte. Irgendwie versuchte ich grundsätzlich mit allen Leuten so klarzukommen, wie sie waren. Dann hatte ich wenigstens irgend etwas von ihnen. Und alles andere hatte ich aufgegeben. Es war eine reine Kopfsache.

Bis sie platzen, bis sie platzen.

Wir kamen auf sie zu und auf hundert Meter sahen wir, was das für welche waren. Hatten wir zum Beispiel Lust auf Jazz und gingen auf irgendein Jazzkonzert, dann waren da lauter komische Leute um die Dreißig, Vierzig, alles totale Jazzfans. Wollten wir auf den Hiphop-Jam, waren es die vierzehnjährigen Kopfnicker. Nichts löste sich auf, alles blieb da. Es mischte sich aber auch nichts.

Irgendwann wollte ich nur noch Dinge tun, die einfach nicht in Frage standen, die getan werden mußten, weil sie unbedingt notwendig waren. Am liebsten nur Dinge, die man mit den Händen machte. Ich hätte den ganzen Tag über in der Erde wühlen wollen. Ich sehnte mich nach Ruhe. Ich begann auch zu malen. Ich wollte, daß etwas entstand aus dem, was ich anfaßte. Ich mußte etwas haben, von dem ich ausgehen konnte. Etwas, das ich selber geschaffen hatte, selber war. Dann konnte ich es hinterher anschauen und mir irgendwas dazu denken. Das Ergebnis war mir egal. Auch wenn ich unzufrieden damit war, es mir nicht gefiel, ich hatte es jedenfalls für mich gemacht. Nie hatte ich das Bedürfnis, davon etwas herzuzeigen. Ich packte es auf einen meiner tausend Stapel, und es blieb einfach bei mir. Ich sah die Stapel liegen, wenn ich morgens aufwachte, nachmittags aus der Schule kam, und wußte, das hatte ich gemacht. Es war mein wirklicher, mein einziger Erfolg. Ein Erfolg, den ich nie hatte, wenn ich denken mußte. Lernen, Prüfungen bestehen, das war der Tod. Aber diese Unmenge von Bildern, das war ich. Ich war es so sehr, und hatte trotzdem nicht die geringste Vorstellung davon, wer dieses Ich eigentlich sein könnte. Ich konnte mir mich nicht deuten, mir keine Meinung über mich bilden. Ich mußte mich vor fremden Blicken schützen. Niemand sollte meine Bilder sehen. Nicht die kleinste Kritik an ihnen hätte ich ausgehalten. Ich durfte nichts preisgeben, alles war zu persönlich. Wenn ich schon nicht reden konnte mit den Leuten, wie hätten sie dann erst meine Bilder verstehen sollen.

War doch easy. War doch total toll, der totale Kick. Erst das total gute Gefühl, der totale Durchbruch, dann die totale Entspannung. Das totale Programm und, klar, am Ende war ich nur noch müde, total tot, ja, total.

Ich hatte mich eben nur noch nicht selbst gefunden. Nie wußte ich genau, was ich wollte. Immer wußte ich nur, was ich nicht wollte, immer wurde mir das erst in der jeweiligen Situation klar. Ich reagierte ununterbrochen. Ich hatte keine Ahnung, einfach keine Ahnung von gar nichts. Nur diese Sehnsucht. Aber ich wußte nicht, nach was.

Lust auf Pop? Heiß auf poppig verpackte Popthemen, auf Debattenpop, Skandalpop, auf Kuschelpop? Verlangen nach Popgrößen der Popphilosophie jeder Popgeneration? Lust auf Kult? Bedürfnis nach pop Politik in einer pop Regierung? Nach pop Aktien in einer pop Konjunktur? Lust auf immer mehr Pop?

Bis sie platzen.

Manchmal kam ich mir so dermaßen normal vor, daß ich echt nicht mehr wußte, ob ich mir da irgendwas vormache oder nicht. Aber ich hatte überhaupt keine Probleme. Es war total komisch. Ich hatte keine Probleme. Abgesehen von meinen Grundproblemen.

Papi, sagte ich, so habe ich mir das immer vorgestellt. Daß du auftauchst hier, natürlich direkt aus dem Büro, natürlich zusammen mit deinen lieben Kollegen. Wenn er schon jetzt zu winseln anfing, schlug ich ihn extra nicht, ließ ihn statt dessen auf allen vieren durchs Studio kriechen. Wenn du ehrlich bist, sagte ich währenddessen, hast du sogar nach mir gesucht, habe ich recht. Du hättest dir nur nicht im Traum einfallen lassen, mich eines Tages wirklich zu finden. Und beinahe hättest du mich sogar nicht mehr erkannt. Die Schminke, dieses Lederzeug, schlimm. Dafür mußt du natürlich erst recht bestraft werden. Dann befahl ich ihm sich selbst zu befriedigen, redete dabei immer weiter auf ihn ein. Ich sagte Dinge wie:

hallo Papi, ich bin's, dein kleines Mädchen, und er rubbelte, schwitzte und flennte dazu, es war zu komisch. Gelegentlich erlaubte ich ihm zum Schluß wirklich, seinen nassen fetten Kopf auf mein Bein zu legen, peitschte dem geilen alten Sack den Hintern, während er meinen Stiefel fickte.

Den Schwanz ab. Den Schwanz ab.

Klasse Job, klasse Haus, klasse Kinder, klasse Weib. Klasse Einkommen. Eine Klasse für sich und klasse für mich.

Und den Sack.

Trotz allem hatte ich dieses Überlegenheitsgefühl, so daß mich die meisten Leute für tierisch arrogant hielten, während ich selbst mich bloß unverstanden glaubte. Natürlich verhielt ich mich hochmütig. Ja, es war wirklich eine Art Klassendenken, das mich beherrschte. Oben war ich und unten die Masse. So ungefähr. Und ehrlich gesagt denke ich immer noch so. Ich fand einfach nie einen Weg runter auf diese niedrigere Ebene, und das machte mich erst recht wütend. Auf sie, auf mich, auf alles. Es gab da einfach keine Verbindung, ich konnte es nicht leugnen. Ehrlich gesagt kam ich mir auch gar nicht wirklich überlegen vor. Ich wurde nur ständig durch diese eigenartige Mischung von Stolz und Resignation in Schach gehalten. Weshalb ich irgendwann auch anfing, mich durch Dauerfernsehen, durch möglichst viele idiotische Freunde und Parties mit der Zeit selbst zu verblöden.

Weißt du, ich sah in mir einfach auch keinen Kämpfer. In der Welt ging es doch dauernd runter und wieder hoch und wieder runter. Das alles war unerträglich, und trotzdem wollte ich eigentlich immer nur rein in diese Unerträglichkeit. Ich wollte nichts verändern, ich wollte höchstens abhauen. Ich konnte auch niemandem weh tun. Ich meine, es ging mir immer nur schlecht, wenn ich was ändern wollte. Nichts sehen, nichts hören, nichts mehr damit zu schaffen haben, und schon ging es mir besser. Stieg ich aber wieder ein, fing ich also an, da irgendwo hin zu bohren an eine von diesen Fragen, lagen meine Nerven sofort blank. Es war mir auch zu blöd. Hätte ich wirklich etwas ändern können, was ich sowieso nicht glaubte, dann hätte das viel zu lange gedauert. Ich hätte das nie bis zum Ende durchgehalten. Das heißt, in Wirklichkeit wartete ich die ganze Zeit darauf. Daß endlich etwas passierte. Kulturell, politisch, sonstwie. Daß mir einmal etwas begegnete, bei dem ich mitmachen konnte. Leider war mir nur zu klar, daß das so schnell nicht kommen würde. Ich konnte ja noch nicht einmal sagen, ob mir das dann wirklich etwas brächte. Trotzdem war es das einzige, worauf ich hoffte, worauf ich immer noch hoffe. Ich habe etwas in der Art noch nie erlebt. Und ich hatte noch nie das Gefühl, daß irgendwas, das ich gemacht habe, eine Wirkung hatte auf irgendwen.

Als die Sirenen losheulten, wußte ich, jetzt würde es irre schnell gehen. Ich zählte die Treffer, drei, vier, fünf, griff zum Gewehr, als endlich die süße kleine Natalie auftauchte. Dich krieg ich noch, dachte ich, und das halbe Dutzend ist voll, da kamen die Bullen schon angefahren. Ich dachte, ist aber fix gegangen, aber leider nicht fix genug für dich, Mädchen. Aber was machst du denn für ein Gesicht, dachte ich noch, was starrst du denn so komisch in den Himmel, ist da was, schau lieber hierher, von da kommt dein Himmel, da rannte dieser fette Typ auf mich zu. Weg, brüllte ich, geh mir aus der Schußbahn, weg jetzt, weg, drückte ab. Das ist das letzte, woran ich mich erinnere.

Als ich aufblickte, war alles um mich herum vollkommen weiß geworden. Und plötzlich erinnerte ich mich an dieses Gesicht, das sich zuletzt über mich gebeugt hatte.

Damals, kurz bevor ich das Bewußtsein verlor. Da war der Engel ebenso plötzlich erschienen und wieder verschwunden, genau wie jetzt. Ich aber sang weiter. No more money, no more fancy dress, sang ich, hob Moon vorsichtig auf den Rücksitz zurück, this other kingdom seems by far the best. Dann ließ ich den Motor an.

Todeseintritt. Atemlähmung, Herzversagen.

So be decadent. Enjoy the sexy models and party. Move yourself with native sounds. Rhythm machine. Outfit to die for. No naked.

V FRÜHJAHR
1999

1 Leipzig, ich bin auf dem Weg nach Leipzig, sitze also wirklich mit in diesem Bus. Es ist circa zehn Uhr morgens, draußen Autobahnlandschaft mit Böschungen, Brücken, blauen Schildern in einem klaren Frühlingslicht, drinnen die Stimmung locker. Schüler glucken in den üblichen Gruppen zusammen. Du, Nadja, sitzt mit deinen Leuten ganz hinten, und ihr seid so ausgelassen, fröhlich und laut, daß sich die Lehrer vorne schon dauernd nervös nach euch umdrehen. Fritz Mökkers Schnauzer vor allem zuckt ständig, der trägt schließlich die Verantwortung hier, paßt auf, bald bellt er los. Die Spice Girls, Yvonne, Conny, Babsi mit ihren Freundinnen auf den Sitzen vor euch sind aber auch gut drauf. Das pausenlose Geschnatter, das von dort zu mir herüberdringt. Alles dreht sich irgendwie um Männer und Eßstörungen und Vorabendserien, dazu werden Lippenstifte getauscht, neue Frisuren ausprobiert. Noch eine Reihe davor läßt sich Natascha Obermayer von Ercan Fiskiran befummeln, was sie offenbar genießt, so wie sie die Arme und Beine von sich streckt. Und auf der anderen Seite des Gangs knipsen Dany und Amelie, beide in schwarzem Leder, beide mit Walkman-Stöpseln im Ohr, die ganze Zeit auf ihren Handys herum. Im vorderen Teil des Busses geht es dagegen ruhiger zu. Da sind die BWL-Tussis und -Schnösel versammelt, darunter auch Computerfreaks wie Simon Pipp und Boris Knebel. Es gibt mehr Walkmans, mehr Handys, außerdem werden natürlich Zeitschriften oder Comics durchgeblättert. Nur Michelle Mueller liest ein Buch, ich glaube von Stephen King. Sie sitzt direkt hinter den Lehrern. Doch den größeren Teil der Schüler kenne ich kaum, die stammen aus den ehemaligen Parallelklassen, die hatte ich nie im Unterricht.

Leipzig, Klassenfahrt der K 12 nach Leipzig also. Es ist Montag, der 19. April 1999. Der Bus mit zweiundvierzig Personen zu zwei Dritteln besetzt, und ich habe mich ungefähr in der Mitte postiert, dort wo die übliche Lücke klafft zwischen den mehr und den weniger Angepaßten. Allein auf meinem Doppelplatz, je zwei leere Sitzreihen vor und hinter mir, die Beine auf dem Nebensitz und den Rücken an die Buswand gelehnt, kauere ich und spreche leise in mein Diktiergerät. Das Ding ist so winzig, daß es fast vollständig in meiner Hand verschwindet, wenn ich es vor den Mund hebe. Was wahrscheinlich erst recht befremdend wirkt auf dich, Nadja, auf alle hier im Bus. Doch in der Zwischenzeit wundert sich sowieso kein Mensch mehr über mein Verhalten, ganz abgesehen davon, daß mir das auch vollkommen egal wäre. Man läßt mich in Ruhe, und das ist gut so. Auf diese Weise bin ich in der Lage, alles völlig ungestört zu verfolgen. Die Schüler wirken auf mich sonderbar unschuldig in ihrer Vorfreude auf fünf Tage schulfrei, fremde Stadt, Jugendherberge, auch du natürlich, auf ihre coole Tour sogar Dany und Amelie. Selbst die Lehrer geben sich vergleichsweise entspannt und heiter. Als ob gar nichts vorgefallen wäre. Und im Prinzip ist auch nichts vorgefallen. Alles geht weiter, wie es immer weitergegangen ist. Warum auch nicht. Ich erwarte nichts Außergewöhnliches, das heißt, genausogut könnte ich sagen, ich bin auf alles gefaßt. Objektiv betrachtet gibt es längst keinen Grund mehr, noch weiter die Beobachterrolle einzunehmen, besser gesagt, jede Rechtfertigung dafür ist grotesk. Wenn ich dir jetzt zum Beispiel sagen würde, es ist deinetwegen, ich mache das nur für dich, Nadja. Würdest du mich nicht auslachen und für endgültig durchgeknallt halten? Denn natürlich interessiert dich nicht im geringsten, was ich hier mache, und natürlich wird es dich niemals erreichen. Wie auch? Es gibt keine Verbindung mehr zwischen uns, es ist, als hätte es nie eine gegeben, und womöglich gab es sie wirklich nie. Also kann ich sowieso tun und lassen, was ich will, kann ich mich genausogut gleich zum Narren machen, vor dir, euch allen mit meinem Minirecorder, vor mir selbst, kann ich auf jede Begründung verzichten. Fakt ist, daß ich euch beobachte, Fakt ist, daß ich nicht anders kann, als euch zu beobachten. Die Sache, du weißt, was ich meine, erinnerst dich bestimmt, einmal hast du sie sogar für wichtig gehalten, diese Sache wird jetzt jedenfalls zu Ende gebracht, auf die eine oder andere Weise. Ich lebe schon lange in dem sicheren Gefühl, auf eine Art Finale zuzusteuern, ohne allerdings die geringste Vorstellung, wie es aussehen könnte. Und genaugenommen will ich es auch gar nicht wissen. Wie ich überhaupt aufgehört habe, mir Fragen wie diese zu stellen. Eindrücke langen bei mir an, und bevor sie mich wieder verlassen, zeichne ich sie auf, das ist alles.

Leipzig vielleicht, vielleicht in Leipzig. Auf dem Weg dorthin ist man freundlich zu mir, während vom hinteren Teil des Busses her der Lärmpegel noch immer weiter anschwillt, wagt sich sogar ein Lächeln in meine Richtung, das ich gutmütig erwidere. Sogar wir beide tauschen gelegentlich Blicke, Nadja. Wie zwei Fremde, deren Lebenswege sich zufällig kreuzen, die sich womöglich zueinander hingezogen fühlen, die aber wissen, daß sie demnächst weiterziehen werden, jeder in seine Richtung. Andererseits meidet man mich natürlich. Mein Getuschel jetzt zum Beispiel wird vollständig ignoriert. Was sie wohl darüber denken. Ob es ein Erinnern auslöst, das sie nicht zulassen wollen und deshalb sofort im Keim ersticken. Oder ob sie an gar nichts denken. Wahrscheinlich. Einerlei. Dennoch immer wieder erstaunlich, wie schnell Vergessen gesucht wird, fast scheint es, um jeden Preis. Oft schneller noch als die Körper selbst vergessen, die sich schließlich auch nicht schlecht beeilen. Von Herta Hammersteins Verletzung am Auge etwa ist nicht mehr als eine haarfeine Narbe übriggeblieben, die genausogut aus ihrer Kindheit herrühren könnte. Trotzdem läuft sie ständig mit dieser längst überflüssigen Sonnenbrille herum. Den Kopf nach hinten gelehnt, scheint sie zu schlafen, oder zumindest versucht sie es. Als Herta und ich vor der Abfahrt kurz nebeneinander standen, einigermaßen wortkarg, versteht sich, faßte sie mich plötzlich an der Schulter und blickte mir sekundenlang in die Augen. Ihre Mundwinkel bebten. Endlich senkte sie den Blick, es sah bizarr aus, der Kopf fiel ihr vornüber wie nach einem Handkantenschlag ins Genick. So stieg sie in den Bus. Unser loser Kontakt ist seit jenem Unfall mit dem Geodreieck im Oktober, oder war es schon November, der Kontakt jedenfalls ist seither ja fast völlig eingeschlafen. Ich glaube aber nicht, daß ihr groteskes Benehmen mir gegenüber damit zu tun hat. Herta kommt schließlich nicht nur mir reichlich verwirrt vor. Einerseits ist sie furchtbar verschreckt, andererseits völlig unberechenbar. Vor ein paar Wochen ist sie zum Beispiel im Lehrerzimmer aus heiterem Himmel auf die Wagner losgegangen. Das mußt du dir mal vorstellen, Nadja. Herta stand bei den Lehrerfächern, die sind ja gleich neben dem Tisch, wo die Albright, wie du sie nennst, immer hofhält. Und die muß dann irgend etwas gesagt haben, daß die gute Herta von einem Moment auf den anderen überschnappte. Sie stieß einen spitzen Schrei aus, zeigte mit dem Zeigefinger auf die völlig verdutzte alte Dame, die gerade sehnsüchtig von ihrer baldigen Pensionierung schwärmte, von ihrem ersten Frühling in Freiheit, wie sie sich ausgedrückt haben soll, von den ausgedehnten Spaziergängen und Wanderungen, die sie dann unternehmen würde, von blühenden Weißdornhecken, Forsythien, Narzissenfeldern undsoweiter. Mit ausgestrecktem Arm also steuerte Herta auf die Albright zu, ich habe es selbst gesehen. Im nächsten Augenblick jedoch, noch bevor sie den Tisch erreichte, bevor irgendwer auch nur zur kleinsten Reaktion fähig gewesen wäre, sackte sie in sich zusammen, machte kehrt und verließ wortlos den Raum. Hast du gewußt, Nadja, daß erst Christel Schneider sie überreden konnte mitzufahren? Jetzt kümmert sie sich um Herta wie um ein kleines Kind, sitzt neben ihr, hat sie mit ihrer Jacke zugedeckt.

Ich frage mich gerade, ob das vielleicht der Grund ist, daß ausgerechnet ich als Ersatz für den durch einen Sportunfall verhinderten Robert Dirschka hier mit im Bus nach Leipzig sitze. Ich meine, ob man mich im Sinne des seit kurzem verordneten, neuen Teamgeists ebenfalls bemuttern oder sonstwie in die Kollegenschaft reintegrieren will. Wo ich doch in der Zwölften noch nicht einmal einen Grundkurs leite. Ich kann es mir eigentlich nicht vorstellen. Die Umbesetzung der Direktion, die überraschend schon zum Halbjahresende erfolgt ist, und die von ihr ausgegebenen Leitlinien für ein verbessertes Schulkonzept sprechen nicht eben dafür. Einen Lehrer mit so wenig autoritärer Durchsetzungskraft, mit derart destabilisierenden Flausen im Kopf, einen Lehrer wie mich also sozusagen in den Reformkader einzubetten. Eher werden sie mich noch weiter an den Rand zu drängen versuchen, wenn sie mich schon nicht vom Schuldienst suspendieren können. Die anonym an die Schulleitung adressierten Anschuldigungen samt angeblichen Beweisen, die im Februar plötzlich aufgetaucht waren, sind schließlich in sich zusammengefallen. Alle sind wir streng vernommen wor-

den, zuerst natürlich du, Nadja, und ich, danach das nä-
here, später das weitere Umfeld, als letztes zu allem Überfluß auch noch deine Mutter. Aber da gab es ja nichts zu
verbergen, jeder brauchte sich bloß an die Wahrheit zu
halten. Und wahrscheinlich wäre die ganze Angelegenheit
damit sogar erledigt gewesen, hätte nicht kurz darauf Kevin Meier diesen idiotischen, kindischen Selbstmordversuch unternommen. Mein Gott, sich auf der Schultoilette
die Pulsadern anritzen und dann die Klotür sperrangelweit offenstehen lassen, damit er auch bestimmt noch
rechtzeitig entdeckt wird. Ist dir eigentlich bekannt, daß
sie auf der Notaufnahme, wo sie Kevins Jackentaschen
leerten, außer einem Gameboy und einem Totschläger
zwei Fotos fanden, die er von uns beiden geschossen hat?
Eins zeigt uns im Hauptbahnhof, da legst du gerade die
Hand an meinen Hals, daran hatte ich gar keine Erinnerung mehr. Auf dem anderen umarmen wir uns vor meinem Wohnzimmerfenster. Das war alles. Also nichts, was
nicht schon vorher bekannt gewesen und als vollkommen
harmlos entkräftet worden wäre. Außerdem bestritt der
Junge energisch, irgend etwas mit den Anrufen und Droh-
briefen zu tun zu haben. Auch das anonyme Kuvert mit
dem Belastungsmaterial soll angeblich nicht von ihm
stammen. Wie auch immer, für viele Kollegen reichten
diese Fotos natürlich trotzdem aus, um mir die Schuld an
Kevins Kurzschlußreaktion zu geben. Mit meiner krank-
haften Egozentrik hatte ich beinahe ein Kind in den
Selbstmord getrieben, das lag schließlich auf der Hand,
und so ließen sie mich von da an spüren, was von jemandem wie mir zu halten war. Ich, du kannst es dir denken,
fühlte mich im ersten Moment ja selbst irgendwie schuldig. Das ist längst vorbei. Wer hier was von mir denkt, interessiert mich inzwischen einen feuchten Dreck, und ein
Wort wie Schuld ist mir in diesem Zusammenhang gera-

dezu unbegreiflich. Genauer gesagt, das alles war mir bereits eine Woche später vollkommen gleichgültig geworden. Ich erinnere mich deshalb so gut daran, weil mich exakt eine Woche danach deine Mutter zum Essen einlud, und weil ich ihr sofort unterstellte, daß sie das nur tat, um mir dieses Schuldgefühl zu nehmen, das ich gar nicht mehr empfand. Ich nahm die Einladung trotzdem an.

Deine Mutter, Annette Sahlmann. Wie sie extra in meine Sprechstunde kam deswegen. Sie wolle sich bei mir bedanken, sagte sie und überreichte mir diese mit goldener Tinte beschriftete Karte, ein Gemälde von Mark Rothko war vorne abgebildet. Wofür, fragte ich. Sie ignorierte meine Frage, betonte statt dessen, wie sehr sie sich über eine Zusage freuen würde. Du hattest übrigens recht, Nadja, deine Mutter ist mir in der Tat vom ersten Moment an sympathisch gewesen. Eine wirklich tolle Frau, dir nebenbei bemerkt ausgesprochen ähnlich. Entschuldige, es muß natürlich umgekehrt heißen. Ich konnte mir auf einmal genau vorstellen, wie du später aussehen, wie du sein wirst in sagen wir fünfundzwanzig, dreißig Jahren. In jedem Fall sehr anziehend und nur um Nuancen anders als sie. Annette Sahlmann. Sie empfing mich im kleinen Schwarzen, die Haare offen, dezent geschminkt. Dazu schöne dunkle Ohrgehänge mit kleinen, sternförmig angeordneten Steinen, die aufblitzten im Kerzenlicht, wenn sie beim Reden den Kopf bewegte. Ich mochte diesen leichten Zimtduft in eurer Dreizimmerwohnung, auch wie sie eingerichtet ist. Die vielen großformatigen Kunst- und Fotobände in den Regalen, die unzähligen Pflanzen, auch durchaus geschmackvolle Drucke an den Wänden, alles sehr behaglich. Trotz des etwas spießigen Touchs mit der üblichen niedrigen Sitzgruppe samt Glastisch im Wohnzimmer und den selbstgeknüpften

Blumenampeln überall. Den ganzen Abend über spielten kubanische Platten. Ich denke, Annette fand mich auch ganz nett. Und ich kann mir vorstellen, es hätte auch mehr werden können aus diesem ersten Kennenlernen, eine Freundschaft zum Beispiel, womöglich sogar eine Liebesbeziehung. Deine Mutter und ich hätten uns nur ein paar Monate früher begegnen müssen. Doch wie das Leben so spielt. Ich sage das mit Bedauern, wenn auch ohne eine Spur von Trauer. Trauer, ich weiß nicht einmal mehr, was dieses Wort eigentlich bedeutet, jedenfalls nicht, was es für mich bedeuten könnte. Oder Wörter wie Enttäuschung, Ohnmacht, Verbitterung. Annette und ich, wir redeten also und redeten, meine Bereitschaft, mich auf andere Menschen einzulassen, war mir zu diesem Zeitpunkt offenbar noch nicht völlig abhanden gekommen. So wurde es spät an diesem Abend, der Gesprächsstoff ergab sich ganz von selbst, was man weiß Gott auch nicht alle Tage hat. Solange du mit dabei warst, Nadja, redeten wir natürlich vor allem über die unselige Geschichte mit Kevin. Der muß ja wirklich ein sehr schwieriger Junge gewesen sein. Von klein auf verschlossen, mit einem Hang zu Depressionen, bereits als Sechsjähriger mit dem Bewußtsein geschlagen, das Leben sei sinnlos. Unfaßbar. Dazu kamen die chronischen Krankheiten, Asthma, eine heftige Nahrungsmittelallergie schon als Baby, die Haut an den Händen, in den Armbeugen, hinter den Ohren jahrelang ständig wund und aufgekratzt, undsoweiter. Vier ältere Geschwister, wenig Geld. Der Vater, ein wohl nicht allzu erfolgreicher Innenarchitekt, verließ die Familie, als der Junge vier war. Lebt seitdem in der Provence mit einer um fünfzehn Jahre jüngeren Französin, zahlt die gesetzlich vorgeschriebenen Alimente. Taucht aber immer noch alle drei, vier Monate auf, läßt sich bekochen, mäkelt am Essen, überhaupt am

Haushalt und dem angeblich viel zu nachsichtigen Erziehungsstil von Kevins Mutter herum. All diese Details mußten mich fesseln, von alledem hattest du, Nadja, mir ja nie etwas erzählt. Die Tatsache, daß der Junge seine Nachmittage meistens bei euch daheim verbrachte, oft über Nacht blieb, manchmal auch ganze Wochen lang, war mir zwar von dir bereits bekannt. Ebenso der Umstand, daß er für dich fast wie ein Bruder war und du für ihn die einzige Person, der er sich anvertraute. Aber daß Kevins Mutter, wenn es irgendwelche Probleme gab, jedesmal zu dir kam, wenn sie etwas über ihren Sohn erfahren wollte, wie Annette weiter ausführte, hat mich dann doch einigermaßen umgehauen. Rückt das den Vorfall nicht in ein ganz neues Licht? Nein? Wir haben schließlich nie mehr darüber sprechen können, exakt von diesem Tag an haben wir uns doch gänzlich aus den Augen verloren. Ja, du hast recht, die Schwärmerei deiner Mutter darüber, wie selbstlos du Kevin immer in Schutz genommen hast, war reichlich übertrieben. Aber deine Reaktion darauf war es auch. Wie stumm und verkrampft du daneben gesessen bist und die Augen verdreht hast. Ein verstockter Backfisch in Jeans und Schmuddelpullover, der muffig sein Saltimbocca zersäbelt, den Salat in sich hineinschaufelt, am Dessert herummosert. Und erst recht hast du natürlich gebockt, als wir versuchten, dich in die Unterhaltung einzubeziehen. Es wirkte sehr ungewohnt auf mich, ich gestehe, es war mir sogar ein wenig zuwider. Und du bist dann sowieso sehr bald auf dein Zimmer verschwunden. Daß dieser Abend aber Ursache für die völlige Funkstille sein soll, die seither zwischen uns herrscht, kann ich einfach nicht glauben. Kaum warst du fort, fegte deine Mutter übrigens, wie du dir denken kannst, tatsächlich jede Verantwortung meinerseits für Kevins halbherzigen Suizidversuch als völlig absurd vom Tisch. Wie sie überhaupt meine ganze Verhaltensweise als Lehrer und speziell dir gegenüber als geradezu vorbildlich einstufte. Ich hielt das selbstverständlich nicht nur für maßlos übertrieben, sondern mindestens für genauso absurd, aber ich gebe zu, es schmeichelte mir. Wenigstens diesen einen Abend lang. Sie weiß immerhin, wovon sie spricht, denke ich mal, mit ihrem Job beim Jugendsozialamt. Sie findet es auch richtig, daß Kevin jetzt auf einmal ins Internat geschickt wird, ein ziemlich gutes und teures. Ganz unabhängig von den unglaublichen Vorwürfen, die der Vater gegen die Mutter erhoben haben soll. Er bezahlt, plötzlich kann er es sich offenbar leisten. Doch damit war dieses Thema dann auch abgehakt.

Und der Rest des Abends gestaltete sich sowieso als typisch reines Erwachsenengespräch. Es drehte sich fast ausschließlich um den Kosovo-Krieg, der hatte gerade ein paar Tage vorher begonnen, da hast du also nichts versäumt. Genauer gesagt, worüber wir redeten, war dieser Sturm sich widersprechender Botschaften, denen man sich ausgeliefert findet und die permanent verstärkt werden durch die Fernsehauftritte von Politikern oder irgendwelchen prominenten Halbintellektuellen. Diese ganze Palette moralischer Appelle, vom Kampf gegen Milosevic als einem neuen Hitler bis zum absoluten Tabu für deutsche Soldaten, jemals in einem Krieg eingesetzt zu werden. Wie soll man damit auch zu Rande kommen? Ein Gesinnungsgewitter, das einen absolut ratlos macht und im Handumdrehen abstumpft, so daß man schließlich alle Nachrichten über sich ergehen läßt wie eine perfide Propagandaveranstaltung. Das Bedürfnis jeder halbwegs öffentlichen Person, ihre ganz persönlichen Ansichten über diesen Krieg zum besten zu geben. Die von einigen großen Zeitungen geschnürten Pakete von Stellungnahmen, in denen naive pazifistische Pamphlete direkt neben grob fahrlässigen Züchtigungsphantasien stehen. Wozu soll so etwas gut sein? Warum diese Nebelwand aus Meinungen, hinter der das Handeln der Verantwortlichen vollkommen unsichtbar wird? Ist das die Art, mit der heute politische Entscheidungen legitimiert werden? Das waren so die Fragen, über die wir uns an diesem Abend in unserer Blindheit blind verständigten. Und ich fühlte mich in der Tat für ein paar Stunden seltsam aufgehoben bei euch daheim, mit deiner schönen klugen Mutter, Nadja, die mich zum Abschied auf die Wange küßte, auch wenn das jetzt nur noch schwer nachzuvollziehen ist für mich. Denn Politik, überhaupt Nachrichten undsoweiter, ich nehme dergleichen so gut wie gar nicht mehr wahr.

Alles, was mich interessiert, ist Leipzig, ist die Frage, worauf Leipzig am Ende hinauslaufen wird. Diese Klassenfahrt also. Mit Exkursionen zu den Stätten der sogenannten Friedlichen Revolution. Nikolaikirche und Runde Ecke samt Stasi-Museum. Inklusive Auerbachs Keller, Völkerschlachtdenkmal, Neue Messe. Auf dem Rückweg eventuell sogar noch Abstecher nach Buchenwald. Auf alle Fälle strenges Programm, kaum Stunden zur freien Verfügung. Und wenn ihr so weitermacht, da hinten im Busheck, werden die euch auch noch gestrichen. Im Moment balgt ihr euch um irgendeinen Gegenstand, ich kann nicht erkennen, was es ist, die Sitzlehnen verdecken die Sicht. Die Spice Girls vor euch, jede mit ihrem Beautycase auf dem Schoß, sind dagegen ganz still geworden, während Ercans Hand sich schon seit geraumer Zeit unter Nataschas Bluse ziemlich ungeniert zu ihren Brüsten hocharbeitet. Dany Todoric wirft irgendwelche Pillen ein. Er sieht mir dabei so kalt ins Gesicht, daß es mich unter anderen Umständen frieren machen könnte. Wen wundert's, schließlich stelle ich hier für niemanden mehr eine Autorität dar. Ich bin das Machtvakuum, mir würde sowieso keiner mehr zuhören, wollte ich auch nur irgendwie eingreifen.

»Shakespeare.«

Das kam gerade von Marlon Francke, er hält triumphierend ein gelbes Reclamheft in die Höhe. Schlägt es auf, seine Augen rucken, deutet darin auf etwas, zeigt es. Jetzt kreischen sie alle los.

Francke, brüllt Möcker zurück. Ercan nimmt seine Hand aus Nataschas Bluse, Dany rutscht tiefer in seinen Sitz, das Kreischen geht in leises Gekicher über.

Fritz Möcker. Nicht einmal umgedreht hat er sich. Nun blättert er befriedigt weiter in seinem Aktenordner, den er auf den Knien liegen hat. Das ganze Konzept dieser Leipzigfahrt geht ja auf seine Kappe, ist bereits Teil einer Kampagne, nach der im gesamten Schulbereich die Zügel entschieden angezogen werden sollen. Mehr Erziehung, weniger Freizeitgestaltung. Kultur und Bewußtseinsbildung statt Eventausflug. Anschauungsunterricht in deutscher Geschichte zum Beispiel. Der Fritz, unser Exmarxist. Geriet richtig aus dem Häuschen, bei der Antrittssitzung des neuen Direktors Schilling, das hättest du sehen sollen, Nadja. Feuerroter Kopf, konnte kaum stillsitzen, so sehr drängte es ihn, seiner Begeisterung Luft zu machen, als Schilling die beiden wichtigsten unter seiner Leitung anzugehenden Reformziele referierte. Den Unterricht nach den Erfordernissen des Arbeitsmarktes ausrichten und den Schülern einen klaren Ordnungsrahmen setzen. Eloquent, charmant, smart der Mann, mit grauen Schläfen, weichen Handbewegungen. Alles, was ein zeitgemäßer Direktor braucht. Als Vorbild für seine Reform dienten ihm englische Eliteschulen. Wenn es nach ihm ginge, sagte er mit sanftem Tonfall, würde er die Schuluniform wieder einführen. Sofort nach der Sitzung stürmte Möcker los auf den neuen Mann, mittlerweile arbeiten

die beiden eng zusammen. Das Projekt mit dem Strafka-
talog, an dessen Aufstellung die Schüler demokratisch beteiligt und in dem alle Vergehen minutiös aufgelistet, die
jeweiligen Formen der Bestrafung genau festgelegt werden
sollen, ist ja, wie du sicher mitbekommen hast, schon
angelaufen. Außerdem wollen sie demnächst natürlich In-
ternet-Anschlüsse für jedes Klassenzimmer installieren, um
die Schüler an die Kommunikationsformen der Zukunft
heranzuführen. Dazu kommt, schuljahresbegleitend, ein
umfangreiches Kulturprogramm, das Möcker organisiert.
Ausstellungen, Aufführungen, Vorträge, verpflichtend für
alle höheren Klassen, in dem der Kanon der Kunst-, Lite-
ratur- und Musikgeschichte im Mittelpunkt steht. Die
Aufführung des Sommernachtstraum zum Beispiel ist sofort fest darin eingebaut worden. Über meinen Kopf hinweg. Mit Shakespeare-Woche, einem Renaissancekonzert
mit historischen Instrumenten und einem Malwettbewerb
zum Thema »Perspektive«. Nur noch dreißig Tage, und wir
haben noch nicht einmal ernsthaft geprobt, und ihr könnt
noch keine Zeile Text auswendig, abgesehen von den vier,
fünf Stellen, die ihr euch jetzt dahinten ständig gegenseitig
als Running Gags zuwerft.

»Wenn Luna weint, wird jede Blume naß vor Wehkla-
gen um einen Mädchenkranz, den die Gewalt zerriß mit
frechem Willen.«

Karin muß das natürlich dauernd mit großen dummen
Augen wiederholen, und alles biegt sich schon wieder vor
Lachen, du, Nadja, natürlich mit. Weiß der Teufel, warum
ihr gerade das so lustig findet.

Sie bekommen das schon hin, Herr Beck, erwiderte
Möcker neulich ohne mit der Wimper zu zucken, als ich
seinen Anschlag abzuwehren versuchte. Gerade in Ihrer
momentanen Lage, sagte er, wird Ihnen ein bißchen be-
ruflicher Streß als Ablenkung guttun. Seit Kevin Meiers

blutigem Auftritt benimmt er sich mir gegenüber überhaupt ausgesprochen eigenartig, ich würde sagen, beinahe väterlich. Hat er mich früher so gut wie gar nicht registriert, habe ich nun fast den Eindruck, er möchte sein neues didaktisches Konzept unbedingt auch auf mich ausdehnen. Ich bin sicher, der Vorschlag, mich an Stelle von Dirschka nach Leipzig mitzunehmen, stammt ebenfalls von ihm. Und heute morgen bei der Begrüßung dann dieses joviale Schmunzeln, als er mir anvertraute, welches Vergnügen ihm die Aussicht bereite, den Schülern gemeinsam mit mir Geschichte zu vermitteln. Ich weiß natürlich nicht, was das genau zu bedeuten hat. Auf alle Fälle macht er sich pausenlos Randnotizen in seine Planungsmappe. Und ab und zu, wenn er einen seiner herrischen Kontrollblicke nach hinten wirft, fixiert er auch mich kurz. Der Mann ist also mit Vorsicht zu genießen. Natürlich, so wie allen anderen auch, jeder Lehrer im Bus verhält sich auf die eine oder andere Art und Weise komisch mir gegenüber. Die beiden Nachwuchskräfte, die das Klassenfahrtkontingent von sechs Erziehern komplettieren, Leander Lorenz und Carola Wendt, diese äußerst attraktive, äußerst langweilige Sport- und Wirtschaftslehrkraft, sind zwar hauptsächlich mit sich selbst beschäftigt. Sie turteln ja nun schon eine ganze Weile unbefangen in aller Kollegenöffentlichkeit miteinander. Was sie freilich nicht davon abhält, mir bei jeder Gelegenheit die kalte Schulter zu zeigen. Sogar Christel Schneider legt seit neuestem eine überzogene Strenge an den Tag, zuckt andererseits prinzipiell bei jedem, der sie unvermittelt anspricht, zusammen, ballt dann die Fäuste, preßt sie gegen die Oberschenkel. Und Herta, mein Gott, Herta. Fachkollege Lorenz jedenfalls ist ein ausgemachter Gesinnungslump, darin habe ich mich nicht getäuscht. Die ganzen zweieinhalb Jahre, die er jetzt an der Schule ist, hat er versucht sich bei allen lieb Kind zu machen, selbstverständlich auch bei mir. Und jetzt grüßt er mich nicht mehr, wirft mir höchstens hochmütige Blicke zu. Wie vorhin, kurz nach der Abfahrt, als er nach hinten kam und mir den Spiegel von letzter Woche aufgeschlagen, mit den Zeigefinger auf eine Überschrift tippend, in die Hand drückte, als wäre sie ein Beweis für, ja was weiß denn ich wofür. »Lustvoll, aber kontrolliert« lautet der Titel. Ich habe den Artikel kurz überflogen, er handelt von der »ausufernden Konsum-Mentalität« der Jugend. »Richtig glücklich bin ich nur, wenn ich gerade etwas Neues habe«, steht da, und wie viele Zwanzigjährige es gibt mit im Schnitt fünfunddreißigtausend Mark Schulden. Ich habe die Zeitung gleich auf den Boden geschleudert. Solche Befunde machen mich inzwischen rasend. Was für eine Heuchelei. Hysterische Übertreibung und heillose Unterschätzung der Lage zugleich. So als wäre man ungehalten über den Schmutzfleck auf der Hose von einem, der gerade auf dem Dach eines Hochhauses steht und zögert, ob er sofort springen oder sich zuerst noch umdrehen und ein paar der herbeistürzenden Polizisten, Sanitäter und Kameraleute abknallen soll. Das einzige, was mich wirklich beeindruckt hat, war die schlichte Zeile »Jugendliche am Geldautomaten« unter einem Foto, auf dem genau das und nichts anderes abgebildet ist. Jugendliche am Geldautomaten. Tja. Du hältst mich jetzt sicher für zynisch, Nadja. Davon kann gar keine Rede sein. In meinen Worten schwingt nichts mit, am allerwenigsten ein wie auch immer gearteter Humor. Ich versuche bloß den Gegebenheiten ins Auge zu sehen, wenigstens soweit sie sich mir erschließen. Und alles, was mich beherrscht, ist ein Gefühl konzentrierter Wachsamkeit, wenn man das als Gefühl überhaupt bezeichnen kann. Es ist jedenfalls eine ziemlich kaltblütige Angelegenheit. Ich stelle mir vor, einem Soldaten an der Front mag es so ergehen, nach wochenlanger Feindberührung, und immer noch hockt man im selben Schützengraben und weiß weder, was die andere noch was die eigene Seite genau vorhat.

Ab heute abend ist mit Leipzig immerhin der Name des Schlachtfelds bekannt. Und wir alle werden uns tummeln auf ihm, meine lieben Kollegen, die Schüler ohne und die Schüler mit Kreditkarte, Shana Scholz und Sophie Lange zum Beispiel, die sich gerade nach mir umgedreht und gleich wieder weggeschaut haben. Die gehen mir doch tatsächlich immer noch auf die Nerven. Ich vermute, die beiden unzertrennlichen Püppchen würden jedesmal am liebsten davonlaufen, wenn sie mir zufällig einmal allein begegnen. Ihre Augen beginnen dann unruhig zu wandern, sie senden sich kurze, hilfesuchende Blicke zu. Halten Ausschau nach einer Fluchtmöglichkeit, einem Versteck, als hätte der böse Wolf sie erwischt. Die Mundwinkel zucken nervös, als könnten sie sich nicht entscheiden zwischen Lachen und Weinen, die Sprache verschlägt es ihnen sowieso. Kaum habe ich mich jedoch ein paar Schritte von ihnen entfernt, fangen sie hinter meinem Rücken miteinander zu kichern an. Von weitem tun ja alle Mädchen so, als gäbe es nicht den geringsten Grund, mir gegenüber verunsichert zu sein. Nette Schülerinnen, die unvermutet ihren netten Lehrer in der Aula, auf der Straße, in der U-Bahn treffen. Am liebsten würden sie mir zuwinken. Alles super, Herr Beck, auf Wiedersehen, Herr Beck, schön Sie gesehen zu haben, so sieht das aus. Während die Jungs sich natürlich cool geben, wie sie sich immer und zu jedem Anlaß cool geben. Vielleicht, daß sie ihre Coolness noch mehr betonen als früher, aber ich bin nicht sicher. Allerdings glaube ich beobachtet zu haben, daß bei manchen von ihnen unwillkürlich die Schultern zucken, kaum gerate ich in ihr Sichtfeld. Ganz leicht, bei Simon Pipp ist es am deutlichsten, obwohl es gerade bei Simon, diesem schlaksigen linkischen Kerl, gut sein kann, daß seine Schultern immer schon zuckten, es mir vorher nur nie aufgefallen ist. Einen Sonderfall gibt es allerdings auch. Ercan Fiskiran sucht neuerdings geradezu meine Nähe. Auf eine kumpelhafte Tour, ausgesprochen unangenehm. Blieb bei der Abfahrt auf dem Weg zu seinem Sitzplatz kurz bei mir stehen, hielt mir seine Tüte Fisherman's Friend hin. Schlug mir heute morgen zur Begrüßung mehrmals mit der Hand auf den Rücken, sprach mich mit »Masta« an, zwinkerte dazu hysterisch. Denkst du, der will mich verarschen, Nadja? Mir kommt es nämlich so vor, als würde er das alles ziemlich ernst meinen, als eine Art Solidaritätsbekundung. Aus dem Jungen bin ich immer am allerwenigsten schlau geworden in all den Jahren. Jüngster von drei Brüdern, der älteste ist Chef einer türkischen Ladenkette, in deren Verwaltungszentrale er angeblich abends oft aushilft. Auch die Eltern sollen dort arbeiten. In der Schule bringt er zwar nur mittelmäßige Noten zustande, aber das Abitur wird er schaffen, als erster in der ganzen Verwandtschaft. Wahrscheinlich ist seine Familie sehr stolz darauf, setzt große Hoffnungen in ihn. Deshalb gibt er sich vielleicht auch immer so betont erwachsen, männlich. Was auch passiert, er verzieht keine Miene. Nie ein Lächeln, dauernd dieses Machogehabe, das natürlich auch furchtbar kindisch ist. Jetzt hat er die Obermayer schon wieder halb bestiegen. Doch was geht mich das an. Nicht mehr als das stereotype Verhalten der anderen auch. Genaugenommen sind das alles Belanglosigkeiten. Minimale Differenzen und Vibrationen auf einer ansonsten planen und unerschütterlichen Oberfläche, vernachlässigbar. Allenfalls seismographisch interessant für das, was sich darunter abspielt. Wenn sich denn dort etwas abspielt.

Gut möglich, daß Leipzig es an den Tag bringt. Gut möglich aber auch, daß es an den Tag bringt, daß da nichts an den Tag zu bringen ist. Gut möglich also, daß Leipzig diese Apathie, die mich in den letzten Monaten befallen hat, einfach nur vertieft. Doch offenkundig kann ich mich immer noch nicht abfinden mit ihr, offenkundig brauche ich erst eine definitive Bestätigung, daß mich wirklich gar nichts mehr berührt, zumindest das. Leer, gleichgültig, kalt, du kannst dir vielleicht nicht vorstellen, wie das ist, wenn man am Ende einer solchen Geschichte wieder allein in seiner Wohnung hockt, Nadja. Nachdem einem zuerst überall dieselbe Reserviertheit gepaart mit einem angewiderten Zucken der Augenbrauen begegnet ist und danach sozusagen gar nichts mehr. Mit Ausnahme deiner Mutter natürlich und abgesehen von Ralf Ott, der kam noch einmal vorbei, bevor er sich Richtung Amerika aus dem Staub machte. Brachte eine Flasche Whisky mit, hörte zu, schien etwas zu begreifen von dem, was mich niederdrückte, mir die Luft abschnürte, obwohl das Klima angeblich aufklarte, mittlerweile sogar streckenweise wieder eitel Sonnenschein herrschte, ich hätte nur noch ein klein wenig Geduld haben müssen und die letzten Wolken hätten sich von selbst verzogen. Obwohl oder gerade weil die Probleme bereinigt waren und auch von mir ein für allemal hätten abgehakt werden können. Ich glaube, Ralf wußte, was es bedeutet, wenn alles, was einen bisher bei der Stange gehalten hat, sich in Nichts auflöst. Keine Fragen, keine Aufgabe mehr, ich glaube, Ralf hat sich seit langem abgefunden mit dieser Sorte Leben, die mir erst noch blüht, eingerichtet in einer totalen Bedeutungslosigkeit, die einem noch dazu ständig bewußt bleibt. Los Angeles, Los Angeles, lallte er zum Schluß vor sich hin, schüttelte den Kopf dazu, da waren uns alle anderen Worte ausgegangen und die Flasche längst leer. Als er ging, muß ich schon eingeschlafen gewesen sein. Ja, und Petra rief irgendwann an, schlug ein Familientreffen zu viert, Günther inklusive, sollte das bedeuten, oder zu fünft vor, ich könne gerne auch jemanden mitbringen. Sie war so herzlich zu mir, erkundigte sich, wie es mir gehe, sie habe von meinen beruflichen Schwierigkeiten gehört. Ich sagte zu und fuhr nicht hin. Meine Tochter sehen oder nicht sehen, ihr zuliebe hingehen oder mir selbst zuliebe wegbleiben, das hat natürlich ebenfalls jede Bedeutung für mich verloren. Später habe ich das Telefon einfach ausgesteckt.

Und was die Kollegen angeht, überhaupt das ganze Schulklima, versetz dich in ihre Lage, sagte ich mir immer wieder vor, wie sollen sie denn anders reagieren. Auf etwas, das sie nicht begreifen und das ihnen deshalb nicht geheuer sein kann. Wie sonst damit umgehen, als es so schnell und so gründlich wie möglich aus dem Gedächtnis zu streichen. Da ich ihnen zwangsläufig aber leider immer noch über den Weg laufe, in die Quere komme, behandeln sie mich als Person auf dieselbe Weise. Sie streichen mich aus dem Bewußtsein. Durch mich hindurch pflegen sie die alte pfiffige Freundlichkeit weiter, und nur wenn sie versehentlich dabei für einen Augenblick an der gespensterhaften Erscheinung hängenbleiben, zu der ich für sie geworden bin, berührt sie ein unangenehmes dunkles Etwas, das sie rasch und mit einem Anflug von Ekel abstreifen. Aber du, Nadja, du? Warum verhältst du dich, als würdest du mich nicht kennen, als hättest du mich nie gekannt? Aus demselben Grund? Jeden Abend habe ich mich das seither gefragt, mit meiner Flasche Scotch am leeren Schreibtisch, an dem ich früher gearbeitet habe, etwas herausfinden wollte, über euch, über dich, über mich, wie lange ist das her. Und je länger ich darüber nachdachte, desto weiter rückte jede Antwort in unerbittliche Ferne. Bis da nichts mehr war, kein Verlangen, keine Rätsel, nichts, was ich noch hätte benennen können als Grund für dieses dumme, diffuse Unbehagen, das rasch einer Unempfindlichkeit wich, die mir wie endgültig vorkam. Bis ich mit den Antworten auch alle Fragen aufgab. Alle, außer einer einzigen, meiner im Prinzip immer einzigen, ersten und entscheidenden Frage. Ich meine, was ich damit sagen will, Nadja, langsam kapierte ich, daß ich dieses absolute Nichts in meinem Kopf einfach zu ertragen hatte. Daß es bloß noch darauf ankam. Daß es sozusagen die Wahrheit war. Diese Leere hinzunehmen, ja, ich bin Nacht für Nacht dagesessen und habe nichts anderes getan, als mich ihr rückhaltlos auszuliefern. Alles um mich herum hat sich aufgelöst, alles ist gleich geblieben. Nichts hat sich aufgelöst, alles hat sich verändert. Das umschreibt die ganze trübe Erkenntnis, die mir geblieben ist, und damit ist mein Zustand auch beinahe schon ausreichend gekennzeichnet. In diesem Nebel verbirgt sich allerdings noch etwas, ich weiß es. Die Frage ist nur, was. Was ist hier los, obwohl eigentlich nichts los ist? Vielleicht, vorausgesetzt, es ist überhaupt möglich, läßt es sich am Ende doch herausbekommen. Wahrscheinlich sogar bald.

Wahrscheinlich in Leipzig. Mehr läßt sich darüber bis jetzt nicht sagen, Nadja, der Rest ist Spekulation und die vage Hoffnung, zu einem Abschluß zu kommen, statt in diesem Stumpfsinn zu enden, auf welche Weise auch immer. Das wurde mir spätestens bewußt, als ich am Lehrerpult der Klasse 9a auf dieses Blatt Papier stieß, »Leipzig« stand darauf in riesigen Druckbuchstaben geschrieben, nichts weiter. Ich fand den Zettel übrigens am selben Tag, an dem man mir mitteilte, ich müßte auf der Klassenfahrt nach Leipzig für Robert Dirschka einspringen. Der hatte sich am Nachmittag davor beim Handballtraining das Na-

senbein gebrochen und eine Gehirnerschütterung zuge-
zogen. Anfangs war mir der Zettel gar nicht aufgefallen, er
lag direkt vor mir auf dem Tisch, und ich bemerkte ihn
trotzdem erst gegen Ende des Unterrichts. Ich war ja auch
reichlich geistesabwesend in dieser Deutschstunde, wir
schrieben Schulaufgabe, Erörterung zum Thema »Gibt es
für die Massenmedien eine moralische Verantwortung gegenüber der menschlichen Gesellschaft?«, und ich starrte
die ganze Zeit aus dem Fenster, schaute den vorbeifahrenden Autos zu. Eigentlich lief ich schon seit Wochen wie
weggetreten durch die Gegend. Oft verlor ich jedes Zeit-
gefühl, noch öfter vergaß ich, was ich die gerade vergangenen Minuten über gemacht, was ich soeben gesagt
hatte. Ich fand mich wieder in einem Klassenzimmer, in
einem Linienbus, einer Einkaufspassage, und wußte weder wo genau ich mich befand, noch wie ich dort hinge-
kommen war. Kollegen antworteten mir auf Äußerungen,
an die ich mich nicht mehr erinnern konnte. Ich ließ sie
dann einfach stehen. Im Unterricht begann ich in solchen
Situationen übergangslos aus dem Schulbuch vorzulesen.
Für den jeweiligen Augenblick war ich mir meines Defekts
durchaus bewußt, doch eine Minute später war er mir wieder entfallen. Es war mir auch egal, wenn ich Leute vor
den Kopf stieß. Ich wußte gar nicht, wer diese Leute waren. Ich kannte sozusagen niemanden, erst recht nicht
mich selbst. Wie hätte ich denn etwas von mir wissen sollen, wenn ich nicht einmal sagen konnte, mit wem ich es
zu tun hatte. Es gibt kein Ich ohne Gegenüber. Man erfin-
det sich kein Du, man muß ihm nahekommen. Es existiert keine Nähe außerhalb der Liebe. Und Liebe, Nadja,
was ist das.

Das zumindest ist sie nicht, was ihr dahinten mit der
Obermayer treibt. Die läßt aber auch alles mit sich machen. Marlon Francke hängt über der Lehne und stellt

seine breit grinsende Grimasse zur Schau. Er beobachtet aus allernächster Nähe, wie Ercan Nataschas Blusenknöpfe öffnet und ihren roten Spitzen-BH freilegt, ihn auspackt wie ein Geburtstagsgeschenk. Das Gesicht des Mädchens kann ich nicht sehen, sie verbirgt es hinter ihrer Armbeuge.

»Wow. Laß mich auch mal.«

Jetzt grabschen sie beide. Während Ercan dabei eine Art Kennermiene aufsetzt, wendet sich Marlon immer wieder grimassierend zu seinen Freunden um, tippt dabei mit den Kopf in meine Richtung. Für ihn handelt es sich wieder einmal nur um einen Joke, das ist klar, und wie immer buhlt er dafür um Anerkennung. Ey, Leute, seht euch das an, soll dieses Grinsen heißen, diese Idioten. Und ob der irre Beck wohl darauf anspringt? Marlon bekommt natürlich, was er braucht. Abgesehen von Dany Todoric, dessen Mimik ja grundsätzlich nur noch Verachtung ausdrückt, lehnen sich jetzt alle schmunzelnd zurück, gespannt darauf, was Marlon als nächstes einfallen wird, auch du, Nadja, ich selber bin ja genauso gespannt. Nur die Spice Girls pennen schon.

Irgendwer hat mir was an den Kopf geworfen.

Ich habe das zu einer Kugel zusammengeknüllte Stück Papier unter dem Vordersitz herausgefischt. Ich streiche es glatt, es ist das herausgerissene Deckblatt aus dem Reclamheft. Der Titel darauf ist durchgestrichen, darüber steht: »Ein Lehreralptraum«.

Wie auf ein verabredetes Zeichen hin ist jetzt um mich herum Gebrüll und Fußgetrampel losgebrochen. Vorne springt Möcker auf. Er läßt stumm den Blick schweifen, die Lage beruhigt sich augenblicklich. Möcker setzt sich wieder, Natascha schließt ihre Bluse, Marlon läßt sich auf seinen Platz zurücksinken, ich dagegen mache weiter, Nadja, zeichne einfach weiter auf.

Marlon Francke zum Beispiel, was läßt sich über ihn sagen. Typ hochintelligenter junger Mann, künstlerisch äußerst talentiert, gleichzeitig unberechenbar, besser gesagt, eine wandelnde Zeitbombe. Sein Vater haßt ihn, ich weiß es, ich hatte mit ihm, einem Finanzbeamten im mittleren Dienst, zufällig einmal zu tun. Typ Offizier, eckige Bewegungen, schnarrende Stimme, Seitenscheitel, penibel gepflegter Vollbart. Marlons Albinismus, die fast blinden Augen, eine Haut, die an der Sonne sofort verbrennt, er sieht in seinem Jungen ein Monstrum. Eine Mißgeburt, die ihm allerdings geistig haushoch überlegen ist. Es war leicht sich auszumalen, wie dieser Mann Kinder niederbrüllt, einsperrt, züchtigt. Ich spürte aber sofort auch, daß er im Grunde Angst hatte vor seinem Sohn, eine Angst, die er niemals los wurde. Dafür haßt er ihn. Er hat es mir damals selbst gesagt, oh, in dieser Hinsicht gab er sich ganz offen. Genauso offen dürfte er vermutlich auch Marlon gegenüber sein. Außerdem säuft er wie ein Loch, das war unübersehbar.

Stimmt, Nadja, ich saufe auch, ich habe zuviel gesoffen in den vergangenen Monaten, das fing schon in den Weihnachtsferien an, als ich ein letztes Mal versuchte, euch zu verstehen, mich in euch hineinzuversetzen, und mir die Vergeblichkeit dieses Unternehmens mit jedem neuen Satz, den ich in den Computer tippte, deutlicher wurde. Bis ich abbrach, den Dateiordner für immer schloß, indem ich ihn kurzerhand von der Festplatte löschte. Die Diskette, die ich dir zugeschickt habe, ist die einzige Kopie. Dir steht sie zu, wem sonst. Mach damit, was du willst.

Aber um auf den Zettel in diesem Klassenzimmer zurückzukommen und auf das, was ich hier tue. Es ist in der Tat sehr gut möglich, daß ich selbst ein Blatt aus dem Schreibblock gerissen und »Leipzig« darauf geschrieben habe. Und wenn dem so wäre? Spielt das eine Rolle? Ich las das Wort, unzählige Male sagte ich mir das Wort »Leipzig« auf in Gedanken, und es war, als würde mich zum ersten Mal seit langem ein Signal aus der Außenwelt erreichen. Woher auch immer dieser Gegenstand, dieses karierte Blatt stammte, auf dem die Buchstaben des Wortes »Leipzig« allen Platz einnahmen, es riß mich heraus aus meinem Dämmerzustand. Als es gongte, packte ich den Zettel mit in die Tasche, zu Hause angekommen, klebte ich ihn mir auf den Bildschirm meines PCs. Leipzig, Leipzig, so oft habe ich das Wort seither laut vor mich hin gesprochen, in seinem Klang schien mir plötzlich etwas wie Wirklichkeit greifbar zu werden. Auf einen Schlag wußte ich, daß sich mit dieser Klassenfahrt nach Leipzig die womöglich letzte Chance bot, den dicken kalten Brei zu durchstoßen, der sich in meinem Kopf ausgebreitet hat, der bis zum heutigen Tag meine Sinne lähmt, sie niederdämpft bis zur kompletten Teilnahmslosigkeit. Von da an war mir bewußt, daß ich meine ganze Kraft auf diesen einen geheimen Punkt hin zu konzentrieren hatte, der sich in dem Wort »Leipzig« artikulierte. Indem ich »Leipzig« vor mich hin sagte, übte ich mich in einem Sprechen, das mir wie auf einem höheren Niveau angesiedelt zu sein schien. Überhaupt dienten die noch verbleibenden zwei Wochen bis zur Abfahrt ausschließlich der Vorbereitung für das, was ich »Leipzig« nannte. Was ich damit sagen will, ich hatte keinen Plan, die nötigen Dinge fielen mir wie von selbst zu, und erst indem ich sie besaß, gewann mein Vorgehen Kontur. Nachmittag für Nachmittag strich ich durch die Einkaufszentren der Fußgängerzone. Mich beherrschte jetzt eine seltsam diffuse, absolut nüchterne Aufmerksamkeit. Ich lief an den Regalreihen entlang, begutachtete das Warenangebot, ließ mich von dem ebenso undeutlichen wie hartnäckigen Impuls leiten, den die Aussicht auf Leipzig in mir ausgelöst hatte. Mein Körper blieb von selbst stehen vor manchen Auslagen, die Artikel wanderten sozusagen aus eigenem Antrieb zwischen meine Finger. Dieses Diktiergerät hier hatte sich mir schon nach kurzer Zeit aufgedrängt. Es gab mir die erste Orientierung. Dann zog es mich zu den Dartscheiben, Pfeilen und Bögen, zu dem Bord mit Messern aller Art. Ich prüfte ihre Größe, wie die Griffe in meiner Hand lagen, ob sie mir spitz genug erschienen, entschied mich schließlich für ein Stilett. Seither trage ich es stets bei mir. Hier, das ist es, siehst du die Beule an meiner Hose. Nein, ich habe keine Idee, wozu ich es brauche, ich habe nichts Konkretes damit vor. Aber schon im Kaufhaus, als ich bei der Kasse anstand, das Messer in meiner Faust, spürte ich die Kraft, die von ihm ausstrahlte und auf mich überging. Kann sein, ich fühle mich sicherer, wenn ich es bei mir habe, jederzeit in der Lage mich zu verteidigen, gewappnet für den Fall, daß es hart auf hart kommt. Doch ich glaube ehrlich gesagt nicht, daß das der wesentliche Punkt ist. Seit ich dieses Stilett besitze, habe ich mich vielmehr endlich aus dieser Ecke befreit, in die ich mich habe drängen lassen. Durch das Messer ist mir überhaupt erst klar geworden, daß es so ist, daß es so gewesen ist. Jahrelang habe ich mit dem Rücken zur Wand gestanden. Jetzt bewege ich mich. Jetzt ist dieses Messer für mich ein Talisman geworden, Nadja. Ich habe aufgehört mich zu schämen für mein verpfuschtes Leben, mich wegzuducken und schuldig zu fühlen, für was eigentlich. Ich kann auch hinaustreten aus diesem Kokon der Resignation, kann mich zeigen, unverhüllt, wenn du verstehst, was ich meine. Schau mich doch an, jetzt, wie ich da hocke mit meinem Recorder vor dem Mund, lächerlich, wirst du sagen, kompromißlos und nackt, sage ich, und das Messer ist das geheime Zeichen meiner Würde. In der Tat, ich habe aufgehört mich zu verstellen, in der Tat, ich akzeptiere diese Sorte Leben nicht, ich weigere mich diese Leere hinzunehmen, nachdem ich gezwungen war sie kennen- und aushalten zu lernen. Ich bin kalt, fühllos. Mag sein, ich bleibe es. Mag sein, ich bin nichts weiter als ein Spiegel, in dem du und deinesgleichen euch selbst erblickt, Nadja. Ich weiß, Spiegel scheinen den Tod zu bannen, während er sich über den Umweg der Täuschung im Leben erst einnistet. Mag also auch sein, daß ich mir auf diese Weise wieder nur selbst entfliehe, eine Ecke weiter lande, um Atem ringend, Schutz und Halt an anderen Wänden suchend. Aber ich bin nicht einfach nur im Begriff ein alter Mann zu werden. Wir verwesen doch alle bei lebendigem Leib, Nadja, o Nadja, Nadja.

Das war zu laut, das haben sie gehört, hinten im Bus, das heißt, Ercan hat es gehört, und der hat es gleich weitergegeben. Ich zitiere:

»Ey, Nadja, der Beck redet ja von dir. Sagt dauernd deinen Namen.«

Finden alle sofort wieder irre lustig, sogar die Spice Girls sind wieder aufgewacht. Bis auf dich diesmal, Nadja, dich boxen sie so in die Seite, und sie haben ja recht, hast du denn keinen Humor, kannst du nicht einmal über deinen Schatten springen wie alle andern auch, wie sogar ich, hörst du, wie ich lache, hahaha. Und bis auf Ercan, der glotzt mich immer noch an mit seinem Mafiablick samt offenem Mund, eine Hand auf Nataschas Knie. Ich zitiere:

»Der sagt alles nach. Echt, der wiederholt wortwörtlich, was ich gerade gesagt habe. Spricht es in dieses Ding da rein.«

»Ist wohl zum Papagei mutiert.«

Weiß nicht, wer das gesagt hat, Dany vielleicht.

»Alles klar bei Ihnen, Masta? Kann man was helfen?«

»Dem ist doch schon lang nicht mehr zu helfen.«

Jetzt begaffen sie mich. Auf mich können sie zählen, ich bin die ideale Zielscheibe für jede Verarschung, jede ungerichtete Wut, ich biete keinen Widerstand.

»Was der da eigentlich macht die ganze Zeit.«

»Herr Beck, was machen Sie denn da eigentlich die ganze Zeit?«

»Der sagt immer noch alles nach.«

Ich reagiere nicht, ich zeichne auf.

»Geht mir langsam auf den Sack.«

Es ist nur ein Spiel, ein Witz, ein Spaß, und ich nichts als der Empfänger, ein Durchlauf, eine Teststrecke, das überträgt, das entlädt sich.

»Sag ihm du mal was, Nadja. Was Blödes.«

Aufforderung von Amelie, lässige halbe Kopfdrehung nach hinten.

»Los, mach schon.«

»Mach es lieber nicht.«

Du schweigst.

Sie feuern dich an, ich glaube, es geht los, alle zusammen feuern sie dich an da auf den hinteren Sitzen.

»Nadja. Nadja. Nadja. Nadja.«

Ich meine, wir sind schon mittendrin, sie klatschen, auch die Schüler weiter vorne drehen sich inzwischen um. Ist es schon das, worauf ich gewartet habe? Sie sind keine Täter, sie sind nicht meine Opfer, alles entwickelt sich von selbst, alles ist vollkommen unschuldig. Ich wechsle das Diktiergerät in die linke Hand, stecke die rechte in die Hosentasche, umfasse das Messer. Ich schaue nur dich an.

»Sag Nadja, Nadja.«

»Sag, ich bin ein einsamer trauriger Deutschlehrer.«

»Ein einsamer geiler Deutschlehrer.«

»Mein Name sei Wichtelwichtel.«

»Wichser.«

»Päderast.«

»Was?«

»Mensch, sogar Nuttys ›Was?‹ plappert er nach.«

Ich schaue nur dich an, Nadja, die anderen interessieren mich nicht. Nicht in diesem Moment, in dem du noch einmal Dreh- und Angelpunkt bist für alles. Du weißt das, ich sehe es dir an. Die Augen stur auf die ineinander verhakten Hände in deinem Schoß gerichtet, weißt du es ganz genau. Noch einmal kommt es allein auf dich an, und für den Bruchteil einer Sekunde möchte ich die Hand ausstrecken nach dir. Vorbei. Deinen vollen, sonst immer angriffslustig vorgestülpten, wie vom Küssen aufgeschwollenen Mund so zusammengepreßt, schüttelst du nun fast unmerklich den Kopf, überdrüssig und müde, so scheint es. Mir ist das als Echo genug. Du beginnst zu flüstern, ich kann dich nicht verstehen.

»Seid doch mal still. Nadja sagt was.«

Der Mike war das, der sitzt neben dir, legt den Arm um deine Schultern, streicht dir über das wieder längere Haar, lehnt seine Wange an deine. Die anderen werden wirklich still. Sie warten. Bis Mike sich wieder aufsetzt, die Schultern zuckt. Ich zitiere:

»Sie will, daß wir aufhören.«

Aber das ist doch nicht der Text, der zu den Bewegungen deiner Lippen paßt, warte, ich versuche es selbst von ihnen abzulesen.

Schaffe es nicht, du bist einfach zu weit weg.

Nadja, ich kann dich nicht verstehen!

Fast geschrien habe ich das eben, das wollte ich nicht, das tut mir leid. Jetzt ist es ganz still, und sogar die Kollegen vorne sind aufmerksam geworden, der ganze Bus.

Nadja, du hebst ja tatsächlich den Kopf, siehst herüber zu mir, willst sprechen, sprich.

»Der Schreck, der ihre Sinne schwächte, lieh sinnlosen Dingen Herrschaft über sie.«

Immer noch Schweigen.

»Puck. Dritter Akt, zweite Szene. Nadjas Rolle.«

Marlons Kommentar, der kennt sich aus. Ein Zitat aus dem Sommernachtstraum.

Und du fängst an zu lachen, Nadja, du ganz allein. Du lachst, kannst dich gar nicht mehr beruhigen vor lauter Lachen, hier, hörst du, ich halte mal den Recorder hin.

»Ich weiß auch schon ganz viele Stellen auswendig, Herr Beck.«

Karins Stimme ist das gewesen. Ist von hinten vorgeschnellt und steht jetzt direkt vor mir.

»Der Biene Honigbeutel sollt ihr für ihn leeren, als Kerze reißt ihm aus ihr wächsern Bein.«

Andere kommen dazu.

»Mit ausgerissenen Falterflügeln fein weht ihm vom Aug den Mondenschein.«

Werden immer mehr.

»Entzündets an des Glühwurms Augenschein, zu leuchten meinem Lieb bettaus, bettein.«

Wollen mir den Recorder aus der Hand reißen.

»Die Elfenkönigin, Herr Beck. Bin ich gut gewesen?«

»Ich will auch mal.«

»Ich kann meine Rolle auch schon fast auswendig.«

»Jetzt lassen Sie doch los.«

Nein.

Ich habe das Stilett griffbereit.

»Laßt ihn doch in Ruhe, ihr sollt ihn in Ruhe lassen.«

Wer sagt das, du, Nadja? Christel Schneider zwängt sich auf den Gang heraus, klettert über Herta hinweg, fällt beinahe vornüber, fängt sich, eilt auf mich zu, bleibt auf halbem Weg stehen, wischt mit den Händen in der Luft herum.

»Herr Beck, hallo, Herr Beck, geht es Ihnen gut?«
Möcker drängt sich an ihr vorbei.

»Was ist denn in Sie gefahren? Was machen Sie da eigentlich? Was ist das, was haben Sie in der Hand? Geben Sie her!«

2   Niemand da.

Ich gehe den Gang Richtung Treppenhaus. Hinter mir, gerade als ich um die Ecke bin, fällt eine Tür ins Schloß. Ich laufe den Gang zurück und weiter nach rechts. Er endet vor der Tür mit dem Schild »Privat«. Sie ist verschlossen. Ich höre, wie drüben auf der anderen Seite jemand die Treppen hinunterrennt.

Zurück in meinem Zimmer. Habe mir eine Zigarette angezündet und mich auf den Bettrand gesetzt. Den Dufflecoat über der Schulter, stand ich schon in der Tür, da fiel mir wieder ein, daß Eile nicht nötig ist. Wenn ich mich nicht getäuscht habe, wenn wirklich sie es waren, die geklopft haben, dann lauern sie ohnehin auf mich. Und ich habe mich nicht getäuscht. Das ist schließlich ein Trommelwirbel gewesen. Ich glaube, ich hörte sogar jemanden lachen. Außerdem hatte ich mit irgend etwas in der Art sowieso gerechnet. Ich lag auf dem Bett, ließ das Messer aufschnappen und zuschnappen und wieder aufschnappen. Betrachtete deinen Namen, Nadja, durch den dünnen Schorf leicht erhaben, kann ich seine Linien auf meiner Haut jetzt ertasten wie eine Blindenschrift. Ich wartete nur darauf, daß etwas geschah. Auf irgendein Zeichen. Doch als es dann wirklich kam, war ich wie gelähmt. Eine Minute oder länger hat dieser Zustand angehalten, ich wurde selbst davon überrascht. Und natürlich hatten sie sich längst aus dem Staub gemacht, als ich endlich öffnete.

Unterdessen ist es später Nachmittag geworden, Freitag, unser letzter Tag in Leipzig. Fritz Möcker hat sein Programm lückenlos durchgezogen. Nur der abschließende Abstecher nach Buchenwald ist gestrichen worden. Morgen mittag geht es auf direktem Weg nach Hause zurück, und seit dreizehn Uhr stehen uns die verbleibenden Stunden zur freien Verfügung. Die Kollegen besichtigen unter Herta Hammersteins Führung und auf Initiative von Christel Schneider das Bach-Museum. Mich haben sie erst gar nicht gefragt, ob ich teilnehmen will. So sind sie mir wenigstens aus dem Weg. Und ich kann mein Diktiergerät wieder benutzen. Nach der Szene im Bus und unter Möckers beinahe ständiger Aufsicht während des gesamten Aufenthalts ist das nicht mehr möglich gewesen. Um so dringender brauche ich es jetzt. Zeit, aufzubrechen.

Ich stehe unten im Eingangsbereich, der zugleich Gemeinschaftsraum ist. Auf dem großen Fenster, neben dem ich mich postiert habe, ist spiegelverkehrt die Internet-Adresse des Youth Hostel zu lesen. Direkt über mir das Wandbord für den Fernseher. Es läuft MTV. Eine letzte Gruppe notorischer Biertrinker hockt noch herum. Auf dem Tisch die Sixpacks, die sie zu einer Pyramide aufgetürmt haben. Einige lallen bereits. Immer wieder gaffen sie in meine Richtung, glotzen abwechselnd in den Kasten über mir und in mein Gesicht. Schon fangen sie an, sich über mich lustig zu machen. Besoffen wie sie sind, schaukelt sich das jetzt natürlich schnell hoch. Im Handumdrehen sind sie bei den gröbsten Ausfälligkeiten angelangt. Wichser werde ich ja seit neuestem gerne genannt. Verpiß dich, Wichser. Das zählt allerdings noch zu den harmloseren Varianten. All die vergangenen Tage bin ich nun schon eine Art wandelnder Prellbock für sie gewesen. Auch der lange Lulatsch mit dem Igelkopf und der heftigen Akne ganz hinten hat einmal versucht mir ein Bein zu stellen. Es war, glaube ich, in der Nikolaikirche. Ich taumelte ein Stück den Mittelgang entlang, konnte mich an einer Betbank auffangen. Dabei kenne ich den gar nicht. Er war auch bloß einer von vielen, die sich an derartigen Aktionen beteiligt haben. In dem Punkt haben sie beinahe sportlichen Ehrgeiz entwickelt. Aber ich habe es schließlich so gewollt. Ich habe es erzwungen. Jetzt sind die Fronten abgesteckt. Wie du selbst weißt, Nadja. Und nun soll der Wichser Beck, sozusagen zum krönenden Abschluß, wohl auf eine letzte, die ultimative Treib- und Schnitzeljagd gelockt werden. Jeder jagt jeden, heißt das Spiel. Oder vielmehr, ich gegen alle, alle gegen mich. Und du bist darin das eingesetzte Pfand.

Wahrscheinlich ist es das, was heute nacht auf mich zukommt. Mehr weiß ich nicht, weiß nicht, was das konkret zu bedeuten hat. Doch schon bekomme ich erste Tips. Als hätten sie mein Zaudern bemerkt, als wüßten sie wirklich Bescheid, als wären sogar die Schwachköpfe von der Kampftrinkerfraktion in alles eingeweiht. Links sind sie runter, kommt es von dahinten über die Bierdosen hinweg, rechts sind sie lang. Richtung Hauptbahnhof, Richtung Innenstadt. Und daß sie mir, wenn ich ihnen noch länger den Blick aus dem Fenster, ich zitiere, die Aussicht auf Leipzig, verstelle, meinen scheiß Wichsapparat in den Arsch prügeln. Aber bis zum Anschlag.

Draußen auf der Käthe-Kollwitz-Straße. Daß ich es gewagt habe, noch einmal mit dem Recorder aufzutreten, mußte sie natürlich erst recht provozieren. Von diesem Ding ging schließlich das Signal zur offenen Feindschaft aus. Seit dem Vorfall im Bus ist es beschlossene Sache. Es herrscht Krieg. Wer es nicht sofort begriffen hat, dem haben sie es erklärt. Der verfolgt uns, ist irre, keine Ahnung, was der will, unberechenbar, das Schwein machen wir fertig undsoweiter. Einiges dieser Art habe ich auffangen können. Dazu kamen die Meldungen vom Dienstagabend. Zwei Jugendliche haben am 20. April in einer amerikanischen High School zwölf Schüler, einen Lehrer und sich selbst erschossen. Hitlers Geburtstag. Im Fernsehen, auf den Titelblättern an den Kiosken, überall der blut-überströmte Junge, der sich kopfüber aus einem Fenster des Schulgebäudes in Littleton, Colorado, rettet. Alle starrten zum Bildschirm hinauf. Geredet wurde kaum. Im Gegenteil schien es, als duckten sich Schüler wie Lehrer geradezu weg unter diesen Bildern und Nachrichten. Zwar wurden mit einem Schlag ihre Bewegungen und Ge-sten langsamer. Die Körper wirkten für ein paar Stunden schwerer als sonst. Auf den Gesichtern spiegelte sich Ent-setzen oder Hilflosigkeit oder Angst. Die Lehrer verstei-nerten. Bei einigen Schülern glaubte ich etwas wie Scha-denfreude, bei zwei, drei Jungen sogar eine heimliche Solidarität mit den Tätern erkennen zu können. Gleich-zeitig versuchten sie sich immer wieder herauszureißen aus diesem Erregungszustand, der ihnen offenbar selbst gespenstisch war. Zum Beispiel fingen etliche von einer Sekunde auf die andere an, kindisch vor sich hin zu al-bern. Binnen kurzem fielen sie jedoch genauso abrupt wieder in ihre alte Stimmung zurück. Einige gaben auch zynische Witze zum besten. Andere reagierten dann mit hysterischen Lachsalven. Andertags schien das Gemetzel bereits wieder so gut wie vergessen.

Das heißt, am nächsten Morgen spukte das Ereignis natürlich durchaus noch in allen Köpfen. Wir besuchten die Dauerausstellung »Stasi – Macht und Banalität – Indi-zien des Verbrechens« in der sogenannten Runden Ecke. Vor dem Eingang sitze ich jetzt auf den Stufen. Gerade habe ich mir nämlich eingebildet, Mike Bentz und Karin Kirsch vorne über die Kreuzung am Dittrichring laufen zu sehen. Ich rannte die Straße hoch, wollte ihnen nach. Als ich anlangte, waren sie längst verschwunden. Hier, in der ehemaligen Leipziger Zentrale der Staatssicherheit, habe ich jedenfalls einen dieser zynischen Witze Wort für Wort mitbekommen. Ich hielt mich grundsätzlich bei allen Exkursionen etwas abseits. In der Runden Ecke hatte ich außerdem einen Packen Zeitungen unterm Arm. Ich blätterte nur zum Schein darin. Einerseits gefiel es mir, die Massaker-Schlagzeilen und Blutbad-Titelbilder in einem Ambiente wie diesem zu präsentieren, als eine Art Zeuge Jehovas mit seinem Wachtturm in der Fußgängerzone. Andererseits versuchte ich mich hinter den aufgeschlagenen Seiten zu verbergen wie ein Detektiv in einem alten Gangsterfilm. Ich hatte nur noch eins im Sinn. Alles, was geschah, so lückenlos und umfassend wie irgend möglich zu belauschen und zu beobachten. In diesem Fall interessierte mich vor allem die Wirkung der Kombination dieser Meldungen mit dem Stasi-Milieu. Entgegengesetzte Manifestationen von Gewalt, die scheinbar nicht das geringste miteinander zu tun haben. Mir kam der Unterdrückungsapparat aus der DDR-Vergangenheit plötzlich vor wie ein dunkler Kommentar zu diesem Amoklauf. Worauf ich spekulierte, war eine Art Rückkoppelungseffekt. Dabei gelang es mir kaum, meine Tarnung aufrechtzuerhalten. Ich konnte eine gewisse Nervosität nicht unterdrücken. Immer wieder ertappte ich mich dabei, wie ich die Zeitung sinken ließ und den einen oder die andere unverhohlen anstarrte. Auch dich natürlich, Nadja, du mußt es genauso bemerkt haben wie alle übrigen.

Es ist sehr wahrscheinlich, daß dieser Littleton-Witz bereits als Reaktion auf meinen allzu offensichtlichen Schachzug zu verstehen war. Er mußte sogar explizit in meine Richtung gesprochen worden sein, sonst hätte ich ihn aus dieser Distanz überhaupt nicht verstehen können. Er bezog sich auf die Aussage einer Schülerin, die immer wieder von den Medien zitiert worden war. Danach hatte sie, den Revolver an der Stirn, um ihr Leben gefleht, worauf der Amokläufer das Mädchen, das direkt neben ihr gestanden war, per Kopfschuß hinrichtete. Außerdem tötete er einen Jungen mit einem Schuß ins Gesicht, nur aus dem Grund, wie sie sich ausdrückte, weil er schwarz war. Die Pointe des Witzes bestand nun in der Frage, welche Farbe dieses über die Wände verspritzte Negerhirn gehabt hatte. Mir war natürlich sofort klar, daß diese Art Humor nicht wörtlich zu nehmen war. Eher handelte es sich dabei um so etwas wie Antihumor. Und dessen Adressat waren wir, unsere Erwachsenenwelt, in diesem Fall ich. Gewissermaßen eröffneten sie auf diese Weise den Reigen ihrer Ausfälle, dieser zunehmend rabiaten Versuche mich zu reizen, scharfzumachen, wie sie es selbst nannten. Nach unserer Ankunft in Leipzig hatten sie ja zunächst den größtmöglichen Bogen um mich geschlagen, sich auf feindselige Blicke und Gesten beschränkt. Inzwischen empfanden sie offenbar allein meine Anwesenheit schon als Aggression, die sofort mit Gegenaggression beantwortet werden mußte. Ganz zu schweigen von der Art meines Auftretens.

Ich habe keine Vorstellung, wie sehr ihnen das bewußt ist, aber ich bin überzeugt, in bestimmter Hinsicht geben sie mir die Schuld an dem ganzen Irrsinn. Sie hassen mich stellvertretend für all die Leute, die es ihrer Meinung nach zu verantworten haben, daß solcher Haß überhaupt entsteht, der dann zu Katastrophen wie Littleton führen kann. Mit meinem Benehmen während dieser Tage in Leipzig habe ich ihnen endgültig den Beweis geliefert. Jetzt verschulde ich für sie nicht mehr nur Kevin Meiers Selbstmordversuch und die Szene am Montag im Bus. Nicht allein dieses amerikanische Blutbad, an das sie gar nicht mehr denken, geht sozusagen auf mein Konto. Ich bin die Ursache für alles, was sich in jedem einzelnen von ihnen an wirren Gefühlen abspielt. Sie sehen in mir exakt das Prinzip verkörpert, das solche kranken Typen wie Eric Harris und Dylan Klebold erst hervorbringt, sie in ihren Trenchcoat-Mafia-Wahnsinn treibt. Die einen fühlen sich sonderbar ertappt, die anderen bekommen es mit der Angst. Und allen zusammen wäre es am liebsten, ich würde von der Bildfläche verschwinden. So ist eine kuriose Solidarität entstanden. Sie halten sich für eine Horde Racheengel. Vor sich selbst rechtfertigen sie sich wohl damit, daß schließlich ich es war, der den Dämon in ihnen geweckt hat. Und die Kollegen stehen daneben und sind mit Ausnahme von Fritz Möcker, der mehr und mehr zum Militär mutiert, buchstäblich paralysiert.

Das alles ist nachvollziehbar, wenn auch auf seine Weise nicht weniger irrsinnig. Ich bin dennoch entschlossen, die Schuld auf mich zu nehmen. Und zwar im vollen Bewußtsein meiner Unschuld, das heißt meiner vermeintlichen Unschuld. Denn natürlich trage ich Mitschuld, aber ich bin auch nicht schuldiger als jeder andere. In meiner Person, meinem Handeln wird diese Schuld nur identifizierbar. Ich halte sie ihnen sozusagen unters Vergrößerungsglas. Genau darin besteht mein Angebot. Und sie haben es angenommen. Ich weiß, Nadja, im Grunde lasse ich ihnen keine andere Wahl. Trotzdem scheinen selbst deine Freunde Gefallen daran zu finden, den Spielraum auszuloten, der ihnen dadurch plötzlich geboten wird. So wie die einen den Spaß entdeckt haben, einen Lehrer wie mich zu drangsalieren, zu hetzen, in die Enge zu treiben, haben die anderen den Spaß entdeckt, ihnen dabei zuzuschauen. Offenkundig erfülle ich die Funktion eines Ventils. Eine Art Katalysator. Ich bin das Medium, durch das eine Realität sich offenbart, die sonst nie an die Oberfläche dringt. Eine Realität, vor der alle ständig zurückschrecken und die deswegen nie über das

Niveau einer unterschwelligen Drohung hinaus spürbar wird. Außer in Fällen wie Littleton natürlich, wo sie sich dann bestialisch entlädt. Realität herstellen, bevor sie sich auf diesem Weg von selbst herstellt, ist präzise das, was ich beabsichtige.

Nur du, Nadja, scheinst von all dem unbeeindruckt, bist in der Masse der anderen nahezu unsichtbar geworden. Jedesmal, wenn ich deinen stets gleichbleibend ernsten Blick noch einmal aufzufangen glaube, stelle ich fest, du siehst durch mich, du siehst durch alles nur hindurch. Als wäre es gar nicht vorhanden.

Auch Möcker sah durch mich hindurch, hier in der Zentrale der Staatssicherheit. Aber so, als wollte er mir zeigen, was er von mir hält. Sein Anteil an der ersten Phase der Eskalation im Laufe des Mittwochmorgen ist auf alle Fälle kaum zu überschätzen. Ich spähe durch das Türfenster in die Eingangshalle des Museums. Der Marmor aus vorsozialistischer Zeit hätte in keinem größeren Kontrast stehen können zum Rest des Gebäudes, der mit seinen Linoleumböden und den gelbbraunen Tapeten, den Scherengittern vor allen Türen und Fenstern, den offenen Kabelkanälen und den alten klobigen Heizkörpern eine Atmosphäre verbreitet, wie ich sie mir bedrückender kaum vorstellen kann. Das Ganze ist größtenteils im Originalzustand. Im Eingangsbereich haben sie die Stationen der Friedlichen Revolution dokumentiert. Die Situation war grotesk, mir kam sie gerade recht. Fritz Möcker dozierte in soldatischem Ton über die Besetzung der Zentrale am 4. Dezember 1989. Ihm zur Seite, sachlich, bescheiden, eingeschüchtert, die offizielle Ausstellungsführerin vom Bürgerkomitee Leipzig. Und ich stand mit meiner aufgeschlagenen Zeitung am Rande der Gruppe und beobachtete und belauschte die ganze Szenerie, als wäre ich die Reinkarnation eines MfS-Offiziers. Natürlich nahm der gute Fritz mittlerweile Abstand von der Idee, mich als Lehrkraft in seinen schneidigen Geschichtsunterricht zu integrieren. Statt dessen fragte er unerbittlich Prüfungsstoff ab, während wir die Stationen der Ausstellung abklapperten. Die streng seine Schäfchen überwachenden, durch die Nickelbrille stark vergrößerten Augen. OV ist gleich Operativer Vorgang, UHA ist gleich Untersuchungshaftanstalt, KW ist gleich Konspirative Wohnung, OPK ist gleich Operative Personenkontrolle, Herr Möcker. Die Fakten schrumpften zu einer Multiple-choice-Aufgabe zusammen. Ich weiß nicht, was er damit bezweckte. Ich denke, es war der absurde, von Paranoia diktierte Versuch, dieser sogar für ihn immer beängstigender werdenden Generation von Jugendlichen mit dem Holzhammer einzubleuen, was das Bürgerkomitee selbst als Ziel der Ausstellung formuliert hatte. »Ein Rundgang macht dem Besucher den Wert von Freiheit und Demokratie bewußt.« Und alle kuschten. Und reagierten sich dafür an mir ab. Wie mein Auftritt es ja auch nahelegte. Anfangs versuchten sie noch so unauffällig wie möglich vorzugehen. Trotzdem bin ich sicher, daß Möcker etwas bemerkt hat. Ich glaube, er war hin- und hergerissen, ob er nicht doch eingreifen sollte. Einerseits hätte er die Störenfriede vermutlich liebend gerne streng gemaßregelt, andererseits wird er es mir durchaus gegönnt haben, daß sie mir eine Abreibung verpaßten. Wer nicht hören will, muß fühlen, wird er sich gesagt haben. Für ihn sind wir doch allesamt kleine Kinder, während er, der Exmarxist und Neokonservative, wie immer alle Erfahrung und alle Argumente auf seiner Seite hat. Letzten Endes ignorierte er die Zwischenfälle. Wir standen vor den Fundstücken aus der Maskierungswerkstatt, den falschen Bärten, Perücken, Brillen, Bäuchen, den fertig gepackten Verkleidungskoffern zur Operativen Personenmaskierung OPM, als mir jemand mit voller Kraft auf den Fuß stieg, so daß ich laut aufheulte. Wenig später, vor den Konserven aus dem sogenannten Geruchsspeicher, bekam ich einen Tritt in die Kniekehlen, daß ich beinahe vornüber in die Vitrine gestürzt wäre. Außer mir verzog kein Mensch eine Miene. Möcker fuhr ohne eine Regung zu zeigen, ohne auch nur eine Sekunde ins Stocken zu geraten, mit seinem grimmigen Vortrag fort.

Und natürlich schlossen sich auf ihre Art die verunsicherten Kollegen sofort seinem Beispiel an. Mit zur Schau getragener Ahnungslosigkeit gingen sie über alle weiteren Vorfälle hinweg. Die Schüler nützten das natürlich aus. Sie spürten nur zu deutlich, daß man ihnen bei ihrem Rachefeldzug gegen mich im Grunde völlig freie Hand ließ. Sie testeten, wie weit sie gehen konnten, schoben die Grenze Stück für Stück hinaus. Ich ließ mich dadurch freilich nicht beirren. Keinen Millimeter wich ich zurück. Und die Härte nahm allmählich zu. Es fand sich immer eine andere Gruppe von Jungen und Mädchen gegen mich zusammen. Nur einige wenige waren fast immer dabei. Darunter Dany Todoric und Amelie Kleinknecht. Auch Marlon Francke. Sogar Natascha Obermayer. Sie pufften mich in den Rücken, versetzten mir Tritte gegen das Schienbein, zuletzt hieb mir sogar jemand mit der Faust in die Magengrube. Auf unseren Altstadtmärschen rempelten sie mich jedesmal beinahe nieder. Draußen am Völkerschlachtdenkmal nahmen sie mich einmal in die Zange. Einer spuckte nach mir. Er traf mich am Hals. Als wir gestern mit der Linie 16 zum neuen Messegelände hinauffuhren, wollten sie mich kurz vor der Anfahrt aus der Straßenbahn schubsen. Ich konnte mich gerade noch festhalten, prallte dabei aber mit dem Kopf so heftig gegen die Haltestange, daß mir das Blut aus der Nase schoß. Draußen angekommen, suchte ich eine Toilette auf, um mein Gesicht zu säubern. Ein Trupp von fünf, sechs Schülern kam mir nach. Ich floh in eine Kabine, sperrte mich ein, bis sie endlich gegangen waren. Doch wie immer hängte ich mich gleich darauf sofort wieder an ihre Fersen. Ich unternahm gar nichts, war bloß permanent in ihrer Nähe. Ich blieb stehen, wenn sie stehenblieben, folgte ihnen, wenn sie sich abzusetzen versuchten, hielt immer meinen Abstand von einigen Metern. All das ging ohne jede Hektik vonstatten, sozusagen lautlos. Und die Kollegen schauten wie gesagt zu und sahen und hörten wirklich nichts.

Seither empfinde ich nur noch Verachtung für sie. Allein ihr Anblick verursacht mir schon Brechreiz. Ihre Feigheit, der Verrat, den sie nicht an mir, sondern an sich selbst, ihrem Beruf, der Welt begehen. Sie haben Angst. Angst um ihre eigene erbärmliche Haut. Selbst Christel Schneider ist, nachdem sie jahrelang dagegen anzukämpfen versucht hat, inzwischen der Panik erlegen. Natürlich, sie wollen keinem etwas, sie wollen nichts als ihren Frieden. Ab dreißig warten sie auf ihre Rente. Nie habe ich die Lust von Jugendlichen, irgendwelchen Erwachsenen die Fresse zu polieren, besser verstanden. Nie konnte ich so gut nachvollziehen, wie der Impuls zur offenen Gewalt in einem Schülergehirn entstehen kann. Einen Akt der Aufrichtigkeit stellt es dar gegenüber dieser geheuchelten Arglosigkeit. Das Problem ist, man kann diese Leute nicht angreifen. Sie sind unberührbar, wie nicht zur Stelle. Schlägt man nach ihnen, schlägt man Löcher in die Luft. Also sucht man sich andere Ziele, die sich mehr oder weniger zufällig anbieten. In diesem Fall mich. Ich stelle mich ihnen zur Verfügung. Ich sage, prügelt auf mich ein. Diese Leute haben es noch nicht einmal verdient, gezüchtigt zu werden. Nehmt mich dafür, statt euch jemand zu suchen, der mit eurem Haß im Grunde nichts zu tun hat. Das ist meine Genugtuung, Nadja. Mein Sieg, wenn du so willst. Daß sie mich immerhin als Opfer nicht verschmähen.

Nicht zuletzt deshalb hoffe ich, heute keinem von diesen sogenannten Kollegen mehr begegnen zu müssen. Jetzt zum Beispiel. Ich überquere gerade den Platz an der Thomaskirche. Hinter der Kirche steht das Bosehaus, in dem das Bach-Museum ist. Zum Glück sehr unwahrscheinlich, daß sie sich kurz nach siebzehn Uhr immer noch dort aufhalten. Geschafft. Vorne auf dem Markt, gute zweihundert Meter von mir entfernt, laufen die Spice Girls. Aber wo finde ich die anderen? Ich meine den engeren Kreis meiner Gegner? Die Clique, die sich wieder um dich geschart hat? In der du dich verkriechst? Wo, Nadja, bist du?

Seit fast einer halben Stunde laufe ich die Straßen rauf und runter und halte Ausschau. Es beginnt bereits zu dämmern, immer noch nicht der kleinste Hinweis. Sie wollen mich zappeln lassen. Bestimmt verstecken sie sich in irgendeinem Winkel und beobachten mich. Ich werde in der Tat langsam ungeduldig. Gerade eben, in einer Seitengasse, glaubte ich Dany in seinem schwarzen Lederanzug um die Ecke verschwinden zu sehen. Ich rannte hinter ihm her, die Hand in der Hosentasche, das Messer in der Faust. Beinahe hätte ich den Mann gerammt, der hinter einer Biegung unvermittelt stehengeblieben war, um seinen Windhund an die Mauer eines Neubaus pinkeln zu lassen. Er warf mir über die Schulter hinweg einen so unerträglich blasierten Blick zu, daß ich ihn am liebsten niedergestochen hätte.

Zum Thomaskirchhof zurückgekehrt, lehne ich jetzt an der Hausmauer. Ich muß verschnaufen. Und mein Fuß hat wieder zu schmerzen begonnen. Vor mir die pompös vergoldete Stuckhaube der Commerzbank, hinter mir die abrißreifen DDR-Messehallen. Die ganze Stadt ist voll von solchen Gegensätzen. Und die Menschen spiegeln sich darin. Ich warte. Bisher habe ich sie noch immer irgendwann gefunden. Ein paar Hippies gammeln vorbei. Jetzt verschwindet ein kleiner Trupp Neonazis in derselben Seitengasse. An der Ampel steht eine Punkerin mit Palästinensertuch. Auf ihrer zerschlissenen Jeans ein Aufnäher mit durchgestrichenem Hakenkreuz. Fan-Schals verschiedener Fußballclubs hängen aus ihrem kleinem Rucksack. Sie wehen wie Fähnchen hinter ihr her, als sie über die Kreuzung geht. Ich habe sie schon einmal in einem dieser Szenelokale sitzen gesehen, als ich nachts hinter meinen ehemaligen Lieblingsschülern her gewesen bin. Das ist vielleicht ein Fingerzeig. Eigentlich ist es noch zu früh. Aber ich gehe jetzt hin.

Habe mich an meinen obligatorischen Fensterplatz gesetzt. Mir genau gegenüber ein mit Planen verdecktes Baugerüst. Dadurch ist die schmale Altstadtgasse an dieser Stelle besonders eng. Alle Passanten müssen im Gänsemarsch ganz dicht an dieser Scheibe vorbeilaufen. Das Schöne ist, ich kann sie von hier aus sehen, sie mich umgekehrt nicht. Ich habe das überprüft, bin schließlich schon ein paarmal hier gesessen, um sie abzupassen. Noch sind sie jeden Abend hier durchgekommen. Nacht für Nacht bin ich ihnen nachgelaufen. Du, Nadja, warst natürlich jedesmal mit von der Partie. Durch zahllose Kneipen habe ich mich gezwängt, wenn ich sie verloren hatte, wenn sie es geschafft hatten mich abzuschütteln. Spätestens hier, von diesem Beobachtungsposten aus, nahm ich ihre Fährte wieder auf.

Das waren dann immer eigenartig deprimierende Orte, diese Kneipen, zu denen es sie hinzog. Sie erinnerten mich zum Teil an die schäbigen No Future-Treffpunkte aus meiner eigenen Studentenzeit in den frühen achtziger Jahren. So wie dieser hier. Ein dunkel gestrichener, verräucherter Raum, Kerzen und riesige Plastikaschenbecher auf mit Brandflecken übersäten Tischplatten, an denen das Bier aus der Flasche getrunken wird. Andere Bars waren im Gegenteil grell ausgeleuchtet. Mit ihrem Mobiliar aus Metall, den kahlen weißen Wänden, die gelegentlich dürftig mit amerikanischen Reklametafeln aus den Sechzigern dekoriert waren, sahen sie noch westlicher aus als der Westen. In jedem Fall aber war das Stammpublikum auffallend schweigsam, die Atmosphäre ernst, fast gedrückt, die Musik grundsätzlich ohrenbetäubend laut, das Styling und die Dress-Codes für mich vollkommen undurchschaubar. Wie oft glaubte ich in einen rechtsradikalen Laden geraten zu sein, so schwarz und rasiert und gewaltbereit sahen die Leute aus. Bis ich schließlich irgendwo die Antifa-Flyer entdeckte. Wenn ich die Clique erst einmal ausfindig gemacht hatte, setzte ich mich sofort an die Theke. In einiger Entfernung standen oder hockten sie dann irgendwo zusammen, warfen ab und zu einen Blick zu mir herüber. Sie kümmerten sich nicht weiter um mich. Zumindest taten sie so. Ich wandte meine Augen keine Sekunde von ihnen. Ich wartete ab. Erwartete, daß sie mir in irgendeiner Form so etwas wie eine Botschaft zukommen ließen. Ich hatte wirklich die Idee, sie würden wie damals im Probenraum vor einem dreiviertel Jahr plötzlich damit beginnen, mir etwas vorzuspielen. Unter den verschärften, sozusagen realistischeren Bedingungen endlich zu einer weniger verlogenen Inszenierung ansetzen. Ich hatte mich ihnen rückhaltlos ausgeliefert und erhoffte im Gegenzug eine ebenso rückhaltlose Antwort. War überzeugt, daß sie mir diese Antwort schuldig waren. Daß ich ihnen schuldig war, sie mit allen Mitteln zu dieser Antwort zu zwingen.

Ob ihnen klar war, daß es mir letztlich nur darum

ging, weiß ich nicht. Und anfangs wies auch wenig darauf hin, daß sie bereit waren, meinem unausgesprochenen Wunsch entgegenzukommen. Ab und an gab es jähe Anwandlungen einzelner Schüler, mich anzugreifen. Sie rannten dann unvermittelt auf mich zu, bauten sich mit wutentbrannter Miene zwei Meter vor mir auf. Der Impuls erstarb jedoch so schnell wie er entstanden war, und mit wegwerfenden Gesten kehrten sie wieder auf ihren Platz zurück. Nur zweimal wurde der Bannkreis durchbrochen. Karin Kirsch nahm geradezu Anlauf, um ihn zu durchstoßen. Mit Pilzmiene rammte sie mich fast von meinem Barhocker und schlenderte hinterher, schnippisch mit den Schultern zuckend, weiter Richtung Toilette. Eine halbe Stunde später lehnte Marlon Francke neben mir am Tresen, bestellte ein Bier, goß es mir in den Schoß und bestellte ein neues.

Nach und nach wurden derartige Übergriffe jedoch spärlicher. So wie sie im Laufe der vergangenen Nächte auch immer weniger Wert darauf legten, sich meiner Beschattung zu entziehen. Sei es, weil sie sich damit abfanden, sei es, weil es ihnen zum Bedürfnis wurde, sich vor meinen Augen in Szene zu setzen. Vielleicht empfanden sie mit der Zeit diese permanente Anwesenheit eines fieberhaft gespannten Zuschauers, der sich dennoch nie einmischte, sogar als angenehm. Vielleicht weil sie sich wichtig vorkommen konnten, ohne dafür im voraus Leistung erbringen zu müssen. Die Atmosphäre wurde in den Nächten jedenfalls gelöster, während sie am Tag immer angespannter war. Ein seltsamer Kontrast. Mir schien es, als versuchten sie sich gleichsam freizuspielen. Anfangs kamen sie über ein paar erste Ansätze nicht hinaus. Sie mimten die aufgekratzt durch die Kneipenszene ziehende Gang. Ihr affektiertes Gelächter, diese gekünstelten Blödeleien, wechselnd mit Perioden finsterer Melancholie, in denen einige von ihnen dann theatralisch irgendwelche fremden Leute anpöbelten. Die anfallartig auftretenden Phasen, wo wild herumgeknutscht wurde, sie sich ungeniert vor aller Augen befummelten, als müßten sie ihre Tabulosigkeit zur Schau stellen. All das wirkte übertrieben, gleichzeitig auch unsicher, als trauten sie sich selbst nicht über den Weg. Dauernd suchten sie deinen Blickkontakt, den sie nicht fanden, Nadja. Dany Todoric machte sich an Amelie Kleinknecht zu schaffen, aber seine Augen schienen dich dabei ständig um Erlaubnis zu bitten. Einmal kniete er sogar vor dir nieder, küßte deine Hände. Alle hätten offenbar dringend deine Zustimmung nötig gehabt, ich weiß nicht, ob du das überhaupt bemerkt hast. Denn du bist ja grundsätzlich nur regungslos dabeigesessen. Immer öfter wurde auch aufgeregt auf dich eingeredet. Ich konnte natürlich kein Wort verstehen. Du hast sowieso alles mit leerem Gesichtsausdruck über dich ergehen lassen, kein einziges Mal auch nur die kleinste Reaktion gezeigt.

Sie hörten trotzdem nicht auf. In immer neuen Anläufen probierten sie Szenarien aus, mit denen sie hofften, dich, mich, sich selbst, ich weiß nicht wen, doch noch zu erreichen. Die exaltierte Künstlichkeit wich allmählich kühlen Ritualisierungen. Es blieb ein Spiel. Ein Spiel jedoch, das nicht mehr vorzugeben versuchte, wahr zu sein. Es gewann dadurch an Prägnanz, an Härte. Die Wende brachte der Discobesuch. Die gesamte Gruppe befand sich dicht zusammengedrängt auf dem fast leeren Dancefloor, auch du. Auf einmal stobt ihr auseinander. Nur Dany Todoric und Ercan Fiskiran, der sich anscheinend in Leipzig eurer Clique angeschlossen hat, blieben auf der Tanzfläche. Sie standen sich gegenüber, in Danys Faust ein Messer. Ich habe keine Ahnung, was diesem Auftritt vorausgegangen war, worum es ging. Es spielt auch keine

Rolle. Binnen kurzem lagen sich die beiden in den Armen. Es war nicht auszumachen, ob sie miteinander rangen oder sich im Takt des Beats wiegten. Einige Minuten später befand sich das Messer in Ercans Hand. Er verschwand damit Richtung Bar, kehrte gleich darauf mit nacktem Oberkörper auf die inzwischen stärker bevölkerte Tanzfläche zurück. Ercan Fiskirans dunkle Haut glänzte im Schein der flackernden Lichter. Auf seinem Bauch SS-Runen. Die Schnitte bluteten leicht.

Ich verstand nicht, was er, mit seiner türkischen Abstammung, damit ausdrücken wollte. Ich verstehe es immer noch nicht. Wußte nur sofort, das ist der Durchbruch. Testete später auf meinem Zimmer selbst, wie es ist, sich Zeichen in die Haut zu schneiden. Es fühlt sich in der Tat an, als würde über dem Wundschmerz eine Tür aufgehalten. Als könnte man dadurch wenigstens einem Aspekt des Realen näher kommen. Nicht dem, wie die Realität wirklich ist, aber wie sie einen zurichtet. Zum ersten Mal seit langem dachte ich wieder an dich, Nadja. Das heißt, ich dachte an das, was du in meinem Körper bist, was unentwegt über unser Schweigen hinweg nach dir schreit. Genauer gesagt, ich hörte den Teil in mir schreien, der du bist, hörte dich schreien in mir.

Und auch du warst in der folgenden, der gestrigen Nacht wie ausgetauscht. Als wärst du endlich aufgewacht, bist du von einem zum anderen gelaufen, hast alle umarmt, ihnen ins Ohr geflüstert, schautest dabei immer wieder unverwandt in meine Richtung. Weißt du, als du schließlich vor mich hingetreten bist und mich über diese schier endlose Zeitspanne hinweg unbeweglich und stoisch betrachtet hast, war es nicht nur, als würde mir mein eigenes Spiegelbild begegnen. Dieses Bild schien jeden Augenblick aus dem Rahmen treten, wirklich werden zu wollen. Natürlich hatte ich beschlossen, um jeden

Preis durchzuhalten, Nadja. Ich hielt diese Stellung so-lange ich konnte. Aber du hast mir keine andere Wahl ge-lassen. Ich mußte den Blick senken, wollte ich verhin-dern, dich anzusprechen, zu dir hinzugehen, dich zu berühren. Denn dies zu tun, das spürte ich mit jeder Zelle meines Körpers, hätte alles zerstört, was ich bisher erreicht hatte. So verließ ich das Lokal ohne mich noch einmal umzuwenden. Und als ihr mir dann auf dem Heimweg zur Jugendherberge nachgegangen, ihr plötz-lich in die Rolle der Verfolger geschlüpft seid, wußte ich, daß ich das einzig Richtige getan hatte. Meine Nie-derlage war euer Sieg. Euer Sieg war mein Sieg in meiner Niederlage. Von da an war ich mir absolut sicher, heute, an diesem letzten Abend in Leipzig, die Antwort zu er-halten, die ich die ganze Zeit zu erzwingen versucht habe.

Allmählich beginne ich mich zu fragen, ob ich mich nicht getäuscht habe. Es geht auf zehn. Seit drei Stunden klebe ich an dieser Fensterscheibe und immer noch weit und breit keine Spur. Auch den Vormittag über war es schon so merkwürdig friedlich zugegangen. Wir bummel-ten durch den 1915 erbauten, frisch renovierten Haupt-bahnhof, was als eine Art harmonischer Ausklang für diese Klassenfahrt gedacht war. Und als hätte man einen einsei-tigen Waffenstillstand ausgerufen, wurde ich gänzlich zu-friedengelassen. Ich hielt es für die Ruhe vor dem Sturm. Inzwischen befürchte ich allerdings fast, die Lage könnte sich erneut entspannt, die Turbulenzen gelegt, der kleine finstere Riß, der sich vorübergehend zeigte, geschlossen haben. Wieder ist es, als wäre nichts geschehen. Ich schla-ge die Zeitung auf, die auf dem Tisch liegt. Auf dem Bal-kan fallen weiter Bomben. Über Littleton ist keine einzige Zeile zu finden. Warum auch. Jede Erinnerung ist der Schaum eines fremden Alptraums. Sogar ich werde es noch schaffen, mich wie alle anderen dauerhaft einzurichten in dieser ewigen Schönwetterzone mit ihren gelegentlichen Gewittern am Horizont. Ich werde lernen, sie wie Feuerwerke zu genießen. Werde aufhören, mir ein eigenes Bild von der Welt, den Menschen machen zu wollen. Mein Leben wird weitergehen. Auch nach Leipzig. Ich werde joggen, arbeiten. Ich werde zufrieden sein. Denn ich habe es gut. Ich will – Nadja steht am Fenster.

Direkt neben mir lehnt Nadja die Stirn an die Scheibe. Sie streift fast mein Spiegelbild. Die Hände als Schirm neben den Augen. Sie versucht hereinzuschauen. Geht weiter. Wenn ich mich beeile, kann ich sie noch erwischen.

Sehe sie eben noch aus der Straße biegen. Hinterher.

Da ist sie. Beginnt zu laufen.

Das Labyrinth der Gassen.

Habe Nadja verloren. Aber langsam zweifle ich, ob das wirklich sie gewesen ist. Ich weiß, sie stand am Fenster. Jetzt jage ich einem Phantom nach.

Das Phantom ist plötzlich hinter mir. Kommt auf mich zu. Vielleicht ist sie es doch. Nur diese Trainingsjacke habe ich noch nie gesehen. Kommt näher. Ich mache mich aus dem Staub.

Als ich mich in diesen Durchgang gerettet habe, ist sie an mir vorbeigerauscht. War wahrscheinlich doch bloß eine Studentin, die durch die Nacht joggt. Mein Fußgelenk schmerzt wieder. Womöglich ist es angeschwollen. Ich sollte die absurde Aktion abbrechen.

Nein, ich bin mir fast sicher. Nadja jetzt in Begleitung einiger Freunde fünfzig Meter vor mir. Auch gemeinsam legen sie ein ziemliches Tempo vor. Oben, wo die Straße auf den Platz vor dem Hauptbahnhof mündet, stehen noch mehr. Scheinen zu warten auf sie. Oder auf mich. Ich versuche aufzuholen. Muß es endlich wissen.

Willy-Brandt-Platz. Sie sind weg. Drüben der Hauptbahnhof. Einzige Möglichkeit, wohin sie verschwunden sind. Über den menschenleeren Platz. Ich humpele.

Drinnen brummt es. Das Einkaufszentrum unten in der Bahnhofshalle auch um diese Zeit ein Bienenstock. Nach oben offene Katakomben auf zwei sich überlagernden Ebenen, verbunden über breite Rolltreppenbahnen. Die Geschäfte wabenartig. Dazwischen, überflutet von Düften, gleißendem Licht, stauen sich die Körper. Führen, musikalisch untermalt, ihre nicht zu deutenden, sprechenden Tänze auf, werden weitergeschoben. Ich mittendrin. Hinkend. Manchmal, vereinzelt im Gedränge, in unüberwindbarer Entfernung, glaube ich einen Schüler auftauchen zu sehen. Sofort hat ihn die Menge wieder verschluckt.

Nehme einen der Lifte. Ein gläserner Kolben, der aus einem plätschernden Springbrunnen zum Glasdach der Halle hinaufragt. Er pumpt mich an die Oberfläche.

An die Brüstung gelehnt. Ich spähe in den Abgrund hinunter. Unterwelt. Strahlend erleuchteter Palast. Drüben drängt sich Karin Kirsch durch einen Auflauf junger Leute am Eingang einer Boutique. Mike Bentz tritt aus einem Plattenladen. Natascha Obermayer probiert Sonnenbrillen an einem Stand senkrecht unter mir. Sie blickt umher, blickt auf. Ich weiß nicht, ob sie mich gesehen hat. Sie geht weiter. Behält die Brille auf. Nimmt die Rolltreppe zum Erdgeschoß, herauf zu mir. Ich ihr nach.

Die jähe Lautlosigkeit auf dem leeren Busparkplatz. Habe sie kurz vor dem Seitenausgang aus den Augen verloren. Sie kann nur diesen Weg genommen haben. Die anderen sind bestimmt auch in der Nähe. Laufe über den halbkreisförmigen Platz. Der Fuß. Irgendwo müssen sie lang sein. Güterstraße. Öde, unbelebt, verliert sich im Dunkeln. Unwahrscheinlich. Nach rechts also, vorbei an dem futuristischen Glasbau. Über die große Straße. Führt offenbar aus dem Zentrum hinaus. Typische Neo-Gründerzeit-Neubauten, mit Graffiti-Hieroglyphen übersäte Ruinen, Fenster größtenteils eingeschlagen. Viktor's Residenzhotel. Wintergartenstraße. Das heruntergekommene Hochhaus mit dem langsam rotierenden Doppel-M an der Spitze ragt vor mir auf. Einziges Bild von Leipzig bis vor wenigen Jahren. Die großen knallbunten DDR-Briefmarken, die wir als Kinder sammelten. Und davor jetzt. Silhouettenhaft. Ansammlung von Menschen. Junge Menschen. Zwischen Gestrüpp, einigen geparkten Autos. Das könnten sie sein. Verwahrloster Grünstreifen. Eine Art Vorplatz. Düsterer Betonvorbau im Hintergrund. Eine Gruppe von drei Leuten marschiert los. Stößt zu den anderen. Mehrere kleine Gruppen dort, wie sich nun zeigt. Bewegen sich aufeinander zu, voneinander weg. Umkreisen sich. Choreographie. Theater. Das müssen sie sein.

Stehe halb verborgen an der Ecke des Residenzhotels, schaue mir das an, sehe ständig das Mädchen aus Littleton vor mir. Noch immer stoßen neue Leute dazu. Es sind mehr, als ich erwartet habe. Revolver am Kopf. Es könnten auch andere sein. Irgendwelche rivalisierenden Banden zum Beispiel. Wenn ich zufällig in ganz fremde Angelegenheiten hineingerate?

Egal. Die Jagd ist zu Ende, ich weiß es. Weiß jetzt auch, was mich erwartet. Wie die Antwort aussieht. Wer immer sich zusammenrottet dort drüben, das Ziel ist erreicht, die Endaufstellung eingenommen. Kann sowieso nicht mehr weiter. Nicht vor, nicht zurück. Die eigentümliche Stille. Diese Starre, die alles erfaßt hat. Eine Nacht wie in Zeitlupe. Sternenloser Himmel. Die vorbeifahrenden Autos sorgen für gedämpfte Filmmusik. Bild des Friedens. Nichts scheint es zu geben, wofür sich zu kämpfen, das sich zu verteidigen lohnt. Niemand hat Feinde. Eine Puppenwelt unter dem Glassturz. Stummes Schattenstück.

Ritual. Das unsichtbare Räderwerk treibt die Figuren zum Tanz, jede an ihrem Platz, für sich allein. Bild der Ruhe. Revolver am Kopf. Das Gesicht des Mädchens. Auch ich vollkommen ruhig. Mein Herz rast vom Rennen, und leiser der Schmerz im Fußgelenk. Was bleibt, ist nackte Notwendigkeit. Es liegt Gewalt in der Luft. Geruchlos, ohne Eigenheiten, feste Kennzeichen. Ein Chamäleon. Gewalt, die jederzeit aus jedem hervorbrechen kann. Nicht zu greifen, stets anwesend. Aus mir selbst bricht sie hervor. Gleich. Was kommt, ist genau das. Entladung. Körper, die platzen, zum Platzen gebracht werden. Ich sehe es. Haut, Schwellungen, rotes Fleisch. Bild der Ruhe. Ich werde es sehen. Jetzt oder später.

Jetzt. Ich will es so. Will die Wirklichkeit. Auf nichts anderes habe ich hingearbeitet. Es muß sein, muß heraus. Sie müssen antworten. Müssen sich dieser Sprache bedienen, die ihnen allein zur Verfügung steht. Auch wenn sie zum äußersten führt. Aber was wäre das Äußerste? Der Tod von Menschen? Mein Tod? Was ist meine Rolle? Die des Opfers? Muß ich eingreifen, verhindern, in letzter Sekunde auf andere Bahnen lenken? Kann, soll, darf ich eingreifen? Bin ich als Lehrer hier? Als Erzieher? Geht es darum, Erfahrungen zu teilen, Erkenntnis zu vermitteln? Macht das noch Sinn? Stehen sich nicht auf beiden Seiten Verlorene gegenüber? Aufgegebene? Sind wir nicht wenigstens in diesem Punkt gleich? Oder bin ich Anstifter, Ursache, Sprengstoff? Ist es meine Pflicht, mit in die Luft zu gehen? Kann es das wert sein? Kann nicht alles weitergehen wie immer? Die Oberfläche sich schließen über uns, über Leipzig, dieser Klassenfahrt, so wie sie sich unentwegt schließt über allem?

Zu spät. Ich komme nicht mehr raus aus dieser Geschichte. Die haben längst gemerkt, daß ich ihnen zuschaue. Und drüben geht es jetzt zur Sache. Scheint, daß die jemanden festhalten. Vielleicht eine Frau, könnte Nadja sein. Zwei stehen hinter ihr, fixieren die Arme, zwei an den Seiten. Sie wehrt sich. Aus einer anderen Gruppe tritt jemand auf sie zu, wahrscheinlich ein Mann. Sieht aus, als schlägt er sie ins Gesicht. Kein Laut zu hören, doch wie der sich über sie beugt, der will sie vergewaltigen. Nein, er dreht sich plötzlich um, entfernt sich. Könnte Dany sein. Die Frau wird doch nicht festgehalten. Ist vielleicht gar keine Frau, so wie sie sich bewegt, dem Mann hinterherrennt. Ein Gegenstand blitzt auf. Die Hand auf Kopfhöhe. Beide Gruppen springen herbei, ich glaube, sie wollen den Angreifer überwältigen. Umklammern ihn. Lassen ihn los. Umklammern ihn. Eine dritte Gruppe aus vier Leuten. Gestikuliert, deutet wild herum. In meine Richtung. Jetzt sind alle verschwunden hinter den Autos. Jetzt tauchen die vier wieder auf. Jetzt stehen sie rauchend an der Straße vor der Grünanlage. Mir direkt gegenüber. Tragen Mützen. Tücher über Mund und Nase. Nicht zu erkennen. Inzwischen auch leises Stöhnen. Klatschende Schläge. Wie von einem Riemen. Ich stelle mir einen Körper vor. Wie er da drüben am Boden liegt. Halb entblößt. Ich weiß nicht, was los ist. Mädchen, das um ihr Leben fleht. Revolver am Kopf. Nadja. Wenn ich ihr helfe, bringen sie mich um. Wenn ich weglaufe, fangen sie mich ab. Sie holen mich sowieso. Komme schon von selbst. Humpele los. Und wenn sie mich in eine Falle locken? Um mich zu demütigen? Auslachen? Ich lasse das Messer aufschnappen. Wir werden sehen.

INHALT

I
Sommer 1998
7

II
Große Ferien 1998
85

III
Herbst 1998
145

IV
Weihnachtsferien 1998/1999
239

V
Frühjahr 1999
263